湖南省高校思想政治工作精品项目
“立足书院文化涵育时代新人的探索与实践”（课题号 23JP047）

新时代思想政治教育
前沿问题研究

Research on Frontier Issues of Ideological and Political Education in the New Era

以 多 元 文 化 为 视 域

From the Perspective of Multiculturalism

鲁 力 陈 艳 著

目 录

第一章　新时代思想政治教育的文化使命

习近平指出："在新的起点上继续推动文化繁荣、建设文化强国、建设中华民族现代文明，是我们在新时代新的文化使命。要坚定文化自信、担当使命、奋发有为，共同努力创造属于我们这个时代的新文化，建设中华民族现代文明。"① 思想政治教育作为维系社会存在、促进社会发展、满足社会文化需求的文化实践活动，为完成"兴文化"的历史使命，有责任积极回应群众文化需求，推进新时代文化建设工作，为建设中华民族现代文明做出独特的贡献。

第一节　新时代思想政治教育文化使命的生成逻辑

盛世修文。"党和国家对高校思想政治教育的高度重视，促进广大青年学生健康成长成才的现实需要，对我们推进思想政治教育理论创新和实践发展提出了新的要求，注入了强大动力。只有牢牢把握住立德树人根本任务，时刻关注国家、社会和青年发展需求，才能真正抓住推动理论创新和实践发展的关键着力点，从而推动思想政治教育不断迈上新的台阶。"② 新时代思想政治教育这一重视自身文化使命的实践活动被赋予更深刻的价值意蕴，这有利于促进中华民族伟大复兴、中国式现代化建设和人的自由全面发展，有效推进"两个结合"，提升文化软实力，使马克思主义在中国大地上展现出更强大的力量。

---

① 《担负起新的文化使命　努力建设中华民族现代文明》，《人民日报》2023 年 6 月 3 日，第 1 版。

② 冯刚：《思想政治教育创新发展的四个着力点》，《教学与研究》2017 年第 1 期。

一 源于中华民族伟大复兴的历史使命

中华民族伟大复兴指的是中华文明的全面复兴，包括物质文明复兴和精神文明复兴的双重含义，这是中华民族近代以来孜孜以求的伟大梦想，蕴含着中华民族自强不息、锐意进取的坚韧生命力。“中国共产党一经诞生，就把为中国人民谋幸福、为中华民族谋复兴确立为自己的初心使命”①，之所以着重强调“复兴”，是因为我们曾经辉煌过，有着作为世界第一大强国的文明史，但是在近代却不幸沦为半殖民地半封建社会。为了避免国家蒙辱、人民蒙难、文明蒙尘的悲剧再次发生，中华民族作为世界上古老而富有智慧的民族，必须具备忧患意识和进取精神，重视民族凝聚力和文化创新力，利用在几千年的社会实践中创造的民族精神为实现中国梦提供精神力量。进入新时代以来，中国人民在中国共产党的统一领导下也形成了更强的历史自觉和主动精神，“实现中华民族伟大复兴进入了不可逆转的历史进程”②，因此新时代思想政治教育重视自身的文化使命是实现中国梦的题中应有之义。

历史和实践证明，“实现中国梦必须走中国道路、弘扬中国精神、凝聚中国力量”③，而新时代的思想政治教育正是将这三点作为行动准则和成功标准来承担自身文化使命，积极完成时代所赋予的历史任务，多角度思考思想政治教育的姿态和方式，促进文化传承和文化复兴，帮助人民群众站稳文化立场的。第一，新时代思想政治教育创新形式，走中国特色社会主义发展道路，为实现中国梦准确定位。“中华文明具有突出的连续性，从根本上决定了中华民族必然走自己的路。如果不从源远流长的历史连续性来认识中国，就不可能理解古代中国，也不可能理解现代中国，更不可能理解未来中国。”④ 中国特色社会主义是实现中华民族伟大复兴的必由之路。面对文化“转型期”，思想政治教育为了促进文化接续发展，摆脱“快餐

---

① 《习近平谈治国理政》第4卷，外文出版社，2022，第4页。

② 习近平：《高举中国特色社会主义伟大旗帜 为全面建设社会主义现代化国家而团结奋斗——在中国共产党第二十次全国代表大会上的报告》，人民出版社，2022，第16页。

③ 《十八大以来重要文献选编》中，中央文献出版社，2016，第133页。

④ 《担负起新的文化使命 努力建设中华民族现代文明》，《人民日报》2023年6月3日，第1版。

化”、“娱乐化”和“碎片化”的不良倾向，坚持理论创新与实践创新，将马克思主义基本原理同中华优秀传统文化相结合，搭建网络教育平台，线上与线下交互配合，开发出更适合当代人的数字传播方式，做好思想引领和价值导向的载体。第二，新时代思想政治教育内容丰富，弘扬中华民族精神，为实现中国梦提供精神动力。中华民族精神孕育于中国传统道德和优秀品格中，代代相传、一脉相承，紧跟时代步伐，内涵不断扩展。思想政治教育内容也因此与时俱进，逐渐扩充整合资源，积极弘扬以爱国主义为核心的民族精神，在深厚历史文化底蕴的基础上打造出“四个伟大精神”的新形态，激励广大中华儿女牢记初心、不忘奋斗。第三，新时代思想政治教育目标明确，即推动学习中华优秀传统文化，为实现中国梦增强凝聚力。中华优秀传统文化是中华民族的精神命脉和灵魂，将中华优秀传统文化要素融合进思想政治教育全过程，有利于培养高度的文化自觉和文化自信，提升民族认同感和归属感，使全体中华儿女上下一条心助力中国梦的实现。总之，“没有高度的文化自信，没有文化的繁荣兴盛，就没有中华民族伟大复兴”①，文化兴则国家兴。实现中华民族伟大复兴的中国梦赋予新时代思想政治教育重大的文化使命。

二　源于中国式现代化建设的客观需要

中国式现代化是中华民族走向伟大复兴的必由之路，这是一条既符合世界发展的一般规律，也符合中国发展的特殊规律的成功之路、光明之路、胜利之路。习近平指出：“新中国成立特别是改革开放以来，我们用几十年时间走完西方发达国家几百年走过的工业化历程，创造了经济快速发展和社会长期稳定的奇迹，为中华民族伟大复兴开辟了广阔前景。实践证明，中国式现代化走得通、行得稳，是强国建设、民族复兴的唯一正确道路。”②中国式现代化，是马克思主义同中华优秀传统文化相结合的优秀成果，“既有各国现代化的共同特征，更有基于自己国情的中国特色”③，是对西方现代化及其他现代化模式的辩证性超越，强调物质文明和精神文明相协调，

---

① 《习近平谈治国理政》第 3 卷，外文出版社，2020，第 32 页。

② 《正确理解和大力推进中国式现代化》，《人民日报》2023 年 2 月 8 日，第 1 版。

③ 习近平：《高举中国特色社会主义伟大旗帜　为全面建设社会主义现代化国家而团结奋斗——在中国共产党第二十次全国代表大会上的报告》，人民出版社，2022，第 22 页。

致力于全面建成富强民主文明和谐美丽的社会主义现代化强国，打造出人类文明的新形态。近代以来，中国式现代化道路的开辟几经曲折，经历过洋务运动、清末新政、辛亥革命等的多次破产和失败，但最终在中国共产党的正确领导下确立了稳步发展的建设道路。特别是改革开放以后，随着经济实力的不断增强，我国现代化建设的框架体系日渐完善，打破了现代化就是西方化的神话，走出了一条符合中国特色社会主义发展实际的新道路，同时也为其他国家发展提供了借鉴。

“我们党坚持和发展中国特色社会主义文化，激发全民族文化创新创造活力，为中国式现代化提供强大精神力量。”① 当前我国发展进入不确定、难预料因素增多的时期，要想走好这条中国式现代化道路，在思想文化建设方面还存在着诸多困难，为解决这些难题，新时代思想政治教育迎合现代化建设的需求，将推进现代化建设的使命融入自身实践，重视自身文化使命，以促进社会主义精神文明建设，为新时代中国文化构建增添新生力量。第一，新时代思想政治教育重视社会主义核心价值观的导向作用，利用理想信念教育巩固社会主义意识形态阵地。中国式现代化建设中坚持党的领导是第一位的。思想政治教育坚持社会主义核心价值观的价值取向，弘扬社会主义主旋律，紧跟党的步伐，将新时代中国特色社会主义文化融入人民生产生活，有利于筑强中国式现代化建设的思想长城，构建和谐社会。第二，新时代思想政治教育重视推进教育对象精神世界的自我革命，使其更好地迎接新变化、新挑战，打造新的思维方式，进而促进社会生产力发展。任何经济都离不开文化的支撑，现代化建设中文化的导向和引领作用十分明显。“丰富人民精神世界”② 是中国式现代化建设的本质要求之一，人民精神世界丰富，才能把精神力量转化成物质力量，为创造人类文明新形态提供力量源泉。思想政治教育使人民群众跳脱出落后的文化视野，接受先进的中国化马克思主义思想指导，极大地充实自身精神世界。第三，新时代思想政治教育秉承“中华民族守正不守旧、尊古不复古的进取精神”③，

① 习近平：《中国式现代化是中国共产党领导的社会主义现代化》，《求是》2023 年第 11 期。

② 习近平：《高举中国特色社会主义伟大旗帜　为全面建设社会主义现代化国家而团结奋斗——在中国共产党第二十次全国代表大会上的报告》，人民出版社，2022，第 23 页。

③《担负起新的文化使命　努力建设中华民族现代文明》，《人民日报》2023 年 6 月 3 日，第 1 版。

促进文化认同。习近平指出："中国式现代化，深深植根于中华优秀传统文化，体现科学社会主义的先进本质，借鉴吸收一切人类优秀文明成果，代表人类文明进步的发展方向，展现了不同于西方现代化模式的新图景，是一种全新的人类文明形态。中国式现代化，打破了'现代化=西方化'的迷思，展现了现代化的另一幅图景，拓展了发展中国家走向现代化的路径选择，为人类对更好社会制度的探索提供了中国方案。中国式现代化蕴含的独特世界观、价值观、历史观、文明观、民主观、生态观等及其伟大实践，是对世界现代化理论和实践的重大创新。中国式现代化为广大发展中国家独立自主迈向现代化树立了典范，为其提供了全新选择。"① 因此，通过中华优秀传统文化的创造性转化和创新性发展来促进现代化建设是十分必要的，这是我们党在前进道路上探索出来的适合我国国情的发展方式。思想政治教育吸纳中华优秀传统文化的宝贵精华，采用新时代的新形式使廉、正、勤、谦、俭等中华传统思想美德深入人心，继承历史遗产，以保护文化的方式增强民族团结性，其对中华优秀传统文化的继承与发展能彰显中国式现代化建设的特殊性，有利于提升中华儿女对中华文化的学习热情。

三　源于人的自由全面发展的实践要求

人的自由全面发展是共产主义社会的本质特征，最早由马克思、恩格斯在《德意志意识形态》中总结提出，后来经过中国共产党的凸显中华传统"人本"思想的中国化解读，与社会生产相结合，成为建设社会主义社会的本质要求。习近平在《之江新语》一书中曾指出："人，本质上就是文化的人，而不是'物化'的人；是能动的、全面的人，而不是僵化的、'单向度'的人。"② 真正实现人的自由全面发展既要物质富裕又要精神富足，"满足人民日益增长的美好生活需要，文化是重要因素"③，因此做好文化建设工作是创造美好生活的一部分，这便赋予了新时代思想政治教育促进社会主义文化发展、培养德智体美劳全面发展的社会主义建设者和接班人的使命。马克思主义要求将人民放在心中最高最重要的位置，认为一切奋斗

① 《正确理解和大力推进中国式现代化》，《人民日报》2023年2月8日，第1版。

② 习近平：《之江新语》，浙江人民出版社，2007，第150页。

③ 《习近平谈治国理政》第4卷，外文出版社，2022，第310页。

都是为了维护广大人民的利益，我们国家便是如此，密切关注人民群众生存发展，一切发展成果由人民共享、惠及人民大众，如以人民为中心、人民至上、以人为本、执政为民、全过程人民民主等思想都是对人民性的彰显，完全符合广大人民群众全面发展的迫切需要。

人的发展以精神文化为基本内核，“要化解人与自然、人与人、人与社会的各种矛盾，必须依靠文化的熏陶、教化、激励作用，发挥先进文化的凝聚、润滑、整合作用”①，新时代思想政治教育正是坚持文化育人、以文化人，引导人在精神世界进行文化实践，积极履行文化使命。第一，新时代思想政治教育以人民思想文化需求为实践导向，既有文化先进性，又有群众性，采用贴近群众生活、贴近实际的教育方式，开发出人民群众所喜闻乐见的新时代文化内容，扩大受众面，实现百花齐放。第二，新时代思想政治教育提倡立德树人、以文促学，关注道德教育，致力于提升人民整体的思想道德素质，创造实实在在的思想载体和看得见摸得着的成果，使精神文明建设富有实效。人民是文化建设成果检验者和见证者，文化建设不能只是说教，要在潜移默化中深入人心。第三，新时代思想政治教育在思想文化阵地方面守土有责，应警惕“和平演变”和“颜色革命”，宣传中国化时代化马克思主义，教育人民坚定政治信仰。社会转型期的思想文化阵地建设机遇与挑战并存，只有正面的东西实现了思想占领，敌对势力和错误思潮才能知难而退，因此我们必须立足当下，准备好具体的、长期的应对措施，有效剔除思想内部的污染因子。总之，文化育和谐，只有社会长治久安，人民才能自由全面发展，才能实现现代化。

第二节　新时代思想政治教育文化使命的内在意蕴

“在新的起点上继续推动文化繁荣、建设文化强国、建设中华民族现代文明，是我们在新时代新的文化使命”②，这三点是层层递进的关系，只有文化繁荣才能实现建成文化强国的目标，只有建成了文化强国，才能打造

---

① 习近平：《之江新语》，浙江人民出版社，2007，第 149 页。

② 《担负起新的文化使命　努力建设中华民族现代文明》，《人民日报》2023 年 6 月 3 日，第 1 版。

中华民族现代文明，真正意义上将中国经验上升为中国理论，提升中华文明在世界文明中的地位。思想政治教育必须自觉担负起这一新的文化使命，明方向、强筋骨，走适合中国国情的特色发展之路。

一　为继续推动文化繁荣贡献思政力量

一个民族的复兴，总是以文化的兴盛为强大支撑；一个时代的进步，总是以文化的繁荣为鲜明标识。现代文化繁荣不只是主流文化的繁荣，其有着百家争鸣的特点，不是只讲表面的文化热闹，而是讲内在、讲根本的文化传承和文艺创造，是将中华民族几千年积累下来的物质文明和精神文明囊括其中，留精华去糟粕，开放包容，兼收并蓄，吸收马克思主义的智慧，使主流变为潮流，形成宝贵的符合时代进步要求的新文化结晶。实现文化繁荣发展是民心所向、民族所望，需要我们党和各族人民明确目标、合理规划。党的十八大以来，我们党深入探索总结我国文化建设的经验，在深刻分析文化发展现状的基础上，顺应文化传承与创新的文化再生产规律，寻求中华文化的现代表达形式，明确了中国特色社会主义思想的主体性地位。

新时代思想政治教育立足于“两个结合”中“第二个结合”开展新文化实践，整合优化已有的教育资源，担负起继续推动文化大繁荣大发展的使命。第一，文化繁荣离不开文化向心力的提升。中华民族历经数次重构和融合，几度身处窘境却从未消亡，像是有某种力量助推其在零散中整合、在挫折中前进、在互助中兴盛、在同化中衍生，形成一种强大的“磁场”，这种力量就是文化向心力。新时代思想政治教育利用灌输、疏导、感染、借鉴等方式，启发国民对文化从哪里来、到哪里去和学习何种文化、如何学习文化的思考，唤醒人们的文化批判和选择意识，引导人民群众摒弃某些企图扰乱我国发展秩序的、不合时宜的文化形态，理性看待中国特色社会主义先进文化，走文化发展正路，从而将文化向心力转化为民族凝聚力，提升中华文化的感染力，管理好意识形态这个上层建筑。第二，文化繁荣离不开文化吸引力的增强。曾经的中国文化得益于其高度发达的物质文明和精神文明，有着巨大的吸引力，引得周边国家纷纷前来学习治国之策，因此文化吸引力归根结底说的是文化价值的吸引力。新时代思想政治教育为提升中华文化的对外竞争力和对内引导力，寻求不同文化形态之间的平衡与共识，逐渐培养中华文化新的吸引力，将中华优秀传统文化基因植入治国理政之中，在多元文化背景下提升中国特色社会主义文化赋值能力和政治价值观吸引力，推进文化高质量发展，运用中国智慧来讲好中国故事。第三，文化繁荣离不开文化影响力的扩大。文化影响力是文化软实力的重要组成部分，在文化传播过程中强大的文化影响力发挥着使传播事半功倍的作用。新时代思想政治教育利用互联网信息技术，将中国特色的价值观念融入社会主义文化产业和文化事业，再传递给全世界，进行广泛的国际文化交流，使中国文化相关产品受众群体不再局限于本国民众，从而改变别国对中国发展的偏见，客观展现中国的文化优势。总之，文化的力量取决于受众的广泛度和认可度，文化繁荣发展是中华民族的伟大梦想，需要一代又一代中华儿女接力奋斗才能实现，我们要担负使命、砥砺前行。

二　为建设文化强国发挥引领作用

习近平指出："文化是一个国家、一个民族的灵魂。文化兴国运兴，文化强民族强。没有高度的文化自信，没有文化的繁荣兴盛，就没有中华民族伟大复兴。要坚持中国特色社会主义文化发展道路，激发全民族文化创新创造活力，建设社会主义文化强国。"[①] 任何一个国家的发展都离不开政治、经济和文化三个方面，文化建设作为强国建设的重要组成部分，所发挥的作用越来越大。从根本上讲，文化强国强调的是文化的先进性，对内表现为自身的文化自信，对外表现为强大的文化竞争力和吸引力。虽然中国拥有五千年文明史，深厚的历史底蕴提供了天然文化优势，是名副其实的文化大国，但这并不等同于说我国是文化强国，因为横向比较来看，我们存在着文化竞争力不足、文化软实力相对较弱等问题，文化强国建设在未来还有一段路要走。

为完成建设文化强国的使命，提升文化综合实力，永葆文化先进性，思想政治教育作为相关措施中不可缺失的重要一环，发挥着以下三个作用。首先，明确文化资源转化的方向。成为文化强国的过程就是促进文化资源转变为强国实力的过程，正确的前进方向和手段将极大地提升转变效率，

① 习近平：《论党的宣传思想工作》，中央文献出版社，2020，第 10 页。

引领新的思想潮流。新时代思想政治教育以马克思主义为指导思想把正方向，坚持以马克思主义的立场、观点和方法指导文化强国建设，使文化强国建设为人民服务、为社会主义服务，能够分清主次与先后，并支持平等自由地进行思想碰撞与学术切磋。当然，运用马克思主义指导文化强国建设不是简简单单就能完成的，要成功开展这一具体实践还需要明确文化建设为了谁、依靠谁的基础性问题，运用习近平新时代中国特色社会主义思想，不断与时俱进，在萃取中华传统文化符合时代需要的内容的基础上吸纳革命文化、社会主义文化等“新”文化精华，充分彰显中华文化的优越性。其次，重视文化资源的创新和创造。旺盛的文化创造力是文化的生命所在，让文化“活”起来，是中华民族保持顽强的生命力和强大的自我修复能力的法宝。“在人类发展的每一个重大历史关头，文化都能成为时代变迁、社会变革的先导”①，孔子开创儒家思想、西方的启蒙运动、近代的五四运动等思想文化创新都引领了时代变革。一方面，思想政治教育能促进文化更新，在博大精深的中华优秀传统文化、世界各种先进文明成果中，抽取对个人和社会发展有益的部分进行再加工，这一过程本身就是带有创新特点的。另一方面，思想政治教育着眼于弘扬以改革创新为核心的时代精神，为国家培养具有创新精神的时代新人，营造合理的文化创造环境，激发其文化创造欲。青年强则国家强，创新型青年人才作为全面建设社会主义现代化国家的中坚力量，能深刻把握文化建设的规律，有效改进文化建设的工作方法和程序，使中国文化建设走在世界前列。最后，推动文化资源的转化和利用。文化转化的过程是丰富人类文明资源的过程，也是发展中华民族自身文明的过程。作为精神层面的东西，文化资源的使用和需求不同于物质资源，因此我们必须对其加以重视，探索消耗最小、浪费最少的转化之路。思想政治教育一方面可以将文化资源转化为国民素质，在一定程度上满足通过提升国民整体素质水平来建设文化强国的需要；另一方面可以将文化资源转化为文化生产力，将文化产业与文化资源相联系，推进文化资源的更新、丰富和扩充。总之，建设社会主义文化强国必须突出思想宣传工作和教育工作的重要性，深化文化体制改革，把社会效益放在首位，共享、转化和利用好文化资源，加强思想阵地建设。

---

① 《十一、推动社会主义文化繁荣兴盛》，《人民日报》2019年8月6日，第6版。

三 为建设中华民族现代文明提供精神支撑

中华民族现代文明是指中华民族这个主体在现代世界时空范围内所进行的一切文化体系创造和文明进步成果的总和。从文明的延续上来看，毫无疑问，中华民族现代文明的建设，承载着恢复中华文明的昔日荣光和带领人类文明实现共同发展两大历史责任，将不断推动人类社会走向更繁荣、更平等、更友好的未来。从概念上来看，中华民族现代文明与中华文明的概念有着历史性和内在的一致性，都包含着共同体理念，但中华民族现代文明又有着不同于中华文明的侧重点，其更突出主体性和时代性，强调中华民族和现代社会的双重概念，凸显中华文明在当代建设和发展中的历史使命感。实际上，与中华民族现代文明更直接对应的是随着历史的浓缩与汰换凝结而成的中华优秀传统文化，也就是中华民族传统文明，二者的历史赓续性带来了中华文明的高度统一性。习近平强调："只有全面深入了解中华文明的历史，才能更有效地推动中华优秀传统文化创造性转化、创新性发展，更有力地推进中国特色社会主义文化建设，建设中华民族现代文明。"① 因此，建设好中华民族现代文明要在坚持文化自信、文化自觉和文化包容的基础上，守护好、发展好中华文化，以创新蓄能发力，不断推进物质文明、政治文明、精神文明、社会文明和生态文明五大现代文明体系建设。这需要思想政治教育发挥助推器的作用，引导人们科学认识文化发展的昨天、今天和明天，用理性的态度和科学的方法对中华民族的文化遗产进行继承与创新，这样才能坚定人们进行更深入、更持久的文化学习和思想解放的决心。新时代思想政治教育主要从以下三个方面发力，来建设中华民族的现代文明。

第一，坚定文化自信。文化自信指的是一种信念感，是中华民族对自身文化价值、文化生命力的肯定和认同。习近平总书记强调，"要坚定文化自信、担当使命、奋发有为，共同努力创造属于我们这个时代的新文化"②，中华民族在不同的历史时期都生成过超越时代的精神内核，经过历史的大

① 《担负起新的文化使命 努力建设中华民族现代文明》，《人民日报》2023年6月3日，第1版。

② 《担负起新的文化使命 努力建设中华民族现代文明》，《人民日报》2023年6月3日，第1版。

浪淘沙留下的精华部分对我们的现代文明建设有着推动作用。思想政治教育不仅要传递中华优秀传统文化知识，还要将其中蕴含的正确思想观念、行为规范等传递下去，肯定其有利于国家治理现代化和人的现代化的精华部分，推陈出新、转化利用，使之成为塑造民族文化自信的重要力量。第二，坚定文化自觉。文化自觉表达的是一种立场，是中华民族对自身文化根脉的定位，是在文化方面的自我觉醒、自我反思和理性审视，想要坚定文化自觉，既要了解世界上其他文化的长处，也要改变易故步自封的短处。建设中华民族现代文明的根本含义是自觉体味本民族文化特质，找准自身在世界文化格局中的定位，为世界守护中华文明根系，为弘扬全人类共同价值观做出中国贡献。为避免空洞乏味，新时代思想政治教育立足中国大地，站稳中华文化立场，结合中国审美情趣，传播当代中国价值观念，重视发展民族化的思想文化形式，自觉推动文化转化为实现国家富强、民族振兴和人民幸福的强大力量，加快创造人类文明新形态的步伐。同时坚定不移地让中华民族现代文明走入人们的精神世界，教育引导和综合治理并重，优化文化生态环境，走向基层，贴近群众，关注人民所喜、人民所需，保障中国精神内核在世界范围内的独立自主。第三，坚持文化包容。习近平总书记指出，“中华文明具有突出的包容性，从根本上决定了中华民族交往交流交融的历史取向，决定了中国各宗教信仰多元并存的和谐格局，决定了中华文化对世界文明兼收并蓄的开放胸怀”①，中华文化面对其他民族文化时求同存异，并在潜移默化中实现对它们的兼收并蓄，绝不是奉行“拿来主义”和全盘接收。当代社会面临着外来文化的强烈冲击，现代中华文化不仅要具备海纳百川的态度，更要有博采众长的广阔胸襟，这样才能吸纳文化成长的营养，“以文明交流超越文明隔阂、文明互鉴超越文明冲突、文明包容超越文明优越”②，实现马克思主义中国化和外来文化本土化。这要求在思想政治教育中，施教者要强化责任意识，以增强受教者的对话意识和批判精神，从而坚定民族文化的个性，面对外来文化，做到深入甄别、去伪存真，吸收升华、综合创新，巩固文化根基，提升中华民族现代

① 《担负起新的文化使命　努力建设中华民族现代文明》，《人民日报》2023 年 6 月 3 日，第 1 版。

② 习近平：《携手同行现代化之路》，《人民日报》2023 年 3 月 16 日，第 2 版。

文明的丰富性和独特性。习近平深刻指出：“建设中华民族现代文明，是推进中国式现代化的必然要求，是社会主义精神文明建设的重要内容。”[①] 总之，我们要全方位多领域探究整合文明发展规律，集结多方力量形成合力，发挥思想政治教育的突出优势，使其迸发最大能量。

第三节　新时代思想政治教育文化使命的实践路径

面对时代变革带来的思想文化新动向，新时代思想政治教育担负着传承、选择、创新和传播文化的使命，肩负历史重任，应以马克思主义宣传教育为基础、中华优秀传统文化为历史根基、新时代文明实践为重点、社会主义核心价值观建设为关键、公民道德建设为支撑，拓宽实践路径，坚持守正创新，强团结，树新风，打造更和谐、更美好、更有秩序的新文化环境。

一　以马克思主义宣传教育为基础

我们党从诞生之日起，就把马克思主义理论作为指导思想，建党百年来之所以坚持它的指导地位不动摇，原因在于马克思主义本身有着高于世界其他思想的科学性和实践性，更能贴合中国国情、为我所用。这是近现代中国历史证明了的真理，也是从当代世界各种理论学说发展状况中得出的结论。习近平在中共中央政治局第六次集体学习时强调：“马克思主义中国化时代化这个重大命题本身就决定，我们决不能抛弃马克思主义这个魂脉，决不能抛弃中华优秀传统文化这个根脉。坚守好这个魂和根，是理论创新的基础和前提。”[②] 守护好魂脉和根脉是我们建设中华民族现代文明所必不可少的。新形势下，宣传思想工作长期被摆在全局工作的重要位置，这能增强社会主义意识形态的稳定性和影响力。马克思主义是立党立国的根本，我们要把马克思主义的宣传教育工作放在文化建设的最显眼位置，高举马克思主义和中华优秀传统文化的光辉旗帜，推动当代马克思主义深

---

① 张晓松、朱基钗、杜尚泽、何聪：《“把中国式现代化的美好图景一步步变为现实”——习近平总书记考察江苏纪实》，《人民日报》2023年7月9日，第1版。

② 《不断深化对党的理论创新的规律性认识　在新时代新征程上取得更为丰硕的理论创新成果》，《人民日报》2023年7月2日，第1版。

入人心，建设具有强大凝聚力和引领力的社会主义意识形态。

宣传教育是我们党开展思想工作的重要方法。当前互联网的影响力巨大，已经成为信息传播、扩展和加工的重要平台，网络文化在思想宣传工作中的地位愈发重要，对人们思想观点、政治信念和价值取向的影响愈发深刻。其具有双面性特点，利用不当，将给马克思主义的思想宣传工作带来困扰，造成政府公信力下降、谣言四起的混乱局面；利用得当，将为马克思主义思想宣传工作提供便利，使全国上下同心协力向着建成社会主义现代化强国目标前进。习近平在2018年的全国宣传思想工作会议上强调："要做好做强马克思主义宣传教育工作，特别是要在学懂弄通做实新时代中国特色社会主义思想上下功夫。"① 随着互联网的普及，在开放的大环境中，年轻一代受不良思想的冲击更加严重，其对马克思主义的认同感和自豪感极易遭受动摇。因此，为做好马克思主义宣传教育工作，思想政治教育首先要借助"互联网+"的翅膀，充分利用这一新兴载体，净化网络环境，加强网络内容管理，建立严密完善的治理体系，追责到人，保证思想的大方向不乱，加强新时代中国特色社会主义思想宣传。其次要放管结合，合理看待思想内容的创新性发展，不能盲目守旧、故步自封，要做到具体问题具体分析，使马克思主义中国化时代化带来的科学思想不再被束之高阁，而是走入千家万户，更具民族性，深入百姓心。最后要深入实践，守得正才能行得通、行得远，要坚决防止抹黑革命烈士、随意篡改革命历史的历史虚无主义内容的出现，未雨绸缪、疏导结合、互相监督，引导广大网民有选择性地吸收并理智看待各类信息，培养高度的社会主义责任感。

二 以中华优秀传统文化为历史根基

中华优秀传统文化作为中华民族最基本的文化基因和最坚韧的文化根脉，天然深植在每一个中国人的骨血中。中国人常说叶落归根、落地生根，常存"根"的意识是中华民族延续至今的重要原因。在新时代，为"让马

---

① 《举旗帜聚民心育新人兴文化展形象 更好完成新形势下宣传思想工作使命任务》，《人民日报》2018年8月23日，第1版。

克思主义成为中国的，中华优秀传统文化成为现代的”①，马克思主义必须在中国深深扎根和被赋予鲜明的中国特色，中华优秀传统文化也要通过继承、创新与弘扬等方式与时代发展相一致，具备现代性和世界性，这样马克思主义基本原理和中华优秀传统文化才能拥有迎合时代的高度契合性，二者互相成就而形成的新文化则是中国式现代化的重要组成部分，其将作为现代化建设的有力理论支撑，助力现代物质文明建设和精神文明建设，创造 21 世纪中国特色社会主义的伟大奇迹。因此，为实现这一目标，我们党对中华优秀传统文化的现代化发展提出了新任务和新要求。

中华优秀传统文化永不过时，是一种常用常新的优质资源，是我们党开展治国理政工作的思想宝库。为保证中华优秀传统文化在当代的生命力、进步性和丰富性，以使其能够继续为我所用，要注意以下三点。首先，文化的生命力来自传承。这种传承应当先梳理中华优秀传统文化遗产，归纳总结中华文明的形态特质，对其中的精华部分加以再认识再提炼，在此基础上进行更加全面深入的发掘，力求融会贯通，将中华优秀传统文化的精华应用于现代化建设的实践中；再以中华优秀传统文化、革命文化、社会主义先进文化为母体，把马克思主义思想精髓与中华优秀传统文化精华贯通起来，充分开掘中华文化新的时代内涵和现代表达方式，形成以人民为中心共创、共享、共治的“全要素文明”，达到惠及人民的目的。其次，文化的进步性来自创新。任何一种文化都不是死板的教条，都可以根据实际情况而被再加工，最终达到促进时代进步的目的。中华优秀传统文化源远流长的一个重要原因就是其自身具有极强的灵活性，总能根据时代需要做出适当调整，历久弥新。思想政治教育要结合中国革命、建设、改革和中国式现代化的实践场域，不断变更文化创新策略，既要深刻地认识中华优秀传统文化与马克思主义的高度契合性，又要清醒地辨别出传统文化中与现代化进程不相适宜的部分，择用之、改用之，对中华优秀传统文化进行创造性转化、创新性发展，不断激发全民族文化创新创造活力，增强中华文化的进步性。最后，文化的丰富性来自交流互鉴。所谓的交流互鉴就是对外传播与吸收借鉴相结合，需要中华文化发挥主动性，从而在紧随世界

① 《担负起新的文化使命　努力建设中华民族现代文明》，《人民日报》2023 年 6 月 3 日，第 1 版。

文化前进大趋势的同时保持文化自主性和民族独特性，增强文化感召力和国际话语权。“中华优秀传统文化是中华民族的突出优势，是我们在世界文化激荡中站稳脚跟的根基，必须结合新的时代条件传承和弘扬好。”[①] 当今世界正经历百年未有之大变局，不稳定性和不确定性因素在增加，中华文明要想在既有的人类文明中开发出内涵丰富的新形态，就必然需要与其他文明交流互鉴，做到博采众长，为我所用，将中华民族文化底蕴与国情需要相结合以对前者进行现代延展，但也要提高文化交流中的警惕性和戒备心，不能为别有用心之辈所利用，走向极端主义。为此，新时代思想政治教育要在中华文明的对外交流中，形成全球视野，助推中华文明在世界文化的交融中确立独立自主性，从而增强中华文明的主体性、对外影响力，提升其在国际事务中的贡献度，推动我们用中国智慧着力打造一系列汇通中外的人类发展新理念，积极构建人类命运共同体，开发更多惠及全人类的思想性公共产品，学习新思想、摒弃旧思想，建设新文化、淘汰旧文化，展现立体、真实、全面的中国。

三　以新时代文明实践为重点

新时代文明实践主要以群众需求为导向，通过开展形式多样的文明实践志愿服务活动，向基层传播党的最新主张，培育文明新风，传承优秀文化，解决乡风文明建设中的热点难点问题，推进乡村文明振兴，激发广大人才前往基层发力的热情，更好满足人民群众日益增长的精神文化需求。新时代文明实践是在精神上连接国家与社会的重要纽带，其意义在于，通过全民参与的形式和方式，深入推进社会主义核心价值观在全社会范围内的普及和扩展，推动依法治国和以德治国相结合，深化爱国主义、集体主义和社会主义教育，积极调动志愿力量开展群众乐意、满意的文明实践活动，形成爱党、爱国和爱社会主义有机统一的优良传统，推动全社会文明素质的提升，让人民真切感受到社会主义的优越性，增强国家发展的内核动力，促进社会和谐稳定。当然，为完善好发展好这一文明实践活动，需要将思想政治教育的实践属性和文化属性相结合。一方面，新时代思想政

① 《中共中央关于党的百年奋斗重大成就和历史经验的决议》，《人民日报》2021 年 11 月 17 日，第 7 版。

治教育要当好宣传员，推进文明实践标准化。所谓标准化，即严格依照我们党规定好的“怎么建设、建成什么”来开展基层工作，根据未来需求谋篇布局，使文明实践兼具日常化、具体化、生活化特征，其中的重要一点就是要求基层新闻媒体听党话、跟党走，正确传达党的声音，不得受境外势力蛊惑随意造谣抹黑政府。官方媒体作为主流媒体，必须厘清工作重难点，发挥作为我们党的“喉舌”的作用，听党指挥，使社会主义主流思想在线上和线下的思想宣传中都占据主要地位，做好政治动员，唱响社会主义主旋律，如加强对网络平台过度娱乐化的治理、设置社区宣传栏和家风文化墙、网上投票评选“最美村民”等都是有效举措。另一方面，新时代思想政治教育要依托文明实践活动，打通服务群众的最后“一公里”，从而深入基层，贴近群众。新时代文明实践工作不能只停留在体制机制的宏观层面，更要细致入微地关注到个人的情感问题，因地制宜开展经常性、面对面、人民群众喜闻乐见的文明实践活动。新时代思想政治教育将新时代文明实践中心的建设作为行动载体，整合各方力量资源完善新的治理平台，打造新风貌，盘活可用空间存量，拓展空间增量，打牢思想基础，完成政治嵌入、文化嵌入和社会嵌入，全心全意服务群众。作为中国共产党密切联系群众的新载体，新时代文明实践中心的建设最离不开的就是广大人民，因为民情民声直接关乎基层社会治理的效果，需要各级部门协同发力，劲往一处使，维护自身作为国家机关的良好形象，提升政府可信度。

四　以社会主义核心价值观建设为关键

思想政治教育要肩负起伟大的文化使命，关键在于社会主义核心价值观建设。“这些年来，我们反复强调加强国家文化软实力建设的重要性。文化软实力的灵魂是什么？文化软实力建设的重点是什么？就是核心价值观，这是决定文化性质和方向的最深层次要素。一个国家的文化软实力，从根本上说，取决于其核心价值观的生命力、凝聚力、感召力。”① 社会主义核心价值观是决定社会主义文化建设的性质和方向的最深层次要素。社会主义核心价值观为文化建设注入了思想灵魂。我们要继续推动文化繁荣，文化繁荣的背后是社会主义核心价值观深入人心、人民精神世界极大丰富。

---

① 习近平：《论党的宣传思想工作》，中央文献出版社，2020，第 52 页。

我们要建设社会主义文化强国，而建设文化强国的必由之路是发挥社会主义核心价值观对文化发展的引领作用。我们要建设的中华民族现代文明是社会主义性质的现代文明。培育和弘扬社会主义核心价值观，是凝魂聚气、强基固本的重大文化工程，也是继续推动文化繁荣、建设中华民族现代文明的内在要求。

应搞好社会主义核心价值观建设，“发挥其对国民教育、精神文明创建、精神文化产品创作生产传播的引领作用，把社会主义核心价值观融入社会发展各方面，转化为人们的情感认同和行为习惯，更好彰显中国精神、凝聚中国力量”①。思想政治教育要发挥其独特作用。要在大中小学一体化推进社会主义核心价值观教育。价值观教育要从娃娃抓起，要久久为功。俗话说：“十年树木，百年树人。”社会主义核心价值观的养成不是一天两天的事，必须从小抓起，持之以恒地抓上几十年。要让社会主义核心价值观教育融入各门课程，进教材、进课程、进头脑。要以社会主义核心价值观优化校园文化环境，让校园里良好的文化氛围像空气一样弥漫，让学生不断受到美好环境的熏陶和感染。要强化社会主义核心价值观的学习实践，做到“知行合一”，让学生不仅在理论上懂得社会主义核心价值观的深刻内涵和重大意义，更在实践中去体悟和践行社会主义核心价值观，做社会主义核心价值观的践行者。“要利用各种时机和场合，形成有利于培育和弘扬社会主义核心价值观的生活情景和社会氛围，使核心价值观的影响像空气一样无所不在、无时不有。”② 要把社会主义核心价值观贯穿思想政治教育的始终，丰富思想政治教育的内容，优化思想政治教育的方式方法，提升思想政治教育的实效性、针对性，建立适宜社会主义核心价值观传播与践行的思想政治工作体制机制，让思想政治教育成为践行社会主义核心价值观的桥头堡和助推器，不断夯实中国式现代化的思想道德基础，不断巩固建设中华民族现代文明的价值基础。

五　以公民道德建设为支撑

人无德不立，国无德不兴。思想道德建设关系党和国家的未来。“夯实

① 唐军旗：《抓住社会主义核心价值观建设这个根本》，《人民日报》2023年7月28日，第9版。

② 习近平：《论党的宣传思想工作》，中央文献出版社，2020，第59页。

国内文化建设根基，一个很重要的工作就是从思想道德抓起，从社会风气抓起，从每一个人抓起。要继承和弘扬我国人民在长期实践中培育和形成的传统美德，坚持马克思主义道德观、坚持社会主义道德观，在去粗取精、去伪存真的基础上，坚持古为今用、推陈出新，努力实现中华传统美德的创造性转化、创新性发展，引导人们向往和追求讲道德、尊道德、守道德的生活，让十三亿人的每一分子都成为传播中华美德、中华文化的主体。”① 在个人层面，博大精深的中华优秀传统文化自古对个体本身的要求就是修身内省、立德立功立言和“知行合一”等，为道德建设提供了便捷，这些不是虚无的口号，而是个人通过实践养成优良品德的自觉性的体现，要端正态度，守住道德底线，筑牢正确的道德认知框架；在国家层面，源远流长的中华文明形成了规则性意识和强烈的道德遵循感，如强调爱国主义精神和奉献精神等，只有引领道德风尚，营造出全社会遵纪守法的美好环境，促进国家安定和谐和权力机构运行顺畅，才能共圆中国梦。公民道德建设与个人成长和国家发展都息息相关，是有效推进社会治理能力现代化的重要手段，“新时代要有新气象，更要有新作为”②，必须遵循马克思主义道德观的要求，准确把握社会主义道德建设的新方向和侧重点，明大德、守公德、严私德，找准定位，认清差距，关注公民的内心世界，构建适合中国式现代化发展道路的公民道德建设治理体系和制度体系。

时代发展产生了许多新业态，人们的生产生活方式在改变。随着社会场景变化速度加快，新时代公民道德建设出现了许多新情况和新问题，如覆盖对象不够全面、教育形式过于单一、内容脱离生活实际等，而思想政治教育与生俱来的道德教化功能和社会功能可以为解决这些问题发挥作用。为此，新时代思想政治教育要承担公民道德教育的责任，重视个人品德教育、家庭美德教育、社会公德教育和职业道德教育，使受教者树立正确道德观念，这也是其履行自身文化使命的表现。首先，要强化法治教育，以法律的强制力为后盾，教育公民厘清法律和道德的关系，达到德法兼修的目的。法律和道德都是维护社会秩序的手段，是国家治理所必不可少的两项重要内容。增强和提升公民的法治意识和德治涵养，可以提升国家治理

① 习近平：《论党的宣传思想工作》，中央文献出版社，2020，第48~49页。

② 《习近平谈治国理政》第3卷，外文出版社，2020，第65页。

效率，培养公民的道德自觉。其次，要借助家庭环境的作用，学习优秀家风家教，形成社会、学校和家庭的教育合力。事实证明，家风家教的好坏与公民的道德水平高度相关，良好的家风家教能筑牢公民道德建设的基础，可以帮助公民深化理解和践行社会主义核心价值观的个人层面内容，构建时代化科学化的家庭德育观念。再次，要传承中华传统美德，将其内化于心、外化于行。深受儒家教化思想影响的中华传统美德传承至今，对我们今天的公民道德教育内容依然有着借鉴价值。最后，要发挥榜样示范带头作用，从而使人们做出正确道德判断，担负自身道德责任。榜样的力量是无穷的，如雷锋、“铁人”王进喜等依然在为社会主义建设新时期的道德建设提供优质素材，培育时代新人必须挖掘道德模范典型，利用评选感动中国人物、时代楷模等活动，使人民感受到浓厚的道德氛围，争做文明有礼的中国人。

第二章　书院文化的思想政治教育功能

习近平在中共中央政治局第六次集体学习时强调："马克思主义中国化时代化这个重大命题本身就决定，我们决不能抛弃马克思主义这个魂脉，决不能抛弃中华优秀传统文化这个根脉。坚守好这个魂和根，是理论创新的基础和前提。"① 在中华民族的历史上，书院作为一种特有的教育组织和文化机构，为中华文明的传承和人才的培育，发挥了不可替代的作用。书院文化作为中华优秀传统文化的重要组成部分，其当代价值和功能不断彰显。2017 年 9 月，习近平同俄罗斯总统普京在篔筜书院进行会晤，共同参观非物质文化遗产。2020 年 9 月，习近平考察湖南，专程来到岳麓书院，并提出"岳麓书院是党的实事求是思想路线的一个策源地"的重要命题。"2021 年 3 月 22 日，习近平总书记考察福建，专程来到武夷山朱熹园，详细了解朱熹生平和理学研究情况。习近平总书记当日主要活动（听介绍，参观'民本思想'墙、实物展室等朱子文化遗存和发表讲话等）都在武夷精舍内部。"② 书院在中国教育史和中华文化史上都占有重要的地位，为中华文明的传承和发展做出了巨大的历史贡献。尽管随着时代的发展，传统书院已经退出了历史舞台，但是书院所蕴含的中华文化精神，仍是我们最宝贵的精神财富之一。准确把握书院文化的思想政治教育功能，有利于推动传统书院文化的创造性转化与创新性发展，为建设中华民族现代文明贡献力量。

---

① 《不断深化对党的理论创新的规律性认识　在新时代新征程上取得更为丰硕的理论创新成果》，《人民日报》2023 年 7 月 2 日，第 1 版。

② 朱清：《习近平总书记考察过的书院》，《学习时报》2023 年 3 月 31 日，第 2 版。

第一节　书院文化的发展历程、内涵以及精神特质

中国书院的历史长达千年之久。书院最初是指官方修书、校书和藏书之所，后来出现了名为书院的民间教育组织，直至宋代才有朱熹围绕书院创立正式的教育制度。书院源于私人创办的学舍，由民间自行解决办学经费问题，这是其与官学的显著不同之处。中国历史上的书院至少有 7500 所，最为著名的有四大书院：应天书院、岳麓书院、嵩阳书院、白鹿洞书院。书院文化源自中华优秀传统文化中的教育传统，是中华优秀传统文化的重要构件。书院文化的发展是与时俱进的，不断随着时代的发展变化而发展变化，在不同的历史时期有不同的特色，在各个历史时期都发挥了特殊的作用。

一　书院文化的发展历程

书院作为教育场所，其主要目的是道德教化与知识传授。书院以儒家思想为主要讲授内容，书院代理人也由硕学鸿儒担任，因此可以说书院文化的产生与发展和儒学的流变与复兴是相辅相成的。书院从唐代开始兴起，宋代处于高峰时期，清末逐渐式微，直到 1906 年消亡。

（一）唐

书院起源于官府整理典籍的衙门，也就是官方修书、校书、藏书之地。书院一词最早出现于唐玄宗开元年间（713~741）。唐代的书院分为官办和民办两种：官办书院专门开展修书、校书以及藏书活动；民办书院是由爱读书之人效仿官办书院建立的私人书斋性质的书院，主要开展藏书、校书等活动。在早期，无论是官办书院还是民办书院，都只是藏书和校书之所，并不具有我们熟知的读书和讲学的功能。唐“安史之乱”后直至五代时期，政治腐败、民生凋敝、社会动荡、王朝更迭频繁、仕途险恶，文化事业遭遇重创，官学式微、礼义衰败。于是一些有学识有声望的儒学大师不再对仕途有所期待，他们隐居山林或乡间，受佛教禅宗教育方式的启发，开始在书院进行读书和讲学活动，吸引了一批有学之士前来学习，书院从此有了聚集学徒的教育功能。值得注意的是，这一时期，学校形式的书院数量

还非常少，处于萌芽时期，但是基本具有了书院的完整形态。邓洪波认为，“书院是新生于唐代的中国士人的文化教育组织，它源自民间和官府，是书籍大量流通于社会之后，数量不断增长的读书人围绕着书，开展藏书、校书、修书、著书、刻书、读书、教书等活动，进行文化积累、研究、创造、传播的必然结果”①。唐代建立了一个空前统一的王朝，万邦来朝，民族融合进一步发展，伴随着大一统王朝而来的是思想文化上的多元融合，儒、释、道逐步由纷争走向融合。到了唐中晚期，儒学在对佛道进行批判吸收的基础上酝酿着变革，迫切需要新的教育组织来扩大其影响。

首先，唐朝书院以儒家思想为主要教学内容。唐朝统一了南北，建立起一个多民族的融合国家，唐王朝在思想上兼容并包，三教合一的趋势十分明显。儒家思想受到唐王朝的推崇，成为正统思想，并在批判和吸收佛道思想的基础上，酝酿着新的变革。其次，书院有移风易俗、教化乡里的功能。垂拱二年（686）陈元光在平定地方暴动后上书朝廷，提出“兵革徒威于外，礼让乃格其心”，“其本则在创州县，其要则在兴庠序。盖伦理谨则风俗自尔渐孚，治理彰则民心自知感激”②，在地方建立书院有兴学安邦、改良民俗的益处。最后，书院文化受到道家和佛家思想的影响。作为儒者之区的书院，往往与僧院、道观并立而又强调其与佛道的区别，这是唐至五代时期书院发展的一个特点。如攸县光石山书院与朱阳观、惠光寺为邻，李宽中秀才书院、李泌书院分建于寻真观、玉真观中。③ 除此之外，唐诗中也能找到儒、释、道融合发展的例子。儒生、和尚、道士和平相处、交流学术，体现出一种文化交融之势。儒生“读书林下寺”，必然对道家、佛家思想有一定的感悟和理解。

（二）宋

宋朝书院的发展可分为北宋和南宋两个时期来看。北宋时期书院出现短暂勃兴有两个方面的原因。一方面，北宋初期，战火纷飞、朝代更迭的

① 邓洪波：《中国书院史》（增订版），武汉大学出版社，2012，第2页。

② （唐）陈元光：《请建州县表》，载（清）董诰等编《全唐文》卷一六四，上海古籍出版社，1990。

③ 邓洪波：《中国书院的起源及其初期形态》，《湖南大学社会科学学报》1995年第1期。

局面结束，为文化事业的发展奠定了基础，在这样安定的社会环境中，士子们的求学欲望更加强烈。但是宋朝统治者的精力都放在了巩固中央集权上，对教育事业和官学发展的重视程度不足，导致官学没有任何发展，仅仅勉强维持国子监与太学。官学衰微、地方教育缺失的局面与天下太平的社会形势不符，在这种情况下，民间抓住了难得一遇的机会，大量民间书院应运而生，为士子提供了读书学习的场所。另一方面，北宋初期的朝廷无力设官学培养人才，只能通过科举考试选拔人才，于是为儒生们科举考试服务的讲学书院应运而生。朝廷为了在短期内建立文官治国的政治格局，对于私人兴办的书院也采取支持态度。有学者提出："书院作为一种教育机构，在北宋初期正式形成。北宋以后，制度化的书院已经出现。"[①] 传统书院经过北宋初期的蓬勃发展，形成了自己的规模和特色，较之唐代有大的飞跃，涌现出岳麓书院、白鹿洞书院、嵩阳书院、睢阳书院、石鼓书院等全国知名书院。北宋时期就出现了"四大书院"、"六大书院"甚至是"八大书院"的说法。[②] 经过北宋初年的短暂兴盛，民间书院不久就相继衰落，直接原因是三次兴学运动，分别是庆历兴学、熙宁兴学以及崇宁兴学。在三次兴学时期，官学空前兴盛，书院则日渐萧条，连著名的六大书院也改为官学甚至停办，书院发展进入一个相对的低潮期。

南宋时期是书院的成熟期，书院教育进入第一个高潮。南宋书院事业的繁荣，得益于多重社会因素。第一，南宋时期的印刷术已十分发达，图书出版也比较繁荣，出现了大量的书局，书籍的大量流通提高和增强了书院的地位和作用。在南宋 152 年的统治时期中，出现了书院共计 442 所，是北宋书院总数的 6 倍，是唐、五代、北宋共 500 多年书院总和的 3 倍。[③] 第二，南宋的统治者采取较为宽松的文化政策，允许学者自由讲学和建立理学宗庙，这对于书院办学规模的扩大和生徒数量的增长极为有利，同时也促进了书院学术研究的精细发展。第三，南宋理学家发挥了重要作用，他们参与了书院的创建和修复，整理书院典籍，经营壮大自己的学派。自此，书院作为一种文化教育制度得以确立。

---

① 陈元晖、尹德新、王炳照编著《中国古代的书院制度》，上海教育出版社，1981，第 1 页。

② 李国钧主编《中国书院史》，湖南教育出版社，1994，第 52~57 页。

③ 徐潜主编《中国古代书院》，吉林文史出版社，2014，第 17 页。

两宋时期是书院发展的黄金时期，在官方与民间多方力量的推动之下，书院作为一种制度化的私学走向成熟，也逐渐形成了具有时代特色的书院文化。首先，书院与理学同命运、共荣辱。理学奠基于北宋，有不少理学家利用书院推动学术研究和文化传播，如周敦颐、程颢、程颐、张载等人。在宋朝，官学由于积弊太深，难以推动文化传播，影响范围十分有限。南宋初年，理学家杨时打破了传统的学术传播路径，采用书院教学的方式把理学发扬光大。无锡的东林书院是杨时通过书院教学传播自己学术观点的重要依托。张栻曾求学于碧泉书院，创建城南书院，讲学于岳麓书院。著名理学家朱熹与67所书院相关，其中朱熹创建的有4所，修复的有3所，读书的有6所，讲学的有20所，撰记题诗的有7所，题词题额的有6所，在其曾经讲学之地由后人创建的有21所。[①] 可见“理学作为一种新兴的学术思潮，需要有一种能够从事学术创新的研究基地；理学家们有一套独特的教育理念，更要借助于书院实施。由于官学体制不具备文化创新、文化传播的功能，新儒家学者于官学之外别建书院，标榜新的教育宗旨，以补充官学教育的不足”[②]。其次，弘扬了书院自由讲学的传统。理学家各自提出自己书院的学规，将官学与书院教育区别开来，避免把书院变为科举考试的附庸。书院还邀请其他学派的大师讲学，鼓励不同学派之间、老师与学生之间、学生与学生之间自由辩论。除此之外，书院文化不仅受到理学的影响，也融合佛、道文化教育以充实自身。书院借鉴了佛教和道教的传播方式、教育理念以及寺庙和道观的管理经验。

（三）元

1271年，忽必烈建立元朝，至1279年灭南宋，元朝成为中国历史上第一个由少数民族建立的统一封建王朝。元朝建立后，统治者为了巩固政权大力笼络汉人，推崇儒学、重视教育并鼓励书院发展。元世祖有诏令：“凡有书院，亦不得令诸人骚扰。”（《元典章》卷三十一《礼部·禁治骚扰文庙》）这样的政策为书院蓬勃发展提供了有利条件。但是元统一江南后，汉族的儒学大师不愿意在元朝政府做官，也不愿意在元朝政府的官学中执

① 方彦寿：《朱熹书院与门人考》，华东师范大学出版社，2000，第1~35页。

② 朱汉民：《中国书院文化简史》，中华书局、上海古籍出版社，2010，第23页。

教，而是退于书院自行讲学。在这种情况下，元朝政府采取各种措施加强对书院的控制，使元代书院官学化。自此，书院被纳入了官学系统，成为科举考试的附庸。这主要表现在以下几个方面。首先，控制书院办学内容，在统治者的倡导下，元代各类书院大多以程朱理学为教学内容。其次，制定学院运行规则，元朝书院的主持人被称为“山长”，山长由礼部直接任命，由此元代的山长成为学官的一种，并且书院师资的聘用和待遇与官学的师资相差无几。再次，元朝书院还掌握了生徒的分配权，对其毕业后的出路严格控制。最后，通过派遣官员监督等形式管控书院。

元朝是我国传统书院教育发展的第二个大阶段，是书院教育的发展期和成熟期。经过这一时期的发展，书院成为一种普遍性的教育组织，书院的教育理念、办学宗旨、培养目标、教学内容、评价标准等日益标准化或完善。在书院文化发展史上，元代最大的贡献是弥补了辽金时代的缺憾，将书院与理学一同推广到北方地区，缩小了南北方之间的文化差距，而书院也出现了官学化的趋势。

（四）明

在书院发展史上，明朝起了承前启后的作用，占据相当重要的地位。明朝书院的发展经历了沉寂、勃兴、禁毁、输出等阶段。第一阶段是沉寂阶段，明朝建立初期，政府提倡兴办官学和科举，并且有“非学校不能科举”的规定，为了兴办官学，政府甚至下令禁绝各地书院。第二阶段是勃兴阶段，这与王守仁和湛若水于书院讲学有关，阳明心学和阳明学派的兴起带动了书院教育的蓬勃发展。第三阶段是禁毁阶段，明代书院因“王湛”讲学而兴，也因讲学而亡，明朝统治者为了控制文人士子的思想，对传统书院进行了四次全国性禁毁，扼杀了书院的自由讲学精神。第四阶段是输出阶段，书院在国内遭到压迫和打击，被迫走出国门，输送到东北亚和东南亚各国，甚至远到欧美，为中华优秀传统文化走出国门做出了卓越的贡献。《李朝世宗实录》中有对朝鲜学习中国书院制度的最早记载，其发生在明正统四年（1439），且记载中提到了白鹿洞书院的学规。可见，书院作为一种先进的教育制度传播出去，呈现出平民化趋势，更加深入人心。

明朝在书院文化发展史上承前启后。在明朝初期，官学与科举制度相结合推广程朱理学，导致书院经历百年沉寂。以王守仁、湛若水为代表的思想家从批判官方哲学入手，承担了重建理论、重振纲常、维系人心的工作。王守仁认为程朱理学的精妙之处在科举制度中被掩埋，成了束缚思想的僵死教条，因此他提出“知行合一”和“致良知”的学说。湛若水主讲“随处体认天理”，遵循“格物为体认天理”与“为学先须认仁，仁与天地万物为一体”的理念。王守仁、湛若水都充分发挥书院作为文化阵地的重要作用，利用书院这一平台宣传新思想，培育大批人才，不断发展完善自己的学术主张和理论体系，促进了书院与心学的结合，促进了心学的发展和书院学术的繁荣。

（五）清

清朝书院的发展大致可以分为抑制、兴盛和改制三个阶段，每一阶段都与当时独特的历史背景有关。清朝书院发展到鼎盛时期，全国十八个行省的通都大邑和乡村水寨都可寻见书院的踪影。道光以降，伴随社会转型，传统书院也开启变革历程，演变为融合西学和新学的新式书院。教会书院和华侨书院等与传统书院类型完全不同的新型书院开始出现。

清朝初期，统治者吸取明亡的经验教训，为了预防读书人干预政治，反抗清王朝的统治，对书院严加防范，采取打压态度。顺治九年（1652），清廷发布诏令：“各提学官督率教官生儒，务将平日所习经书义理，着实讲求，躬行实践。不许别创书院，群聚徒党，及号召他方游食无行之徒，空谈废业。”[①] 这可看出清廷对书院的态度。在这样的政策下，很多书院都荒废了，只有白鹿洞书院等一些著名书院勉强维持。

“康乾盛世”时期，康熙、雍正、乾隆祖孙三代励精图治，创造了长达一百多年的繁荣局面，既是清王朝统治的高峰，也是中国封建社会有名的盛世。封建统治框架在多次调整之后发展到极致，国力强盛、经济繁荣、社会稳定、人口迅速增长、疆域辽阔。在清王朝统一新疆全境后，于敏中赋诗称颂这一丰功伟绩：“觐光扬烈，继祖宗未经之宏规；轹古凌今，觐史册罕逢之盛世。”（《素余堂集》卷二四）在统治地位完全巩固的背景下，清廷改变了清初对书院的抑制态度，转而采取兴办的政策。雍正十一年（1733），清廷颁布诏令：“各省学校之外，地方大吏每有设立书

① 邓洪波：《中国书院史》（增订版），武汉大学出版社，2012，第476页。

院，聚集生徒讲诵肄业者。朕临御以来，时时以教育人才为念，但稔闻书院之设，实有裨益者少，而浮慕虚名者多，是以未曾敕令各省通行，盖欲徐徐有待而后颁降谕旨也。近见各省大吏，渐知崇尚实政，不事沽名邀誉之为，而读书应举之人，亦颇能摒去浮嚣奔竞之习，则建立书院，择一省文行兼优之士读书其中，使之朝夕讲诵，整躬励行，有所成就，俾远近士子观感奋发，亦兴贤育才之一道也。督抚驻札之所，为省会之地。着该督抚商酌举行，各赐帑金一千两，将来士子群聚读书，预为筹划，资其膏火，以垂永久。其不足者，在于存公银内支用。封疆大臣等并有化导士子之职。各宜殚心奉行，黜浮崇实，以储国家菁莪棫朴之选。如此，则书院之设，有裨益于士习民风而无流弊，乃朕之所厚望也。"① 自此拉开了官办书院的序幕，此诏令也道出各省会建立书院的标准。在此背景下，清代书院出现了前所未有的鼎盛局面。首先，从书院建立的数量上看，除了修复和重建前代留下来的书院之外，还新建了众多书院，在数量和规模上盛况空前。其次，在分布地域上，在各地兴建书院，书院数量持续增加。最后，书院的管理制度更加完备，书院类型更加多样，书院学术成果更加丰硕，这都是前朝所不能比拟的。

兴办的官办书院超过书院总数的一半后，清廷加强了对书院的管理和控制。在师资聘用上，清廷掌握了书院山长的延聘权；在经费管理上，由官府统一拨付经费，一次性发放；在生徒管理上，限制入学名额和学生籍贯；在教学内容上，设置较为规范统一的教学内容。书院的独立性和自主性逐渐丧失，书院的自由讲学精神也遭到阉割。书院的功能由聚集士子、讨论学问、自由讲学转变为为清政府培养人才。此后，"书院"的名头被官学假冒，书院文化开始变异。

晚清时期，绝大多数书院已经沦为科举考试的附庸。有史书记载："院中传习，仅以时文帖括猎取科名，而经史之故籍无存也，圣贤之实学无与也。山长则瞻徇请托，不校其学行，惟第其科名，甚则贿赂苞苴，喧腾众口。"② 中日甲午战争之后，人们开始意识到教育存在的弊端，纷纷提出书院改制，主要有两种方式：一种是利用书院的物质条件，重新制定章程，

---

① 邓洪波：《中国书院史》（增订版），武汉大学出版社，2012，第 509 页。

② 盛朗西编《中国书院制度》，中华书局，1934，第 132 页。

创办新式学堂；另一种则主张保留书院的形式，而变更其教学内容。百日维新时期，光绪帝下旨令督抚监督地方官将各省、府、厅、州、县既有之大小书院，一律改为兼习中学和西学的学校。[①] 戊戌变法失败后，新法也多被废除。光绪二十七年农历八月初二（1901 年 9 月 14 日），清政府颁布书院改学堂的上谕（也被称为“书院改制诏”），提出“着各省所有书院，于省城均改设大学堂，各府及直隶州均改设中学堂，各州县均改设小学堂，并多设蒙养学堂”。制度层面的传统书院至此消失。

1903 年，清廷颁布“癸卯学制”，1905 年，废除科举制度，在千年历史长河中不断发展的中国传统书院失去了生存的土壤，不断改制，改为新式学堂。随着新式学堂普遍建立，书院普遍消失，新的教育制度在中国确立起来。从此，中国传统书院正式退出历史舞台。虽然传统意义上的书院已经成为历史，但是书院文化作为一笔宝贵的精神财富永远值得人们去继承发扬。

二　书院文化的内涵

文化可分为四个层次：一是物质文化，是人类物质生产活动的总和；二是制度文化，是人类在劳动实践中建立的各种社会规范，包括经济制度、政治制度、法律制度、婚姻制度、家族制度、宗教制度、教育制度等；三是行为文化，包含世界各地的民风和民俗，具有鲜明的民族、种族和地域特色；四是精神文化，体现人类的价值观、世界观、审美情趣等，也是人类文明的核心组成部分。书院文化也可分为四个层次，即书院物质文化、书院制度文化、书院行为文化以及书院精神文化。书院物质文化是书院文化的基础，是书院文化留存、传播、发扬的基石；书院制度文化是书院文化的直接表现，书院是依靠制度而建立的，反过来，制度也是书院文化的价值体现；书院行为文化是书院文化的外在表现，最能直接体现书院文化；书院精神文化是书院文化的核心，是对书院人才培养理念和教学内容的提炼，是书院文化经久不衰的内在依托。书院文化的四个层次相互支持，共同搭建书院文化的体系和框架。

---

① 张晓婧、乔凯：《中国传统书院教育及其当代价值研究》，中国社会科学出版社，2020，第 33 页。

（一）书院物质文化

书院的物质文化主要包括书院选址、建筑、景观、楹联等。传统书院重视环境熏陶，通过物质文化将书院文化外化于形，为书院文化提供载体，将其直观地传达给学生。除此之外，学生身处具有浓郁人文气息的书院中，也会不知不觉受到书院文化的影响。

首先是书院选址，书院非常重视环境对人学习的积极影响，因而大多选择风景优美、安静怡人的地方，可让生徒远离世俗的叨扰和喧嚣，潜心问道，修身养性。所谓“泉清堪洗砚，山秀可藏书”①，这种择胜地而读书的思想与古代有学之士的隐逸思想不谋而合。我们熟知的很多书院都选址于依山傍水、风景秀丽之地。比如白鹿洞书院，位于庐山五老峰南麓后屏山下，西有左翼山，南有卓尔山，三山环合，一水（贯道溪）中流，无市井之喧，有泉石之胜。岳麓书院位于岳麓山下，前有湘江，碧波粼粼，山壑中古树参天，素以泉涧盘绕、诸峰叠秀的自然园林景色称胜。水声山色之中，弥漫古朴、典雅、超凡之气，既是读书养性的难得之所，又是极富文士特色的风景园林。嵩阳书院坐落在河南嵩山脚下，古朴清幽，连乾隆皇帝都为此吟诗作赋，并挥毫为书院御书了楹联。根据《南岳志》的记载，“南岳七十二峰”中，共建有书院18座，包括岳麓、石鼓、邺侯、甘泉等知名书院。可见越是有山有水、风景宜人之处，越适宜建造书院。

其次是书院建筑，书院建筑布局一般都体现着“天人合一”的思想，很多儒家士大夫把寄情山水、隐居山林作为自己的人生理想，书院建筑利用地形优势形成前低后高的格局，通过葱葱林木遮掩错落有致的建筑，点缀以亭阁、飞檐以及翘角，有些还要在书院内建园林。中国古代书院具备有山有水的自然景观，还形成了亭阁、牌楼、山墙并存的人文景观，自然景观与人文景观相互依存、完美融合，共同组成了各色交融的整体景观。书院的建筑一般有讲堂（用于教学）、斋舍（用于师生住宿）、藏书楼、祠宇（用于祭祀）等。不同书院虽然会有其自身特色，但是每个有特定功能的厅堂所在的位置以及装饰风格都遵守儒家的礼教，这使得生徒无时无刻不受到儒学的浸染，从而达到在潜移默化中强化教育的目的。

---

① 汤移平：《泉清堪洗砚，山秀可藏书——江西书院研究》，《华中建筑》2017年第6期。

再次是书院景观，书院一般会用代表高尚德行的植物进行装饰，在树木选择上以松树、柏树、梅树居多，在花卉上则以兰花、菊花为主。古人经常以花中四君子自喻，或以其美好的品质勉励自己，以起到涵养人格的作用。

最后是书院楹联，“相较于祀祖颂德的宗祠楹联、超然玄妙的寺庙楹联，书院楹联多含导化性情、启迪智慧之意涵，不仅有美化装饰建筑的作用，更是儒家文化在书院中最直接的体现”①。书院楹联以宣传儒家思想为主，其内涵丰富、词藻优美、寓意深远。如白鹿洞书院楹联“日月两轮天地眼，诗书万卷圣贤心”，清代旷敏本撰书于岳麓书院讲堂内的一副楹联“是非审之于己，毁誉听之于人，得失安之于数，陟岳麓峰头，朗月清风，太极悠然可会；君亲恩何以酬，民物命何以立，圣贤道何以传，登赫曦台上，衡云湘水，斯文定有攸归”，又比如东林书院楹联“风声雨声读书声声声入耳，家事国事天下事事事关心”。书院将做人、处事、为学的道理通过楹联展现出来，使生徒更加注重自身德行和修养。

（二）书院制度文化

书院的制度文化主要包括书院的管理架构和制度规范。书院的制度文化是书院文化在实践中的载体，书院精神就是通过一系列的制度体现出来的。

首先是书院的管理制度，书院管理制度的精髓是“山长负责制”，山长是书院的负责人，也是书院的核心，一般聘用德高望重、品行高尚、学识渊博的人为山长。除此之外，书院的管理机构、管理原则以及管理方式都是书院管理制度的重要组成部分。第一，管理机构精简化，山长是书院的核心管理人，除此之外还选用品行端正、学业优秀的生徒为“斋长”，负责书院的日常管理，这也被称为“高足弟子代管制”。第二，管理原则民主化，书院师生和普通私学一样，均可来去自由。除此之外，讲学也较为自由，与官学相比，书院教学内容大多取决于书院的特点以及山长的意见，教学内容较为宽泛、灵活。第三，管理方式学规化，由于书院管理人员精

① 冯刚、田昀：《泉清堪洗砚，山秀可藏书——从楹联谈中国古代书院建筑的审美取向》，《天津大学学报》（社会科学版）2009年第1期。

简，为了方便日常管理，书院会制定一套人员共同遵守的学规来使人员进行自我约束。《白鹿洞书院揭示》是中国传统书院最具代表性的学规，其内容涵盖为学、修身、处事以及接物等方面的道理，对促进生徒自我教育起到了非常重要的作用。

其次是书院的招生制度，书院在建立初期就向社会各界人士开放，对于年龄、籍贯、身份几乎没有限制，只要向上向善、追求进步，都有机会进入书院学习，打破了“学在官府”的特权，使教育趋于平民化。

最后是书院的讲会制度，讲会是书院学术组织的一种，古代同一书院内部、不同书院之间、书院与地方之间会以讲会这一学术组织为平台，以学术论辩的方式推动思想的融合与发展。东林书院、姚江书院、紫阳书院的讲会曾兴盛一时。讲会的宗旨、仪式、组织原则逐渐稳定，最终形成制度。

（三）书院行为文化

书院的行为文化是指书院主持者和生徒以书院为中心进行特定行为的方式和结果的沉淀，这种行为主要是具有书院特色的活动，其目的是引导生徒对书院文化产生认同，将书院精神和理念贯彻到待人接物、日常活动以及学习生活中。书院行为文化主要包括书院的会讲、讲会和课外游学活动。

会讲是与书院教学、学术活动相关的聚会。会讲既有定期举办的，也有即兴邀约的；既有在书院中进行的，也有在书院之外进行的。讲会是一类学术组织，其中的学士们聚集在一起，针对某一特定课题进行学术讨论。讲会的参与者不论年龄、身份、籍贯等，所有人都可以平等交流，各抒己见。历史上最有名的会讲是“朱张会讲”，留下了千古佳话，广为传颂。乾道三年（1167）的秋天，理学家朱熹从福建崇安来到湘江边的岳麓书院，与岳麓书院主教张栻交流会谈，史称“朱张会讲”。除此之外还有著名的“鹅湖之会”，陆九渊与朱熹分别为心学和理学的代表人物，两人于淳熙二年（1175）在江西信州（今上饶市）鹅湖寺进行了激烈的辩论，学术在争辩中发展。淳熙八年（1181），朱熹任南康太守，任教于白鹿洞书院，他邀请陆九渊来白鹿洞书院讲学。这次“白鹿之会”进一步增进了两个学派之间的交流与融合，体现了书院文化的开放精神。

课外游学意味着教育不仅局限于书院的课堂，还会在名胜古迹之间开展。“读万卷书，不如行万里路”，教育不能仅局限于课本和书院，也应当走向民间，走向山川大地，将教学内容与游学实践相结合，做到寓教于乐。朱熹就常常带着生徒游山玩水，寓教于山川石林之间。在朱熹看来，仅通过书院的课堂授业太过于局限，只有走入大自然才能领会宇宙之大，感悟天地的浩然之气；只有走入社会才能体察民情，懂得为人处世的道理，从而提升自己认知的深度和广度。岳麓书院一任山长罗典的学生严如熤曾在《鸿胪寺少卿罗慎斋先生传》中提到：“先生立教，务令学者陶泳其天趣，坚定其德性，而明习于时务。晨起讲经义，暇则率生徒看山花，听田歌，徜徉亭台池坞之间。”这样轻松愉悦的氛围有效促进了师生之间的交流与互动，教学内容潜移默化地被生徒吸收。

（四）书院精神文化

传统书院的核心价值理念是德育为先，书院的精神文化是以德育为圆心向外辐射而形成的稳定的办学宗旨和教育理念。在长期的办学过程中，书院逐渐形成了“明道传道”“发扬学术”的办学宗旨和“德育为本，修身为要；心忧天下，忠勇报国”的教育理念。书院大儒朱熹曾言：“熹窃观古昔圣贤所以教人为学之意，莫非使之讲明义理，以修其身，然后推以及人，非徒欲其务记览、为辞章，以钓声名、取利禄而已也。”（《朱子全书》）可见，书院的精神文化是知识追求与价值关怀的完美结合。

书院精神文化可分为以下几个方面。第一，以德育为先，重视人格培养和道德教化。“尽其心者，知其性也。知其性，则知天矣。存其心，养其性，所以事天也。夭寿不贰，修身以俟之，所以立命也。”（《孟子·尽心上》）可见孟子非常重视人的德行培育，认为君子应该修身养性，将仁义礼智内化于心。从诸多书院的章程和学规来看，书院非常重视人格和品德的培育。比如礼贤书院的章程就规定“本书院立学之旨，以成德为体，以达材为用”。海阳书院强调生徒的道德品质比知识学问更为重要，这种德育为先的教育理念在楹联“遵鹅湖鹿洞条规，先德行，次文章，俱是作人雅化；萃溁水横山贤俊，朝讨论，夜服习，无非为国储才”[①] 中可以体现出

① 梁申威主编《中国书院对联》，山西教育出版社，2002，第19页。

来。龙岗书院的老师将道德作为根本，认为没有道德就无从立身，更无从做学问。丽泽书院学规指出“凡预此集者，以孝悌忠信为本，其不顺于父母，不友于兄弟，不睦于宗族，不诚于朋友，言行相反，文过饰非者，不在此位”[①]，书院招生不限制籍贯、年龄、学派等，但是要求生徒有良好道德品质，不然不在书院招生范围之内。进入书院更应躬行道德，例如，珠泉书院的楹联“珠自辉，玉自媚，怀抱有真，一出便为稀世宝；泉名廉，水名让，鉴观不远，他年应记在山清”[②]，借称颂珠泉如珠似玉，暗指生徒应当以此为鉴，做一个品行高尚、清正廉洁的人。可见，传统书院将德育为先作为育人的核心，完备的德育机制以及立德树人的理念让书院在历史长河中熠熠生辉，形成了独有的精神气质。书院教育家们把以德育人作为书院教育的根本宗旨，在人才培养中处处渗透着传统中国人的道德理想，也就是培养经世济民的“君子”。

第二，传道济民、心系天下的经世精神。爱国是千百年来人们形成的一种极其深厚的感情。中华民族在千百年的发展中形成了团结无数中华儿女的力量，那就是爱国精神。爱国主义在各个历史时期都受到重视，书院作为古代重要的教育场所，承担着教育学生心系国家、心系百姓的责任。例如，东林书院楹联“风声雨声读书声声声入耳，家事国事天下事事事关心”旨在说明读书与家国情怀都很重要，教育学生既要刻苦学习，勉励自己，又要有政治情怀，以天下为己任。

第三，有教无类、兼容并包的开放精神。这首先体现在书院的生徒和主理人上，许多书院接收学生不拘一格，没有出身、地域、籍贯等限制。同时邀请不同学派、不同书院的学者到书院讲学，打通学术壁垒，加强学术沟通与交流。石鼓书院有一副楹联正是学派繁荣的生动写照：“学贯九流，汇此地人文法海；秀冠三湘，看群贤事业名山”[③]。其次体现在学术自由上，传统官学的主要目标是培养科考人才，以满足维护封建王朝大一统的需要，使思想走向僵化、单一，以便管理和控制。而书院由于经济上的独立性和办学上的自主性，更能体现自由精神。最后体现在学派众多，并

① 陈谷嘉、邓洪波主编《中国书院史资料》上册，浙江教育出版社，1998，第197页。
② 梁申威主编《中国书院对联》，山西教育出版社，2002，第310页。
③ 梁申威主编《中国书院对联》，山西教育出版社，2002，第200页。

不拘泥于某一学派上。书院讲学内容多元，听讲者不只有本院生徒，授课者也不只有本院教师。书院支持不同门派之间相互探讨争辩，吸取百家所长。书院还会经常邀请学富五车、知识广博的儒学家来主讲。朱熹曾应学生和友人之邀到福建古田县蓝田书院、溪山书院、螺峰书院和长溪县（今福鼎市）石湖书院避禁讲学。①

第四，学生自主学习的能动精神。书院非常尊重学生主观能动性，将老师作为学生学习和生活上的引路人，而不会把老师的观点强加于学生，师生之间平等交流。遇到疑难之处，师生共同探讨、互相论辩，学生的自主性得到充分体现。

书院大师们秉持着学术独立、唯真理是瞻的原则，而不是趋炎附势、依附权贵，因此书院学术是相当自由的。正是这种德育为先、自由讲学的教学特质构成了书院独特的精神文化。

三　书院文化的精神特质

书院历经千年发展，在历史洪流中滚滚向前，命运潮起潮落，在传统书院凋零后，书院文化却从未因此终结，而是作为一种精神状态、文化品质而无处不在。书院文化是实践经过提炼升华而形成的精神意蕴，其中的精神特质是它的精髓，也是书院学者一以贯之、始终坚守的思想根基，更是书院能够成为中华文明瑰宝的根本原因。

（一）书院文化的独立自主性

书院之所以能延绵千年，成为古代东亚教育制度中与官学并称的教育制度，是因为书院文化中存在的独立自主性。首先是办学经费自筹。书院在唐末初具规模，由具有一定经济实力的硕学鸿儒或富商自行筹办，在山间田野处搭建学社，再置学田收租，来充当办学经费。在书院兴起初期，因其处于偏僻之地，朝廷无法干预和管辖；宋朝重文抑武，为了鼓励民间兴办书院，朝廷对民间书院有扶持和补贴，但是数额较小，书院依然保留独立性；直到明清时期，书院办学经费由官府一次性拨付，朝廷势力渗透到书院，书院的独立性才逐渐丧失。书院文化的独立自主性可以体现在两

① 邓洪波：《中国书院史》（增订版），武汉大学出版社，2012，第152页。

个方面。一方面是教育管理自主。作为古代教育场所，书院教育虽也兼顾“举业”，但究其根本，其主要目的是道德教化和知识传授。书院山长以儒家士大夫为主，传承儒家圣贤的教育理念，践行以“道”为核心的人文精神。为将道德教育渗透到教育教学活动的方方面面，书院自主制定了章程和学规，并逐渐形成了稳定的书院文化和书院精神。书院的这种“有志于道”的人文追求和“德育为先”的办学理念杜绝了机械化的知识传授，而是鼓励深入地研究学问、探讨义理，这与官学对标科举考试大纲而以知识性讲授为主、为朝廷培养可堪使用的人才的教育理念有着巨大差异。因此书院的日常管理，在师资聘用、生源构成、培养目标等方面都表现出较强的自主性。另一方面是学术研究自由。书院是一种有别于官学和私学的独具特色的教育场所，还兼顾学术研究的功能。书院是在官学凋敝之时兴起的，在创办初期就是硕学鸿儒自由读书、交流、讲学的场所，书院的会讲和讲会制度都是为了让大家自由表达、充分探讨、加强交流，从而推动学术研究进一步发展而设立的。这使得历史上有名的书院，既是当时教育活动的中心，又是学术研究中心，如范仲淹主持的应天书院、朱熹主持的白鹿洞书院、陆九渊主持的象山书院等，在这些书院都曾发生过学术交流、百家争鸣的名场面，为人所津津乐道。

（二）兼容并包性

书院自建立以后，就对不同地域、不同年龄、不同阶层、不同学派、不同思想的生徒开放，这些人在书院会聚，交流思想，又带着书院精神流向各地，影响更广的地域。

一是生徒有教无类。作为州、府、县各级政府之教育中心与学术中心，官府书院建于各级官衙驻地，出入其间者，非官师缙绅，即士夫儒生，一般皆属于中上层人士，是为当时通例。[①] 书院的出现打破了“学在官府”的传统，也冲破了上层阶级对教育的垄断，为下层民众提供了受教育的机会。书院招生没有年龄、籍贯、阶层、职业等限制，只要一心求学，人人皆可入学，这一点彻底贯彻了孔子“有教无类”的教育理念。到明朝中期，随着平民教育的开展和平民儒学家的出现，下层民众甚至可以在书院讲学。

---

① 邓洪波：《中国书院史》（增订版），武汉大学出版社，2012，第 323 页。

比如仁文书院就采取“广与进”的态度，欢迎一切来求学、听课的人。《仁文书院讲规·广与进》称：“真修实践之士，往往出于布素，如吴聘君、王心斋其者，故不尽由黉序中出。若必择其方类而取之，恐长林丰草间不免有遗贤，而亦何以风励。庶人之以修身为本者，是故，会讲之日，如或山林布衣，力行好修，但愿听讲，不妨与进。其怀私负戾，藉名干进者，一切摈斥之，无取焉。”①

二是课程各具特色。书院没有统一的教材，在不同学术流派的书院里课程也各有不同，硕学鸿儒在书院中自由讲授自己学派的新思想，按照自己学派的教学目标培养生徒。比如明代大儒吴与弼，在崇仁修建有小陂书院，书院以耕作为核心课程，书籍也都与劳作相关。他经常在田间地头亲自教授生徒耕作技巧，甚至在雨天里与生徒们一起披蓑戴笠，拉着耒耜在田地里劳作，忙完后回家解了犁，与生徒们一起用田地里亲手种出来的蔬菜豆类等制作美食并享用。他与生徒们在往返田地的路途中大声研读《孟子》，读书声与水流声交织在一起，成为耕作课程前后最美的协奏曲。生徒们与吴与弼共同参与劳作，通过学习熟悉了耕耘、栽插、收割、烹饪的全过程，并将儒家经典的学习贯穿于劳作之中，这是“求学于道”思想的一种体现。

三是学派自由交流。书院在长期发展过程中形成了会讲、讲会制度，充分体现了书院在学术交流上允许自由争辩。比如著名的“朱张会讲”，张栻邀请朱熹到岳麓书院讲学，开不同学派在同一书院讲学的先河，对学术交流与传播起到了重要作用。除此之外还有著名的“鹅湖之会”，陆九渊与朱熹两人分别属于心学和理学两个学派，吕祖谦为了调和两人之间的理论分歧，特意邀请陆九龄、陆九渊兄弟与朱熹会面，双方在鹅湖寺就各自的哲学观点展开了激烈的辩论；六年后，朱熹再次邀请陆九渊来白鹿洞书院与他同台讲学，学术在一次次交流中融合与发展。

四是求学与问道相统一。书院文化的兼容并包性除了体现在学术交流自由、办学独立自主上，还体现在书院强调知行并重合一、提倡求道与求知相结合上，这体现了书院的价值关怀和人文情怀。书院与官学不同，其初衷不是培养为了应付科举考试而生的考生，而是通过培养和提高个人的

---

① 邓洪波编著《中国书院学规》，湖南大学出版社，2000，第37页。

德行和修为，培养传道济民、德行统一的人才。当年朱熹复兴白鹿洞书院，也是为了纠正官学和科举之偏，认为参加科举考试应该以学好儒家思想为基础，儒家思想不能丢。所以书院还有习礼的传统，以祭祀等方式将日常倡导的德行修养外化为礼仪规范，以严谨规范的行为体现其意义价值，这也是知行并重的体现。

（三）和谐有序性

古代书院是开展学术研究和交流、道德教化，推动文化传播和发展的独特教育组织和学术组织，对中国古代人才培养与教化、文化传承、学术繁荣乃至社会进步都起到了十分重要的作用。书院在维护儒家伦理道德观、完善个人道德品质方面扮演了重要角色。在个人层面，书院通过潜移默化的品德教育帮助人们处理各种人际关系，使个人品德达到和谐状态；在社会层面，书院通过道德教化，使社会达到和谐有序状态。

第一，书院发扬了尊师重教的优良传统，在师生关系层面处于和谐状态。一方面，书院是独立于官学的教育形式，与官学师生建立在功利化科举考试基础上的关系不同，书院师生的关系往往更加亲密。生徒都是择师而从，在他们入学之前就对书院老师有所了解，有较为强烈的从其为学的愿望。入学后，师生同吃同住在书院里，朝夕相处，结下了深厚的师生情。另一方面，书院山长、师资都是鸿学大儒，他们强调知行合一、清苦勉励、求实创新，并在日常的教学工作和生活中身体力行，一言一行都落在学生眼里，他们的行为成为学生的榜样。书院文化能够世代相传，与书院融洽的师生关系是分不开的。

第二，书院教育与乡土民风融合，在民风建设层面处于和谐状态。“师道立则善人多；教化行而风俗美”①，指的是书院与当地民俗民风相融合，对改善士气民风、传播乡土文化起到了特殊的作用。书院通过道德教化清除愚昧、革除陋习、培育新风，对偏远地区的文化发展极有意义。书院自创立起，就承担了推动下层教育勃兴、学术普及、文化交流的职责。

第三，书院强调学术自由，也强调学统，崇仰圣贤，在学术交流层面处于和谐状态。一方面，学院独立办学、经济自主，因此具有主导权。书

① 梁申威主编《中国书院对联》，山西教育出版社，2002，第183页。

院老师强调平等交流、广为涉猎，学习其他学派的优秀部分。另一方面，学院也强调学统，企图将本书院的学术观念传递出去，并自成一派。书院一直是儒家学者们的重要教育阵地，他们传道授业解惑，把学术的火炬传给下一代。无形之中，他们的学术思想得到传承和发扬，有的则成为书院的学统。考亭书院称其遵循的是孔孟思想，继承的是理学真传。阳明弟子因多种因素而形成不同的支派，但他们都把阳明思想奉为学统和正宗，在发展和传播阳明学统上发挥了重要作用。[①] 祭祀是书院的重要功能，不同的书院因学统不同，祭祀的对象也不同，但有一点是相通的：书院会将本学派的创始人或集大成者作为祭祀的对象，来彰显本学派的学统的地位。例如，朱熹“作竹林精舍，释祭先圣先师，以周、程、邵、司马、豫章、延平七先生从祀”（《白鹿洞志》）。其中李延平是朱熹的老师，罗豫章则是李延平的老师，这二人是闽学一派的先驱人物，朱熹在祭祀中突出了北宋的几位道学大师和本学派的先驱，很显然意在标榜书院所尊崇的学统，以争得学术正统地位。[②] 通过祭祀活动，可以表达敬仰圣贤之情，激励生徒勤奋学习、刻苦钻研、回归正统。白鹿洞书院的弟子们为了继承和光大朱子的学统，或自己创办书院，或讲学于书院，或联讲会以作育人才，都旨在使其学统传承不绝。书院通过发扬本学派学统、光大门户，使得书院文化在激荡中沉淀、在交流中升华。各书院企图发扬本学派的教义教旨，这使得书院文化更加和谐。

第二节　书院文化的思想政治教育功能

“中华优秀传统文化是中华民族的精神命脉。要努力从中华民族世世代代形成和积累的优秀传统文化中汲取营养和智慧，延续文化基因，萃取思想精华，展现精神魅力。要以时代精神激活中华优秀传统文化的生命力，推进中华优秀传统文化创造性转化和创新性发展，把传承和弘扬中华优秀传统文化同培育和践行社会主义核心价值观统一起来，引导人民树立和坚持正确的历史观、民族观、国家观、文化观，不断增强中华民族的归属感、

① 朱汉民、刘平：《简论书院的学统》，《教育评论》2002 年第 1 期。

② 朱汉民、刘平：《简论书院的学统》，《教育评论》2002 年第 1 期。

认同感、尊严感、荣誉感。"[①] 书院文化作为中华优秀传统文化的组成部分，具有重要的思想政治教育功能。书院文化具有政治导向功能，能够引导人们树立正确的政治观念；书院文化具有价值涵育功能，有利于涵育社会主义核心价值观；书院文化具有道德教化功能，有利于社会主义公民道德建设；书院文化具有审美熏陶功能，有利于审美素养的提升和人生境界的提高。

一　政治导向功能

政治导向事关党和国家的发展。习近平对党员干部谆谆教诲："在党的纪律规矩中，政治纪律和政治规矩是最根本、最重要的。要时刻绷紧旗帜鲜明讲政治这根弦，在大是大非面前、在政治原则问题上做到头脑特别清醒、立场特别坚定，决不当两面派、做两面人，决不拿党的原则做交易，决不搞'七个有之'那一套。"[②] 书院文化诞生在中国，尽管更多的是一种教育文化，然而自始至终都离不开对政治的深切关怀。书院文化在发展的过程中，始终保持与现实政治的良好互动，践行着儒家文化"天下为公""选贤任能""穷则独善其身，达则兼善天下"的政治主张，具有鲜明的政治导向。

（一）维护政治忠诚

书院文化是中国传统教育文化的重要组成部分，其始终秉持着"天下为公""忠君爱民"的政治主张，维护政治忠诚，认为书院所培养的人必须有德行才行，这样才能引导大家形成友好和谐的社会氛围，才能最终实现社会理想。书院儒生大多不断践行儒家学派的思想，不断地丰富和传承"天下为公"的思想内涵，被赋予"修身，齐家，治国，平天下"的人文理想。书院把培养政治忠诚的人才作为重要目标。在古代社会的发展中，政治忠诚是一种当权者为保持政治稳定而潜移默化培养的精神状态。唯有确保政治忠诚，社会才能繁荣稳定发展，百姓才能安居乐业。"忠君爱民"也

---

① 习近平：《论党的宣传思想工作》，中央文献出版社，2020，第 179 页。

② 习近平：《努力成长为对党和人民忠诚可靠、堪当时代重任的栋梁之才》，《求是》2023 年第 13 期。

是政治忠诚的一种表现形式，“致君泽民”是书院教育中自古以来就有的精神内涵。范仲淹曾说“大丈夫当以利泽生民为务”，其在主政期间，改革科举制度，希望培养出更多忠君报国的人才。《汉书·刑法志》提出，维护社会安定需要“名察之官，忠信之长，慈惠之师”。从中可以看出，忠信是为人的基本道德准则。此外，书院将生民作为关爱的对象，以此引导生徒树立正确的生民观，而常受儒家思想熏陶的书生，常有济世安民的思想情怀。“忠君”的内容抽象，而“爱民”的内容具体，两者相互交融，形成了独特的价值特质，无论是“忠君”，还是“爱民”，都是一种政治忠诚，而书院文化正是通过潜移默化的教育维护了政治忠诚。

（二）坚定政治方向

书院文化培养了儒生的民族义节，在这种品格的影响下，生徒拥有了民族认同感，具备了高尚的气节，培养了为国家和民族舍生取义的精神。在书院文化的熏陶之下，师生的民族认同感提升，在国家民族危难之时，敢于站出来对腐败现象进行批判，以高度的热忱来帮助国家渡过难关，这种高度的民族认同感实际上就是一种大义，是一种政治方向的坚定，是中华儿女最深层次的精神基因。书院教育倡导生徒保持高尚的气节与民族自信，始终铭记读书人所肩负的文化与历史使命，将舍生取义的精神根植于内心，为国家发展、社会稳定不懈奋斗。书院儒生除了自身形成了坚定的政治方向之外，也身体力行地以大义教化民众，使得民众的思想境界逐渐提升，政治方向更加坚定。

（三）严格政治纪律

书院教育重点培养生徒的高尚品格，要求始终把奉献放在第一位，鼓励生徒廉洁奉公、勤政为民，将廉洁奉公作为自身的政治追求，其中“廉洁”是书院强调“以义导利”的重要体现。周敦颐将“廉洁”思想体系化，曾在《爱莲说》中强调为官为人要“出淤泥而不染，濯清涟而不妖”，不要被周围环境所污染，而要始终保持自身高洁的品性，这种“廉洁”思想也是书院儒生的一种崇高道德追求，而廉洁奉公正是一种政治纪律的集中体现。程颐则表示，“富，人之所欲也，苟于义可求，虽屈己可也；如义不可求，守贫贱以守其志也。非乐于贫贱，义不可去也”，可见他把守廉明志与以义导利的思想结合起来了。廉洁教育也是书院道德教育的重要内容，书院倡导培育清正廉洁、忠君爱民的官员。张栻在出任江陵知府期间在一日之内革除14个贪官污吏的职务，这是书院教育下的廉洁行为，体现出廉洁奉公思想的深入人心，严格了政治纪律，收获了人们的赞誉。此外，鼓励勤俭奉公也是书院教育的重要组成部分，其倡导儒生要不畏艰苦、克勤克俭，以在学问、事业上有所成就，为今后的发展打下良好的基础。这些都是在书院文化影响下严格政治纪律的集中体现。

（四）提升政治能力

书院教育除教授生徒理论知识外，也培养师生的民族义节，这种民族大义是一种政治能力，使得为臣为民者“奉君忘身，殉国忘家，临难死节”，在国家危亡、民族危难之际，挺身而出，不忘本来，不计较个人得失，将生死置之度外。中国古代皇位继承以世袭为主，而世袭制长久以来容易引起统治者决断错误等一系列问题，需要一批饱读诗书、精通政治、眼光长远的官员来辅佐统治者，而书院教育不限制生徒的出身门第，更容易找出精通谋略的人来参议朝政，同时又整体提升了人们的政治素养和精神气质，使人们摆脱“孤陋寡闻”，也拥有了读书学习的机会，这是书院文化所孕育的一种政治能力。书院培养的生徒，拥有一种爱国主义精神和民族义节，他们通过讲学、参议朝政以及带兵御敌等不同方式来维护国家稳定统一，将学术研究与平定战乱相结合，推陈出新，这是书院爱国精神的重要体现。文天祥《衣带赞》中的“孔曰成仁，孟曰取义，惟其义尽，所以仁至。读圣贤书，所学何事？而今而后，庶几无愧”将书院儒生的读书意义与精神归宿表达得淋漓尽致，这种书院文化氛围无形中提升了师生的政治能力，也增强了各朝代的政治稳定性，利于社会向好发展。

二 价值涵育功能

“培育和弘扬社会主义核心价值观必须立足中华优秀传统文化。牢固的核心价值观，都有其固有的根本。抛弃传统、丢掉根本，就等于割断了自己的精神命脉。对我们来说，博大精深的中华优秀传统文化是我们在世界文化激荡中站稳脚跟的根基。"[①] 书院文化是中华优秀传统文化的一部分，具有价值涵育功能，能为社会主义核心价值观提供历史文化根基。书院文化的价值涵育功能充分体现在对社会主义核心价值观的涵育上，包括对国家层面、社会层面和个人层面社会主义核心价值观的涵育。

（一）涵育国家层面的社会主义核心价值观

在国家层面，书院文化从富强、民主、文明、和谐等不同角度展现了其自身的价值追求。书院教育受民族义节思想的影响，强调民族大义，致力于保障国家繁荣稳定、人民安居乐业，把围绕国家统一和民族认同的热烈情感汇聚在一起，特别是在国家处于危难关头时，书院文化所体现的精神特质对国家的兴衰产生了一定的影响，书院教育所培养的儒生也敢于批判腐朽的现实社会，通过四处讲学、参政议政以及带兵御敌等方式时时刻刻维护国家统一。古代社会中，中国的繁荣富强和发展壮大，与书院文化的有力推动不无关系。宋元明清时代，民族矛盾引发了诸多问题，书院师生受此影响，将学术研究、治理国家、平定战乱相结合，把国家的稳定与个人的发展结合起来，致力于实现国家的繁荣富强，解决民族问题。《春秋》中"华夷之辨""尊王攘夷"的观点在宋代、明末等时期被宣扬出来，其体现了书院教育匡扶社稷、忠君报国的爱国主义思想。岳麓书院的张栻上疏批判了当时政府的无能，唤起了人们对国家统一以及繁荣稳定的向往。

书院作为中国传统社会集教育、教学和研究于一身的教育机构，其区别于官学，经费与教育资源独立，更能体现出独立自主性，有着民主的特征，是中国古代教育进一步走向文明的助推剂，不断地推动国家的发展、繁荣、富强，为国家的振兴贡献力量。书院文化在古代教育文化中始终秉持着独立自主的治学精神，并且在山长选聘、经费使用以及生徒管理等方面均体现出了民主的思想，这种思想在不断发展的过程中也对中国古代社会民主思想有所启迪，使得国家在长期的发展中不断走向民主、文明。唐代拥有诸多书院，如湖南攸县光石山书院、陕西蓝田瀛洲书院、山东临朐李公书院和河北满城张说书院等，它们逐步发展成聚集名士、开引士民的教学机构，形成了服务范围较广的新型书院。例如，"松洲书院，在二十四

① 习近平：《论党的宣传思想工作》，中央文献出版社，2020，第 54~55 页。

都，唐陈珦与士民讲学处”深刻地阐明了当时书院的讲学情况。此外，书院在管理上实现了自我管理，这是书院独立自主精神以及民主性的重要体现。书院逐渐由以前的受官府管控转变为由书院师生管理，书院自己的管理者大多具有热心教育的情怀与钻研学术的能力，二者结合在一起，使得整个书院变得更加适合生徒，形成更为浓厚的文化氛围，而非引导生徒沉溺于所谓的功名利禄，因此，在制定学规、设置教学方案、聘用教师和招收生徒方面更加人性化，显示出一种尊重人格的管理理念，是一种民主的表现。古代书院最具生命力的教育特征即为教育独立，此种独立更有利于学术研究，使书院以追求知识为主要目标，鼓励学生不因循守旧，而是注重创新，支持不同学派之间相互辩论，倡导百花齐放、百家争鸣，掀起了自由民主的学术思潮，这使得书院成为古代思想发展的新阵地。书院教育在古代不断发展，引领了不同时代的思想潮流，为国家之富强、民主、文明、和谐提供了历史积淀。

（二）涵育社会层面的社会主义核心价值观

书院文化的历史底蕴深厚，彰显了中国古代教育的开放性和包容性，将自由平等的思想内涵镌刻其中，推动了中国古代教育的发展。书院教育始终保持着开放的治学精神，这表现为门户开放的教学以及不同学派之间的交流等。书院教育改变了长期以来关门教学的教育风气，书院师生不局限于地域、不拘泥于学派，大家相互交流、相互辩论，在学术上遵循“兼容并蓄”的原则，形成了自由开放的教育氛围。书院教学的自由开放多体现于门户开放以及教学内容多样上，例如，师生在选择书院时可依据自身兴趣爱好自由选择，没有其他限制，著名学者黄榦做生徒时曾师从刘清之，后拜朱熹为师。书院教师通过自身学术修养和人格魅力来吸引学生，并不束缚学生，范仲淹在《南京书院题名记》中言道：“由是风乎四方，士也如狂，望兮梁园，归欤鲁堂，章甫如星，缝掖如云。”[①] 从中可以看出诸多士人前来学习的盛况，这也体现出古代书院教育的自由开放。此外，《范文正公年谱》记载道：“时晏丞相殊为留守，遂请公掌府学。公尝宿学中，训督学者皆有法度，勤劳恭谨以先身之。由是四方从学者辐凑，其后以文学有

① 曾枣庄、刘琳主编《全宋文》第九册，巴蜀书社，1990。

声名于场屋朝廷者，多其所教也。”[①] 应天书院的这种开放包容的精神，将各路人才招揽而来，使得书院发展更加兴旺。书院教育的教学内容也十分广泛，不同学派的老师所教授的内容有所区别，大多以儒家经典为主，如《大学》《中庸》《论语》《孟子》等，它们是书院教学内容的基础，除此之外，还有历史典籍以及诗词歌赋，书院教师也传播自身的学术观点，这些思想的碰撞使得师生在教与学的过程中都受益匪浅。南宋的程颐在伊皋书院讲授自己的《易传》，白鹿洞书院会讲授《四书章句集注》，象山书院会讲授《象山文集》，东湖书院会讲授《陆九渊文集》，等等。可以看出，各个书院的教学内容都有各自的特点，这显现出各书院的独特性，也体现了当时社会中书院教育的快速发展。书院教育在学术上实行“兼容并包”的原则，并不单纯宣扬某一种思想，而是吸取众家之长，在学术交流中求同存异，大大提升了学术研究的开放程度，使得师生接纳不同观点，更全面地认识世界，这样的文化氛围使得书院成了不同学派的活动基地。例如，宋明理学开创者周敦颐、宋代理学大师朱熹、明代心学集大成者王守仁等大师均有自己的研究阵地，他们后来发展的子弟也乐于同其他学派的人交流思想观点，进而完善自身学派。古代书院中的学者大多为儒家学派的学者，在面对佛教和道教思想时，他们并不完全排斥其思想文化，而是取其精华、弃其糟粕，批判地继承和吸收其他思想的优秀之处，使得书院教育在发展过程中融合了多种思想要素，形成了一种全新的思想体系。不同学派的大师相互切磋学问，针对某些话题开展辩论交流，这使得不同学派的思想在书院中广为传播，促进了书院文化的发展。总而言之，书院文化是一种开放、包容的教育文化，在追求自由平等的同时，也无形中为中国古代社会中的自由平等贡献了力量，推动了中国文化的传承和发展。

（三）涵育个体层面的社会主义核心价值观

书院教育作为古代教育的重要部分，影响着中国古代文人的思想内涵，除了引导师生修身养性之外，也注重鼓励师生勇担道义、爱国爱家，担负社会责任。纵观历史长河，我们总能找到书院教育培养出的、怀揣着爱国情怀与民族大义在危难关头挺身而出的忠义之士，他们立志救国、舍生取

---

① （宋）司马光：《涑水记闻》卷十，邓广铭、张希清点校，中华书局，1989。

义，为国家和民族复兴奉献自己。书院儒生从个人修身到心怀天下，培养出浓浓的家国情怀，“大道之行，天下为公”是家国情怀的集中体现，爱国主义精神也深深根植于中华民族的骨髓之中，“修身，齐家，治国，平天下”是中国古人的伟大抱负，注重道德义礼，以天下为己任，是天下读书人永恒的价值追求。儒家希望臣子和人民“奉君忘身，殉国忘家，临难死节”，将国家和民族的利益作为追求的目标，将个人得失置之度外，书院教育倡导坚守民族义节、民族认同以及舍生取义的爱国精神。书院在教育儒生时，除了传道授业解惑之外，也十分注重对生徒崇高气节的培养，希望生徒在国家危难之时，能够抛头颅洒热血，不惧艰险，不改气节。例如，白鹭洲书院以“敦教化，兴理学，明节义，育人才”为理念，并将欧阳修、胡铨、杨邦乂、杨万里树立为生徒学习的榜样，体现了书院注重气节、注重爱国主义情怀的培养和传承。此外，儒家也重视“义利取舍”的价值判断和价值选择议题，主张发扬“舍生取义”之情怀，“生，亦我所欲也；义，亦我所欲也。二者不可得兼，舍生而取义者也”（《孟子·告子上》）体现了儒家所倡导的“舍生取义”的思想观点。此外，儒家提倡在面对任何事情时，都要有敬业精神，始终把实践作为检验真理的标准，注重实践效果，知行合一，把所思所想转化为实践的成果，在实践中不断进行检验，反反复复地做，并将理论以及实践转化为经世致用的东西供后世学习。书院中的师生都需要保持一种敬业精神，教师认真教，生徒专心学，这是一种基本的敬业精神。诚信是一种最基本的道德品质，儒家将其作为道德伦理之一，提出了“仁义礼智信”，倡导师生保持自身高贵的品格，不说谎、不说大话。碧泉书院的山长胡宏尤其强调“诚者，天之道也”，这体现了书院教育对诚信的重视程度，在书院教育中，诚信不仅仅是提升道德修养的重要目标，更是一个人品格优良的重要判断标准。“学者不可以不诚，不诚无以为善，不诚无以为君子。修学不以诚，则学杂；为事不以诚，则事败；自谋不以诚，则是欺其心而自弃其忠；与人不以诚，则是丧其德而增人之怨。”（《河南程氏遗书》卷二五）书院教育非常重视诚信的培养，诚信是基础的品质。

书院教育始终保持开放的办学理念和治学精神，以一种对万事万物友善的态度不断开拓进取，培养了一批批道德品质高尚、学问知识渊博的生徒。其在教育上不断践行开放的理念，包括不限制生徒的出身、不拘泥于某一个办学地点、藏书对外开放等，使得古代社会的平民以及其他阶层的人摆脱了门第的限制，拥有了读书求学的机会，是对普通人友善的体现。书院的办学地点多样，环境优美，适合潜心学习。这些都是书院文化中友善精神的重要体现。总而言之，书院文化与社会主义核心价值观一脉相承，它们都体现出对中华优秀传统文化的传承，是民族精神的写照。

三　道德教化功能

书院文化经过千余年的孕育发展，形成了自身特定的道德教化功能，包括培育天下为公的担当精神、培育艰苦朴素的奋斗精神、培育大公无私的奉献精神和培育民胞物与的友善精神等，这些精神作为中国精神的一部分，承载着中华文化的脉络，对中国古人精神气质的养成和人文情怀的培育贡献巨大。书院文化作为中国古代传统教育文化的一部分，体现了中华民族对教育的重视，其在历史的长河中不断探索、不断发展，为后世留下了宝贵的精神财富。

（一）培育天下为公的担当精神

书院文化是一种中国古代教育文化，其间蕴含着深厚的家国情怀和强烈的社会担当。儒家对家国情怀的阐释不仅仅强调内心情感，而且要求儒生能够将其付诸实际行动，做一个有社会担当的人。“穷则独善其身，达则兼善天下”是《孟子·尽心上》的名句，其体现出对个体在自身发展过程中所应有的担当的要求，而对于深受儒家思想影响的书院文化，居于其间的儒生则以“出则入世为官，退则讲学授业”为原则，在书院文化中融入了儒家思想精髓，他们在关注时政、教化民众以及传承文化中延续着圣贤之道，在不断的实践中影响着中华民族的思想精神。关注时政对于书院儒生来说是尤为重要的道德特点，他们并非闭门造车，而是以时政为切入点清议朝政、品评人物，通过此种方式对国家、社会的某些现象——大多为官场黑暗、政治腐败——进行讨论，剖析社会的弊病，这是书院儒生的自由所在，也是他们天下为公的担当精神的重要体现。例如，北宋时期的程颐，在伊皋书院组织师生对王安石变法的利弊进行了激烈的讨论；南宋时期的朱熹在各个书院进行了有关朝政的讲学；明代的东林书院的口号“学者以天下为己任”“风声雨声读书声声声入耳，家事国事天下事事事关心”

深刻阐明了书院文化中的社会担当。此外，东林书院的创办者顾宪成曾言："立朝居乡，无念不在国家，无一言一事不关世教。"东林师生一起讽议朝政、讲论学术，后来虽然书院本身遭到禁毁，但东林书院的文化气节流传至今。这些例子均体现了书院儒生对时政的关注和强烈的社会责任感。由于古代统治者受到"民可使由之，不可使知之"思想的影响，普通民众的教育受限，而书院承担起了教化民众的职责，招生时，不分贵贱、不论出身，将原有的阶级限制打破，给了普通人读书的机会，改变了唯官是教的传统，培育了一批传道授业与教化民众的平民，他们并不以科举仕进为目标，而是希望实现"虽穷乡僻壤，亦闻读书声"，极大地扩展了文化教育的覆盖面，改善了当时的社会风气，提高了民众的素养。书院的建立客观上促进了社会教化，形成了良好的社会教育氛围。除此之外，书院作为古代教育活动中心，为文化的传承提供了保障，也促进了中国古代教育的发展。其中，以南宋理学为例，当时很多名家通过以书院为基地进行讲学、辩论、研讨等活动，传播自己的学术思想和理念，扩大学术影响力。张栻、朱熹、吕祖谦、陆九渊等的讲学精彩纷呈，使大批学者云集，在当时影响较大，使得岳麓书院、白鹿洞书院、丽泽书院、象山书院成为当时闻名天下的四大学术中心。此后，历代学者以书院为依托，建立学派、培养人才，并且也通过藏书、修书、编书实现了文化的传承，促进了文化的发展。实际上书院本身也是思想文化的孕育之地，比如，朱熹的《大学或问》《白鹿洞讲堂策问》均源自其在白鹿洞书院的讲学，伪托司马光之名写就的《切韵指掌图》也是在丽泽书院刻印的。由此可见，书院通过各种形式推动了文化传承，为后世对传统文化的研究提供了诸多帮助。

书院文化内涵丰富，将千年来培育出的天下为公的担当精神传承下来，使其影响了一代又一代人，凝聚在了中国精神中，在当今社会文化的发展浪潮里，这种担当精神将继续在社会中传承，继而影响下一代中华儿女。

（二）培育艰苦朴素的奋斗精神

奋斗精神长期以来是支持中华民族发展壮大的重要精神力量，中华儿女怀揣着艰苦朴素的奋斗精神，不断开拓进取、一往无前，铸就了中华民族的伟大成就，而书院文化作为一种历史悠久的传统教育文化，以教育实践为导向，培育了艰苦朴素的奋斗精神。多年来，在书院文化的熏陶之下，中国古代文人受其潜移默化的影响，不仅注重实践本身，还注重实践的效果，在实践中践行奋斗的真谛。一方面，书院培养注重以知促行，通过将理论知识付诸实践，可以在实践中对知识进行检验，这是最基本的实践理论；另一方面，其强调要学以致用，除了自身学有所成之外，也要对社会做出贡献，这种基于实践的奋斗精神反映出一种实事求是的价值取向，强调在由浅入深、体用结合的过程中，通过不断躬亲实践，实现知行合一的目标，最终达到经世致用的效果，这是书院文化艰苦朴素的奋斗精神在实践环节中所呈现的特点。首先，任何人、任何事的成功都离不开脚踏实地的付出，书院教育也特别注重躬行践履，强调要注重实践、亲身做好每一件事。“行之力则知愈进，知之深则行愈达，是知尝在先而行未尝不随之也”（《论语解》），这句话体现了书院鼓励师生进行实践、在实践中获得收获。“为学之实，固在践履，苟徒知而不行，诚与不学无异”是朱熹关于知行的态度，他强调先知后行、行重于知，还从反面论证了实践对于奋斗的重要性，“若不用躬行，只是说得便了，则七十子之从孔子，只用两日说便尽，何用许多年随着孔子不去。不然，则孔门诸子皆是呆无能底人矣”。他告诫门人要亲身体验，才能真正将知识转化为力量。只有将理论知识付诸实际行动，才能够真正懂得实践的美丽和奋斗的魅力。其次，在实践中奋斗需要把握好“知”与“行”的关系，努力做到知行合一。明代王守仁首次提出了知行合一的说法，并将其在书院教育中推广开来，为保证获得真知，他将“质疑问难”夹杂在治学过程中：“诸公近见时少疑问，何也？人不用功，莫不自以为已知，为学只循而行之是矣。殊不知私欲日生，如地上尘，一日不扫，便又有一层。着实用功，便见道无终穷，愈探愈深，必使精白无一毫不彻方可。”他希望学生勤于提问，只有提问才会学到更多的东西。吕祖谦在《丽泽书院学规·乾道五年规约》中要求：“凡有所疑，专置册记录，同志异时相会，各出所习及所疑，互相商榷，仍手书名于册后。”此言也强调要有疑问、要商讨、要思考，才能追求真知。而知行合一的重要性不言而喻，“知与行工夫须着并列，知之愈明，则行之愈笃，行之愈笃，则知之益明，二者皆不可偏废”（《朱子语类》），只有“知”与“行”相互配合、相辅相成才能实现高效学习，假若两者分离，则将导致知而不行、行不合知。书院文化中这种求真知的教育理念，也对书院教育的发展起到了积极的作用。最后，书院教育还以“经世致用”为核心价值来培养学生，这种实践观强调揭露科举考试的弊端，关心时政、评议朝政，并且能够使思想更加包容。湖湘学宗张栻在主持岳麓书院时推崇“造就人才，以传道而济斯民”的办学宗旨，将“经世致用”作为为学之道，提出了“体察求仁”“辨别义利”的思想，这些学术观点对当时以及后世影响深远。以“经世致用”为导向，书院教育培养了诸多栋梁之材，如思想家王夫之、《海国图志》的作者魏源、洋务运动的领导者之一左宗棠等，他们深受这种思想的影响，不断奋斗，对中华民族的发展贡献颇多。颜元兴办了漳南书院，他认为要“建经世济民之勋，成辅世长民之烈，扶世运，奠生民”，并提出“读得书来，口会说，笔会做，都不济事，须是身上行出，才算学问”[①] 的观点，体现出了“知行合一”与“经世致用”的结合。

总而言之，“躬亲实践”、“知行合一”和“经世致用”是书院实践奋斗的不同层次：“躬亲实践”即从自身做起，亲身实践；“知行合一”即将知识与行动相结合，并对所学进行验证；“经世致用”即将所学知识应用到安民富国、治国强国中去，这也是古代读书人治国平天下的终极目标。三者循序渐进，培养出了基于实践的艰苦朴素的奋斗精神，体现了书院文化在教书育人和思想传承上所发挥的巨大作用。

（三）培育大公无私的奉献精神

书院文化的奉献精神体现在以爱国精神为代表的精神内涵中，中华民族在不同时代、不同阶段均传承着爱国主义的奉献精神，而爱国主义精神的内涵又在不同时期表现出不同的特点。深受儒家思想影响的书院文化，也始终围绕着道德义理而展开，并通过师生的思想行为逐渐形成了浓浓的家国情怀、厚重的民族义节和强烈的社会担当意识等丰富的内涵，这些内涵构成了书院文化中大公无私的奉献精神。

《礼记·大学》言道：“物格而后知至，知至而后意诚，意诚而后心正，心正而后身修，身修而后家齐，家齐而后国治，国治而后天下平。”这展现了雄壮的家国情怀，也是古人的道德理想、书院的价值追求。自古以来，古代知识分子最崇高的理想便是“修身，齐家，治国，平天下”，这也体现出了一种强烈的奉献精神，即将自身发展与国家社会的发展联系在一起，

① 丁钢、刘琪：《书院与中国文化》，上海教育出版社，1992。

从而实现自我价值。书院文化所体现的大公无私的奉献精神包含了天下为公、忠君爱民以及看重乡土等价值内涵，其围绕着家庭、家乡和国家构筑起了个人发展的思想逻辑链，它是古人从个人修身到重视亲情再到心怀天下的理想目标的实现路径。

怀揣着“大道之行，天下为公”思想情怀的古人，始终把为家国天下奉献自身作为自身发展的终极目标。儒家认为，天下并非统治者的天下，而是天下人的大下，只有有德行、有才能的人成为领导者，百姓才能安居乐业，社会才能繁荣发展。长期以来，书院不断传承和发展这种天下观和人文理想，并培养书院儒生兼济天下的社会担当，这种持续不断的品德教育使得书院文化教育下的师生成为勇担大任、坚守良知的忠义之士。书院将“天下为公”作为自身的发展目标，确立了“立书院以救学校之失”的办学初衷，在纠正官学教育的弊端之后，立志改善教育方式、完善教育理念，培养知识丰富、人格健全的学子。宋代胡瑗言道：“致天下之治者在人才，成天下之才者在教化，教化之本者在学校。”(《松滋县学记》)书院通过教化来培养儒生天下为公的家国情怀和大公无私的奉献精神，只有具备这种思想观念，天下儒生才能发挥出无限的潜力。如何培养此种天下观？朱熹有自己的观点，“古者圣王设为学校，以教其民。由家及国，大小有序，使其民无不入乎其中而受学焉。而其所以教之之具，则皆因其天赋之秉彝而为之品节，以开导而劝勉之，使其明诸心，修诸身，行于父子、兄弟、夫妇、朋友之间”(《静江府学记》)。由此可见，书院在人才培养上十分注重使学生的关注对象从个人发展一路拓展到国家兴衰，这体现出浓浓的家国情怀和一种为国奉献的价值追求。书院在培养人才的过程中，也十分注重忠君爱民思想的培养。范仲淹曾言“大丈夫当以利泽生民为务”，强调要始终以培养忠君爱民的人才为主，将自己奉献给君主和人民，以体现自身高尚的品格。“善莫大于作忠，恶莫大于不忠”也强调了儒家的“忠义”思想。书院教育除了重视忠君，也注重关爱生民，引导生徒树立正确的思想观念，不忘本来，这样他们才能促进自身发展，为后人所铭记。创办了中溪书院的李元阳在《寿国堂记》中言道：“欲寿其身，养其元气而已；欲寿其国，保其黎元而已。”这些都体现了书院对生民的重视，忠君与爱民交织在一起，形成了书院文化独特的价值特质。书院文化中另一个特质即廉洁奉公，讲求为国家为社会做贡献。廉洁奉公就是要做到大公无私，不让他人财物影响自身品质，不受非己之物的操纵，保持自身高洁的品性。周敦颐是理学鼻祖，其将廉洁思想体系化并且普及开来，在《爱莲说》中，“出淤泥而不染，濯清涟而不妖”表达了不论为官为人都要始终保持廉洁奉公的思想。书院教育始终把廉洁奉公、建功立业作为教育儒生的基本准则，因此，随着时间的推移和书院文化的传承，在书院儒生中廉洁奉公的思想深入人心。在书院教育中，廉洁教育也成为道德教育的一项重要内容，其目的在于把儒生培育成道德高尚、思想过硬、忠君爱民、讲求奉献的清正官员。此外，书院还要求儒生勤俭奉公，认为“勤能补拙”，勉励儒生不畏艰苦、努力奋斗，因为“业精于勤”，只有保持勤勉的态度、坚持不懈地学习，才能实现学问和事业上的成功。司马光曾言道：“夫俭则寡欲，君子寡欲，则不役于物，可以直道而行；小人寡欲，则能谨身节用，远罪丰家。故曰：‘俭，德之共也。’侈则多欲，君子多欲，则贪慕富贵，枉道速祸；小人多欲，则多求妄用，败家丧身。是以居官必贿，居乡必盗，故曰：‘侈，恶之大也。’”[①] 要崇尚节俭，将节俭作为为人、持家、治国的重要原则。书院文化所表现出的大公无私的奉献精神是中华民族精神的重要内涵，带着这些精神追求，中华儿女不断被激励，中华民族因而得以在历史的长河中生生不息。

（四）培育民胞物与的友善精神

书院文化中很重要的一种精神就是民胞物与的友善精神，即秉持着开放的胸怀热爱万事万物，这体现出一种使万物互联互通的大爱，有利于实现人与人、人与物、人与自然的和谐共生。书院区别于官学，始终保持着开放的办学态度和开放的治学精神，成为古代开放的教育阵地，通过这种开放包容的方式接纳了来自不同阶层的生徒，让他们得以读书学习，这是一种对贫苦阶层爱好读书的人的友善，也让他们获得了更多的自由平等，体现出书院施教对象的广泛。施教对象的广泛性是书院开放精神的真实写照，书院的施教对象除了生徒之外，还有旁听的听众，他们怀着读书梦来到书院学习，书院给了他们读书的机会。例如江南东佳书堂，“别墅建家

---

① 介江岭编注《唐宋文选》，浙江古籍出版社，2013，第208~209页。

塾，聚书，延四方学者，伏腊皆资焉，江南名士皆肄业于其家”[①]。最早此书院只招收本族子弟，而后对外开放，四方学者纷至沓来。唐代，民间书院开始向外开放，不仅对外招收门徒，而且外人也可免费听讲；宋代书院要求听众须有求学志向，且在仁义礼智信上表现突出；明代书院更为开放，各行各业人士均可来听讲。《问津院志·讲学》就记载了一个故事：明代问津书院的山长萧继忠在一屠夫家避雨时为其答疑解惑，并不因职业而有所歧视。书院的出现与发展，大大降低了入学和听学的门槛，书院面向普通民众开放，不限制出身、年龄和职业。

另外，这种友善精神也体现在办学地点的多样和广泛分布、藏书的对外开放上。广泛分布的办学地点使得不同地域的人们都可以获得读书的机会，更有利于实现教育的普及化。作为地方教育机构，书院大多依山水而建，环境优美，风景秀丽，并且讲学也不限于课堂，而是会通过拓展活动来认识自然。书院学者大多认为，喧嚣的闹市不适合学习，环境清幽、风景宜人的地方才是读书的好地方。如江西应天山的象山书院、湖南衡阳的石鼓书院、江西庐山的白鹿洞书院、湖南长沙的岳麓书院等，这些书院依山水而建，坐落在山林间，这样相对独立开放且幽静的地理环境，更能让生徒静心学习，心无旁骛地钻研，在自然中陶冶情操，在静谧中开阔视野，在山林间修身养性。除选址精妙之外，书院教学场所的设计也有独特的讲究，不同的房间进行不同的教学活动，一般讲堂位于中心位置，还有外延的庭院空间，这些体现了书院办学地点的多样性。实际上，书院教学场所会随着主讲人和听众的不同进行更换，不拘泥于某一固定地点，一个地点，无论环境如何，只要学生愿意听，就可成为讲学之地，这体现出了书院文化中的开放精神。

藏书的开放为非生徒人士提供了业余学习的机会，让他们在生活之余可以寻找到读书的乐趣。实际上，在古代“好书不出户”，藏书是极端私有的，好书一旦落入藏书家之手，便很难再次出现，更极少流通于社会，而“书院藏书既不同于官府藏书之石渠金匮，视若鸿宝，也不同于寺观、私人藏书之志在保存，以为珍玩，侈谈宏富。它对院中师生是完全开放的，服

---

① （宋）文莹：《湘山野录　续录　玉壶清话》，郑世刚、杨立扬点校，中华书局，1984，第16页。

务于院中师生的教学与学术研究工作”[①]。书院的书籍最初仅限本书院师生阅读，不允许外人借阅，但随着书院文化的发展，藏书的借阅者范围逐步扩大至来书院讲学者、听讲者等，若能妥善保管，也可借给他院之人。清代时借阅制度更加宽松，例如上海格致书院，“凡遵约登楼观书者”皆在受其欢迎之列。这时，书院藏书的公开性进一步显现，书院藏书楼已然具有现代公共图书馆的雏形，这说明了书院藏书文化在不断发展。

上述这些都体现出了书院的开放性以及民胞物与的友善精神，书院的友善提高了书院教育的开放性和包容性，让人们接受教育的门槛更低，培育出了影响后世的教育精神。

四　审美熏陶功能

中华民族自古以来就注重美育。孔子提出“兴于诗”“成于乐”的审美教育主张。“美是纯洁道德、丰富精神的重要源泉。没有美的滋养的人生必然是单调的、干涸的人生。”“如果青少年的精神世界没有童话、歌谣和大自然的云彩、花朵、鸟叫虫鸣，如果青少年的心灵世界没有动人的音符和丰富的颜色，如果青少年没有艺术爱好和艺术修养，不可能全面发展。”[②]深入书院文化，不难发现书院文化之中包含着诸多的审美元素，如绿水青山的自然之美、乐观旷达的精神之美、亭台楼阁的建筑之美，这些审美意象的存在为书院文化的审美熏陶提供了良好的条件。

（一）净化心灵

古代书院除了有良好的学习氛围之外，还拥有可净化心灵的优美环境。中国古代书院一般坐落在偏僻的山林间，远离闹市，是读书人、求学者学习生活的最佳环境。以白鹿洞书院为例，其位于著名风景区庐山五老峰的山麓，这一地区山环水绕，绿水青山，景色优美，气候宜人，多位历史名人曾在此读书修道或隐居。在如此优美的环境中学习生活，师生的心灵仿佛得到了净化，此为其环境对人身心的影响。此外，白鹿洞书院的人文关怀也为生徒提供了心灵的舒适，在历史的发展过程中，尽管随着时局的

① 邓洪波：《简论南宋书院的六大事业》，《大学教育科学》2005年第1期。
② 习近平：《论党的青年工作》，中央文献出版社，2022，第177页。

发展，白鹿洞书院时有兴废，然而白鹿洞书院的文化精神传承下来了，在中国的教育史和学术发展史上产生了重要影响。白鹿洞书院与官学不同，其教学方式独特，书院师生的教学活动选择和组织方式颇具特色，为书院教育提供了教学育人的审美范式，利于培养审美自由的人格。白鹿洞书院无拘无束的讲学与探讨，解放了被束缚的头脑，让生徒从对圣贤的迷信中摆脱出来，畅游于思想的海洋，享受思想自由的快乐。白鹿洞书院抛弃了僵化的传统科举应试教育，代之以人文教育、人格教育，让生徒的人格得以成长，精神世界不断丰富。这些都是书院文化的独特之处，在其熏陶之下，师生由外而内、由身体到心灵均受到了净化，得到一种生命的洗涤。

（二）陶冶情操

书院文化是一种独特的古代教育文化，其教育方式多样，思想观念自由，教学内容广泛，师生关系融洽，使得在书院学习生活的师生都能获得不一样的体验，无论是在学术交流中，还是在结交益友上，书院都是一块风水宝地，这里集聚了众多学富五车的教师、求知若渴的生徒、四处讲学的学者，他们在这里相互交流研究想法，针对某一话题进行辩论，在书院里形成了浓浓的学术氛围和思想自由的环境，将书院打造成了一个文化交流的场所，大家谈论政治、关注时事、切磋技艺观点、修身养性，在自由自在的环境中培养出了高尚的品格和闲情逸致。在此种地方读书学习，可以让人们从科举考试的功名利禄中挣脱出来，用大自然的美充实心灵，用圣贤之道丰富精神，在安安静静的阅读中体会和享受知识带来的喜悦，完成从小我到大我的转变。书院教育也体现出一种可贵的主体自我塑造精神，其主张人是自己的主人，应通过学习的方式塑造自己的精神世界，塑造自己的人格魅力，塑造自己的人生。书院优美的自然、人文环境以及思想自由开放的学术理念，使生徒在书院的学习生活过程中，学到了知识、放松了心情、陶冶了情操。

（三）娱情悦志

在书院教育中，师生除了讲授知识、学习知识外，也会通过其他方式进行休闲放松，或进行辩论，或谈论当朝时政，他们通过各种方式培养自身的爱好以及高尚的爱国主义情怀，并且他们对“六艺”的传习并非死板的教育，而是素质教育。“六艺”本是作为古典教育成熟形态的西周时期贵族教育的内容，受到孔子的推崇，被采纳为儒家教育的主要内容。向学生传授“六艺”的目标包括推动知识的探索、技能的培养、情感的熏陶、身体的发展、精神的健全、人格的完善。此外，书院教育表现出人文化成的精神实质。《易·贲卦·彖传》言道：“刚柔交错，天文也。文明以止，人文也。观乎天文，以察时变。观乎人文，以化成天下。”这实际上是指人的自我觉解、自我发扬、主体生发的过程。书院中一代又一代的文化大师怀着“为天地立心，为生民立命，为往圣继绝学，为万世开太平”的志向，不断开展教育实践，尽量使书院教育在培养有学问之人的同时，又能够充分展现书院本应有的人文情怀，让书院成为师生学与乐的场所，做到让学生学有所成、娱情悦志，培养全面发展的高素质人才。

（四）审美超越

传统书院自身便是一个特殊的中华文化标志，而书院教育是中华文明的象征，书院文化也是中华传统文化的瑰宝。“书院的学堂建筑、学规制度、教育教学、书院精神，都不同程度地体现了中华文化的审美取向，具有丰富的审美文化内涵。”① 对于书院文化的审美内涵，有人这样概括：“天人合一的审美境界、隐逸文化的审美人格、直观感悟的审美思维。”② 中国天人合一的哲学思想也是一种美学思想，蕴含着深厚的审美意味，展现出中华美学的独特审美品味，既“仰观宇宙之大，俯察品类之盛”，游走于广阔天地，在精神上驰骋于过去和未来，畅游于生机勃勃的空灵境地，拥有自我而超越自我，也注重直观感悟体验，要深入情境之中，与天地万物同游。天人合一的理念深深植入书院文化之中，构成了书院文化的内在基因。书院的建筑风格与书院自然环境相配，体现了一种和谐之美，而书院又多选址在僻静优美的山水之间，贴近自然。幽静的山林是宜居的读书、修身养性之所，在这样的环境下读书生活，无论是从读书本身还是修身养性方面看都是最佳的，这何尝不体现出一种审美超越？除此之外，书院文化也

---

① 张思：《古代书院的审美文化研究——以白鹿洞书院为例》，硕士学位论文，青岛大学，2017，第 13 页。

② 张思：《古代书院的审美文化研究——以白鹿洞书院为例》，硕士学位论文，青岛大学，2017，第 13 页。

培养着隐逸逍遥的审美人格。隐逸文化在中国发源很早，伯夷、叔齐就是历史记载较早的隐逸人士。书院依山而建、远离闹市的这种地理环境，与隐逸文化相匹配，某种程度上为隐逸文化的发展提供了帮助。归隐于大自然之中，象征了人类回归大地母亲的自由状态。隐逸与读书、隐逸与自然、隐逸与修身都是中国文化的重要母题，表现了对现实的审美超越境界。书院优美的地理环境，使得书院师生可以直观感受自然之美，这种直观的审美冲击可以使师生提升自身的审美境界，超越自身思维的局限。

第三节　书院文化思想政治教育功能的实现

“中国历史上，书院作为一种特有的教育组织，为培育华夏经世安邦人才和传承、传播中华优秀传统文化发挥着不可替代的作用。21 世纪，在中国共产党领导中华民族走向伟大复兴的新征程中，以习近平同志为核心的党中央对传承弘扬中华优秀传统文化作出全面部署。书院复兴无疑是实施这一重要战略的题中之义。”① 要实现书院文化的思想政治教育功能就要对书院文化进行创造性转化与创新性发展，复兴书院这一中华民族的优秀教育机构。

一　书院文化思想政治教育功能实现的目标

书院文化在历史中发展、在历史中创新、在历史中走向光明。书院文化经过不断发展与创新，形成了稳定的精神气质，对当今社会产生着越来越重要的影响。以下将从几个方面对实现其思想政治教育功能的目标进行论述：促进公民思想道德素质提高、促进良好社会心态形成、推动优秀传统文化继承创新、推动社会主义精神文明建设。

（一）促进公民思想道德素质提高

传统书院旧址成为人们游学、教育实践、旅行等的重要场所，也成为书院文化的传播基地。书院最早出现在唐代，经历千余年的发展，早已对中华文化产生了不可磨灭的影响。我们应当借助书院文化，用探索和发展

---

① 朱清：《习近平总书记考察过的书院》，《学习时报》2023 年 3 月 31 日，第 2 版。

的眼光看待书院对当今社会的影响。

书院教育培养的是德业双修、知行并举的人才，延续儒家“德育为先”的价值理念，注重个人品德和知识学业的统一。书院承袭下来的“德业”与“举业”结合、个人知识追求与齐家治国理念统一的精神，值得当代思想政治教育工作学习和借鉴。

同时，社会的飞速发展与转型给个人发展带来了极大的挑战，使得人们迷茫、空虚、慌乱，而书院文化中蕴含的哲理、知识成为慰藉心灵、安抚情绪的良药。书院文化的发展带动了国学教育机构的建设，开辟了一条乡村德育建设的新路。通过地方书院建设，以故乡、乡土情怀为主体和纽带的作品和衍生物逐渐增多，拉近了人们与乡土之间的距离。

（二）促进良好社会心态形成

良好的社会心态是一个社会健康发展的基本条件，大致可分为自尊自信的对待自我的心态、开放包容的面对他人的心态、理性平和的行为选择心态、积极向上的为人处世心态。书院文化蕴含的修身之道、为人之术、处事之法都在一定程度上促进了良好社会心态的形成。

首先是疏导社会情绪。社会情绪是社会心态的“晴雨表”，和谐稳定的社会情绪能促进良好社会心态的形成。一是传统书院强调自由讲学精神、“求同存异、和而不同”的处事原则、“中和泰和”的生活理念，这可以帮助人们建立良好的社会关系。二是书院除了课堂讲学，经常会有课外实践活动，这种轻松、愉悦的教育方式有助于调节情绪，使人们寄情山水，在无形之中舒缓情绪。三是书院文化强调反省自我、自律自立，曾子曾提出“吾日三省吾身”，要求主动调节和弥补自己的负面情绪和不足，维持内心愉悦、促进人际和睦、推动社会和谐。

其次是主导价值共识。习近平指出：“每个时代都有每个时代的精神，每个时代都有每个时代的价值观念。”“对一个民族、一个国家来说，最持久、最深层的力量是全社会共同认可的核心价值观。”① 一个社会的价值共识决定整个社会的发展前景，中华优秀传统文化是社会主义核心价值观的

① 习近平：《青年要自觉践行社会主义核心价值观——在北京大学师生座谈会上的讲话》，人民出版社，2014，第 3~4 页。

根基和源泉，它以强大的生命力和推动力决定着中国人民的价值底蕴。书院文化中蕴含的讲仁爱、重民本、守诚信、崇正义、求大同等核心思想理念成为人民共同的价值追求，为人们正确处理人际关系提供了理论指导。

最后是督导社会行为。社会行为是社会成员在实践中的行为活动，是社会心态的外在表现，也是形成良好社会心态的重要环节。正像恩格斯在《反杜林论》中所指出的，“（三种道德论）有共同的历史背景，正因为这样，就必然有许多共同之处”[①]，这种共同之处表现为在长期的社会生活和人际交往中形成的道德要求。书院文化中蕴含的道德要求贴近生活和实际，于无形中将社会规范转化为内在的良好心态和外在的具体举措，使人们产生共鸣，进而约束自己的行为。

（三）推动优秀传统文化继承创新

书院文化具有鲜明的民族性，以传播经典文化为己任，教人以修身、齐家、治国、平天下之道，济世安邦之策，充分体现了中华文化生生不息、仁爱通和、博厚悠远的精神。书院文化在当今社会发挥着越来越重要的作用，我们要充分认识到书院在推动优秀传统文化继承创新、提高文化自信等诸多方面的价值。发展书院、复兴书院，用书院文化唤醒人民心中传统文化的种子，是实现书院文化思想政治教育功能的重要环节。

习近平指出：“文化兴国运兴，文化强民族强。”[②] 文化的传承与发展是一个国家和民族永葆生机与活力的关键。中华优秀传统文化中的道德规范、精神品质、思想观念等不断滋养着无数中华儿女，书院在传承中华优秀传统文化中发挥着无法替代的作用。书院通过藏书、刻书、教书、讲书等活动，让人们切身感受到书院文化的精神特质，使强烈的人文关怀、浓厚的家国情怀、崇高的学术追求及高度的责任担当内化于中华儿女的骨血里，成为中国人的精神品质。让中华儿女对中华优秀传统文化有认同感、自豪感，是中华民族屹立于世界民族之林的前提，也是新时代赋予青年人的使命与责任。

---

① 《马克思恩格斯全集》第 26 卷，人民出版社，2014，第 99 页。

② 习近平：《决胜全面建成小康社会　夺取新时代中国特色社会主义伟大胜利——在中国共产党第十九次全国代表大会上的报告》，人民出版社，2017，第 40~41 页。

（四）推动社会主义精神文明建设

在中国特色社会主义新时代，我们需要以书院文化为动力推动社会主义精神文明建设，提取书院文化中有助于建设文明、和谐社会的内容并对其加以改造和吸收，将这些思想精华运用到社会主义现代化建设中，使书院文化焕发新的光彩和生机。一方面是社会主义思想道德建设。书院文化蕴含的爱国主义精神、敬业精神、诚信精神、友善精神等，可以成为社会主义思想道德建设的重要推动力。另一方面是人才培养。传统书院向来强调刻苦学习、努力钻研学术的重要作用，书院的楹联往往会融入对生徒的期许，激励其刻苦努力。

二　书院文化思想政治教育功能实现的原则

书院文化发源于传统农耕社会，要实现其思想政治教育功能，必须遵循一定的原则，而不是复古返旧。“书院复兴也是文明探源，要用好历史文化资源，联系党和人民的奋斗历程，真正领悟马克思主义中国化的来龙去脉，真正弄清党为何赢得人民拥戴成为领导中国的坚强核心，真正懂得中国特色社会主义道路是人民的选择、历史的选择，自觉坚定‘四个自信’。”① 要坚持尊重历史的原则，既不贬低也不拔高，实事求是，从历史实际出发弘扬书院文化。要坚持以人为本的原则，从今天人民群众的实际需要出发，弘扬书院文化的精华。要坚持与时俱进的原则，从新的时代需求出发，以新的技术手段和方法弘扬书院文化。要坚持转化创新的原则，实现书院文化的创造性转化与创新性发展，激活书院文化的生命力。

（一）尊重历史原则

书院起源于唐代私人治学的书斋和官府整理典籍的衙门，是中国古代士人进行藏书、读书、教书、讲书、修书、著书、刻书等活动，以及文化积累、文化创造、文化研究和文化传播的教育组织，距今有 1300 年左右的历史，从古至今出现过的书院数量至少有 7500 所之多。它对中国教育、学

① 朱清：《习近平总书记考察过的书院》，《学习时报》2023 年 3 月 31 日，第 2 版。

术、文化、出版等事业的发展，学术风气的培植、传统文化的传承以及中华文化的传播做出了卓越贡献。实现书院文化的思想政治教育功能，焕发书院文化的时代生机，就需要尊重书院文化的历史，以史为鉴，从书院的厚重历史与变迁中找寻书院文化的发展脉络。

（二）以人为本原则

传统书院一直秉持着“天生万物，唯人为贵”的哲学理念，要在新时代发挥书院的思想政治教育功能，就需要推动人的全面发展，尊重人、关心人、理解人、鼓励人。孔子的思想核心为“仁”，提倡“仁者爱人”“泛爱众”“忠恕之道”等，并提出重民、富民的思想，要求统治者体恤民情、爱惜民力，体现了民本思想。孟子也主张“政在得民”，反对苛政，提出“民为贵，社稷次之，君为轻”的政治思想；荀子提出“君者，舟也；庶人者，水也。水则载舟，水则覆舟”。“民贵君轻”“君舟民水”是古代朴素的民本思想，书院承袭了这一理念并将其融入书院的教化中。

（三）与时俱进原则

随着时代的发展进步和中华民族伟大复兴的一步步实现，人们对中华优秀传统文化的重视程度逐渐提高。书院文化有着悠久的历史、深厚的底蕴，理所当然地受到人们的关注，我国书院文化的相关产业也顺势而为，快速发展。一方面是书院的形式与时俱进。除了修缮和重建传统书院遗址外，还开发了书院文化旅游项目、书院特色文创衍生产品、网上书院平台等。书院顺应时代发展潮流，为人民群众提供了更好的学习空间和交流场地，书院形式与时俱进，为书院文化传播与普及、国民素质提升、社会主义核心价值观建设等添砖加瓦。另一方面是书院文化的内容与时俱进。书院文化在长期发展中形成了稳定的精神品质，随着时代的发展，也需要增添新的内容，如新时代心理健康教育、市场经济背景下的义利观教育、实现社会主义现代化征程中的爱国主义教育等。

（四）转化创新原则

书院文化要在新时代迸发出新的生机，就需要坚持转化创新原则。

一是要发掘书院自身拥有的思政元素。将书院文化与新的时代背景相结合，将其中有助于道德教化的人物故事、历史典故传播给人们。发掘书院文化中的隐性思政元素，如政治导向、价值涵养、道德教化和审美熏陶等“生成性”理念，将这些思政元素融入教学活动中，实现立德树人。

二是要建立高校书院制。现代大学越来越多地采用书院制的育人机制，学院制更多用于管理专业学习，书院制则用于管理道德教化。书院院长和书院导师是现代书院制的灵魂，他们都成为学生成长成才过程中的引路人和“大先生”。

三是要创新设计更高水平的通识教育课程。传统书院既注重知识教育也注重道德教育，但是以德育为先。现代书院应当根据中国特色社会主义现代化的大背景，不断更新通识课程内容，将辩证唯物主义、历史唯物主义、党和国家的发展历史等纳入通识教育的课程，在通识教育中培育家国情怀、加强人文关怀。在通识教育中还应当加入建设中国特色社会主义伟大事业的内容，将个人命运与国家前途和命运紧密联系在一起。

三　书院文化思想政治教育功能实现的路径

“我们要特别重视挖掘中华五千年文明中的精华，弘扬优秀传统文化，把其中的精华同马克思主义立场观点方法结合起来，坚定不移走中国特色社会主义道路。书院复兴，重在挖掘精华，贵在转化创新。纵观书院史，能够感触到中华民族长久以来对美好生活的向往、追求、创造及其先哲先贤和仁人志士们为之所建树的不朽功业；也可以感触到中国共产党作为中华优秀传统文化忠实传承者和弘扬者所承接的伟大使命。”① 要实现书院文化的思想政治教育功能，就需要加强对传统书院的保护和开发利用，利用好网络平台宣传书院文化，完善书院文化的教育融入，推动传统书院与现代大学相结合。

（一）加强对传统书院的保护和开发利用

习近平指出：“文物承载灿烂文明，传承历史文化，维系民族精神。要发挥好博物馆保护、传承、研究、展示人类文明的重要作用，守护好中华

① 朱清：《习近平总书记考察过的书院》，《学习时报》2023 年 3 月 31 日，第 2 版。

文脉，并让文物活起来，扩大中华文化的影响力。”① 传统书院是书院文化的重要载体，书院的建筑和一系列物质实体今天已经成为文物，要加强保护和开发利用。传统书院既可以被改造成书院博物馆，也可以成为重点文物保护单位，继续发挥文化教育功能。

1. 加强对传统书院的保护

首先是保护书院的物质文化资源，这是书院文化的有形载体，大致可分为两个方面。第一，具有悠久历史的书院建筑遗址，包括讲堂、书楼，礼殿或孔庙、纪念学派导师和建院有功人物的专祠，祈求科举功名的文昌阁、魁星楼、文昌塔，斋舍、厨浴、仓庾，以及其他亭台楼榭等。书院建筑是中国传统古建筑的重要组成部分，其精美体现在每一处细节中。例如，岳麓书院建筑群雅致庄重，浑朴简约，既有文庙和御书楼的庄严肃穆，又有汲泉亭的生动活泼，还有讲堂与百泉轩的简洁朴实。② 白鹿洞书院现存建筑群由书院门楼、紫阳书院、白鹿书院、延宾馆等组成。建筑体均坐北朝南，为石木或砖木结构，屋顶均为人字形硬山顶，颇具清雅淡泊之气。岳麓书院、白鹿洞书院、鹅湖书院、东坡书院、东林书院、东山书院、嵩阳书院、竹山书院、尼山孔庙和书院、白鹭洲书院、冠山书院、银冈书院、同文书院、潋江书院、恭城书院、敬敷书院、渌江书院、宏道书院、大程书院、花洲书院、溆浦的崇实书院、溪北书院、求是书院等众多书院都已被列为全国重点文物保护单位。这些书院都有其独特的历史背景和文化底蕴，蕴含着极其宝贵的文化资源。其他未被列入全国重点文物保护单位名单的书院也需要被保护起来，不能任其湮灭。第二，书院具有的文物资源，如书院藏书、著书、门楹、牌匾等。这一件件保存完好的文物生动地向人们展示了古代书院的教育教学和师生生活，是最好的历史教科书，让人们穿越时空的阻隔直观地感受书院文化的魅力。

其次是保护书院的精神文化资源，这是书院文化的无形载体，起到润物细无声的作用。书院的精神文化资源包括以下几个方面。第一，书院名人故事传说。在书院发展的漫长历史中，形成了很多与之相关的名人故事

---

① 《推动新时代治蜀兴川再上新台阶　奋力谱写中国式现代化四川新篇章》，《人民日报》2023 年 7 月 30 日，第 1 版。

② 马尧天：《〈老书院〉：中国古代书院建筑文化的遗存图典》，《图书馆杂志》2013 年第 5 期。

传说，它们为人所津津乐道、广泛传播。嵩阳书院是新儒学的发祥地之一，程颢、程颐两兄弟师从周敦颐，入仕之后曾先后任崇福宫提举，于嵩阳书院讲学。“二程”创立的洛派理学，亦称新儒学，在相当长的一段时间内影响着当时的文化发展方向，同时，“二程”在嵩阳书院的讲学开了书院和理学一体化之先河，在中国书院史和文化发展史上都影响深远。鹅湖书院因为“鹅湖之会”闻名遐迩，第一次“鹅湖之会”指的是朱熹、吕祖谦、陆九渊、陆九龄四贤聚首会讲于鹅湖寺，这是一次盛况空前的集会，开创了会讲的新形式。第二次“鹅湖之会”发生在淳熙十五年（1188 年），面对“南共北，正分裂”的民族灾难，辛弃疾与陈亮为统一祖国不遗余力，他们“憩鹅湖之清阴，酌瓢泉而共饮，长歌相答，极论世事”，“逗留弥旬乃别”。除此之外，还有很多名人有与书院相关的故事，如朱熹振兴白鹿洞书院、王守仁修建龙岗书院以及顾宪成重兴东林书院等。这些与书院相关的名人故事在人们的口口相传中，不断塑造着人们的道德观念和精神世界，成为书院文化的重要组成部分。第二，书院的管理制度，包括书院的组织与管理系统、教学制度、藏书与刻书制度、祭祀制度、经费管理制度等。书院作为教育场所，主要目的是道德教化和知识传授。为了保证书院的正常运行，保障道德教育渗透到教育教学活动的方方面面，书院通过制定管理制度确保书院谨遵儒家的道德理想来设定人才培养模式。第三，书院的章程和学规。章程强调细节和可操作性，都是具体而硬性的规定，意在从侧面维系书院的正常运行，它是书院管理制度的反映，体现书院管理水平。学规是中华优秀传统文化的重要组成部分，体现了中华民族共同的道德追求和民族精神，包含着深刻的人生哲理。

最后是探索建立书院文化资源保护机制，构建中华优秀传统文化传承体系。一是制订详细的传统书院保护计划，对现存的所有书院进行摸底，分门别类制定保护措施。能够申报为文物保护单位的一律申报为文物保护单位，形成书院文物保护的体系。二是修缮重建一批书院。对保存完好的书院，要加强保护、开发和利用；对于知名度较高的书院，其中的一草一木都要悉心保护，充分挖掘其教育价值；加强对层级较低、散落于山野乡村中的书院的关注，探索出一条保护利用书院遗址的新路。比如，安徽省池州杏花村古遗址保护采用的“政府主导，企业参与，产业化运作”模式，给我们很大的启示。三是加大专项资金投入力度，书院的保护、修缮和重建都需要保障资金投入，资金充足才能形成有效保护机制。

2. 加强对传统书院的合理开发

传统书院是我国的文化精神标识，具有独特的教育意义，其“传道、授业、解惑”的功能、“德育为先”的理念以及“传道济民”的气质影响了无数中华儿女。书院的文化价值和教育价值决定了既要保护传统书院遗址等有形资源，也要保护书院发展历程中长期形成的学风、思想等无形资源。除了保护之外，挖掘传统书院的隐性价值更是重中之重，其有利于推动书院的现代化发展，使传统书院迸发新的生机与活力。

第一，加强书院旅游开发，扩大书院文化的辐射范围。书院是我国的文化遗产，更是集观光、教育、文化等要素于一体的旅游资源。如何挖掘传统书院的隐性价值，丰富文化和旅游产品，值得我们深思。书院通过言传身教的教学方式、“德育为先”的教育理念、“修身、齐家、治国、平天下”的人文精神，在景观布局、选址设计、建筑设计等方面，将学术思想、名人故事、道德观念融为一体，逐渐形成了具有独特内涵的旅游价值。中国著名的四大书院包括应天书院、岳麓书院、白鹿洞书院、嵩阳书院，现在都是著名的旅游景点。书院起源于我国，并在亚洲地区广为传播、不断发展，产生了深远持久的影响。我们可以借鉴韩国在书院发展方面的有效经验。2019 年 7 月，韩国申报的包括 9 处书院在内的“韩国新儒学书院”入选世界文化遗产，从文化层面上彰显了书院制度在古代社会中、人类文化史上的重要地位。从文化旅游利用的角度来看，韩国制订了包括《韩国书院长期保存、管理与活用利用计划（2019—2024）》在内的规划方案，主要目标之一是将书院打造成代表韩国的旅游产品。韩国书院保留了传统教育、藏书、祭祀三大主要功能，从旅游活化利用角度进行景观、环境和功能方面的改造，以适应现代人的生活方式，进而激发公众参与兴趣。

第二，围绕书院遗址，探索改造旧农村的新路径。一方面，加大对散落在田野、乡村、山间的书院遗址的保护力度，将其纳入新农村建设的规划之中。历代碑文、楹联、景观建筑等构成了书院的核心，应最大限度地挖掘其教育价值和观光价值并将书院开发加入新时代农村文化建设中。以书院为核心，保护其周围的古村落，充分发掘其教育文化价值。另一方面，促使传统书院贴近现代乡村生活，服务并促进地方文化发展。乡土文化是中华文化生生不息、源远流长的基调，也是全体中国人民的智慧结晶。书院文化是乡土文化的代表，体现了书院所在地的风土人情和人们的精神寄托。因此，保护书院文化应当使其有乡土气息，贴近现实生活。传统书院首先要为当地村民服务，而不是完全作为景点与村民隔离开来。书院遗址是最好的乡土文教中心，可以利用它为开展文艺活动、读书阅报、联谊交流、聚集村民提供场所，这样可以最大限度地避免遗址走向破败。

第三，将传统书院建设成传统文化的讲堂，推动优秀传统文化传播与发展。传统书院本身就以德育为先，并在长期的发展中形成了书院文化，因此可以依托书院遗址进行书院文化教育，将传统文化与现代精神相结合，提升全体人民道德素质。中国人民大学、武汉大学、郑州大学等高校都依托嵩阳书院和白鹿洞书院开展过研学活动，北京大学与鹅湖书院举办了“鹅湖儒学”讲习班。

3. 加强对传统书院的合理利用

第一，着眼于书院文化内涵，激活传统书院文化基因。书院文化博大精深、内涵丰富、影响深远，蕴含着天下为公的担当精神、艰苦朴素的奋斗精神、大公无私的奉献精神以及民胞物与的友善精神，这些都是民族精神的重要组成部分。要从民族复兴的视角来看待书院文化的当代价值，为中华优秀传统文化的创造性转化、创新性发展提供新鲜血液。要把书院文化作为民族精神培养的重要资源，充分挖掘书院文化蕴含的求实精神、包容精神、奋斗精神等。设立各类书院讲堂，请书院研究专家、文史专家讲授书院历史和精神。

第二，着眼于书院文化价值，强化对书院的学术研究。传统书院是中国人创造的文化与教育机构，核心是德育为先的人才培养模式。书院研究体系初具规模，但是对书院的价值研究还不够深入。要增加书院研究资金投入，国家级、省级等各级别社会科学研究经费应适度向书院研究倾斜，争取多出高质量研究成果。

第三，着眼于书院文化传播体系，充分发挥书院文化传播的能动性。要最大限度利用好书院资源，就不能只做书斋学问，而是要与国家教育体系、社会道德教化相结合，将书院打造成独具特色的文化教育基地，丰富国民教育体系中的教育形式。除此之外，还需加强国内外书院间的相互交流与合作，建立中华书院联盟、东亚书院联盟等实体和网络交流平台，通过这些非营利组织和平台，传播书院名家讲坛、国学课堂等优秀传统文化相关内容。

第四，着眼于各类书院的发展潜力和特点，创新书院发展模式。针对不同级别、不同层次的书院设定多元发展方向，建立具有国学教育、研学游学、文化旅游、景观参观等功能的立体书院场所，面向不同群体、采用不同模式来塑造书院文化空间。

第五，着眼于书院的经济效益，促进传统书院与旅游产业深度融合。书院融自然景观与人文景观于一体，具有极高的旅游观光价值。首先要注重体现书院的独特气质，在开发旅游景点时要保护好生态环境，确保绿水青山与人文景观交相辉映，做到自然景观的秀美与人文景观的幽深相映成趣。其次要开发独具特色的精品旅游路线，将旅行观光、文化交流融为一体，突出各类书院的独特魅力。最后要打造书院品牌，提高书院文化影响力。打造一批制作精良的书院历史纪录片、景色宣传片，用大家喜闻乐见的方式传播书院文化，推动书院走出各省、走向世界，发展自己的书院文化品牌，并积极进行宣传和推广。

（二）利用好网络平台宣传书院文化

利用互联网思维及先进网络技术，不仅可以高效地宣传书院文化，还可以改革创新书院制育人模式，实现传统书院文化创造性转化、创新性发展。提高利用网络新媒体传播书院文化的能力和水平，以挖掘、提升、彰显书院文化、书院精神的思想政治教育价值，满足人们对传统文化的精神需求，帮助人们塑造健全的人格、积极的心态、向上向善的道德品质，从而掌握网络思想政治工作主导权。

1. 创新书院思政育人平台，实现信息化育人

第一，完善书院智慧管理平台，提升信息化育人水平。近年来，各高校纷纷开展了“智慧书院”建设，采用人工智能、大数据分析等网络技术，依托书院制建设了集学生思想教育、师生交流、文化活动、生活服务功能于一体的“一站式”学生社区。书院智慧平台是综合性学生管理平台，记录学生在校期间的学习成长、实践锻炼、志愿公益、创新创业、文娱体育、思想转变等。一方面，书院智慧平台运用增值评价理论评估学生在校期间成长成才的显著变化，实现知识增长的可视化。通过大数据分析处理精准掌握学生动态，提升育人实效性。另一方面，书院智慧平台根据学生的专

业、个性特征、个人成长需要等，搜寻全世界优质课程资源，构建数字资源共享中心，促进学生全面发展。

第二，注重开发数字化资源，丰富学习方式和手段。藏书自古以来就是书院重要职能。以往的藏书都以纸质书为主，在信息技术革命的背景下，电子书应运而生，因而藏书的方式也增加了一种，这就是数字化藏书。现代书院要勇于拥抱数字化，充分开发数字化的藏书和线上课程资源。连接国内外教学资源平台，整合并筛选出优质课程，教师及学生可根据自学需求选择线上阅读，独立钻研，不断提高自己的专业素养与创新能力。[①]

第三，注重线上与线下相结合，发挥书院的隐性育人功能。线上书院是直接录制或间接提供优质课程，满足人们对通识教育、专业知识的需要；线下互动是帮助人们解疑释惑，满足个性化的学习需求，有针对性地开展学习辅导与成长帮助活动。应用先进网络技术，依托书院搭建网络思政育人平台，如利用大数据对人们的常见疑惑点进行收集、分析，并以此为基础开展纠错。围绕书院建立的网络智慧平台的功能以自我学习、自我监督、自我评价为主。

2. 坚持书院文化创新，优化网络思政教育供给

网络流行文化对人们产生越来越重要的影响，多元社会思潮也对人们价值观念的形成和发展起重要作用。因此要结合互联网传播快、覆盖广的优势，使书院文化适应互联网生态，坚持书院文化内容创新，优化网络思政供给。在内容生产上，要结合现实，找出书院文化中契合思想政治教育的发力点，让人产生亲切感，潜移默化地接受熏陶。其中，挖掘书院文化中蕴含的宝贵精神资源尤为重要，特别是与社会主义核心价值观相契合的那些精神资源。

习近平在北京大学师生座谈会上指出："核心价值观，其实就是一种德，既是个人的德，也是一种大德，就是国家的德、社会的德。国无德不兴，人无德不立。"[②] 在上海考察时，习近平指出："（培育和践行社会主义核心价值观）要注意把社会主义核心价值观日常化、具体化、形象化、生

---

① 谢诗艺、杨婷：《"互联网+育人"新模式：高校档案学专业新媒体平台建设探索》，《档案学研究》2019 年第 6 期。

② 习近平：《青年要自觉践行社会主义核心价值观——在北京大学师生座谈会上的讲话》，人民出版社，2014，第 4 页。

活化，使每个人都能感知它、领悟它，内化为精神追求，外化为实际行动，做到明大德、守公德、严私德。”[①] 弘扬和培育社会主义核心价值观要做到“三化”，具体到公民道德修养上就是要遵循“三德”。第一，明大德是根本，国无德不威。道德是国家的底色、民族的灵魂和时代的命脉，也是国富民强的精神支撑。大德归根结底是个体对国家、民族的情感，是“位卑未敢忘忧国”的情怀，是“苟利国家生死以，岂因祸福避趋之”的格局，也是“天下兴亡，匹夫有责”的担当。中国自古以来就强调和谐与共赢，注重道义与责任，“富强、民主、文明、和谐”的大德是中华优秀传统文化的回归与延续，也是对理想社会的呼唤与向往。第二，守公德是源泉，业无德不兴。广义的公德是反映阶级、民族或者社会共同利益的道德，它包括一定社会、一定国家特别提倡的道德要求；狭义的公德是人们在长期社会生活和实践中逐渐形成的、为社会公共生活所必需的公共生活准则。一个国家的公德水准反映了这个国家的现代化水平和文明程度，“自由、平等、公正、法治”的公德是现代社会的基本价值准则，体现了现代公民的价值认同。第三，严私德是关键，人无德不立。私德是对个体行为的约束，是私人生活中表现出来的道德风尚、品质和习惯。“爱国、敬业、诚信、友善”的私德从几个层面规定了人们私人生活中的伦理准则和道德规范，体现了立身处世的道德根本。

3. 利用书院文化赋能，树立网络思政教育品牌

作为传统文化的重要组成部分，书院文化在长期的发展历程中形成了稳定的精神力量和价值因素，将书院文化融入网络思想政治教育体系中，可以助力学生获得不一样的学习体验。

一方面，在顶层设计上，找到书院文化与思想政治教育的共通之处。传统书院精神中的“德育为先”以及“教之以为人之道”与网络思想政治教育具有相同的目标，在将书院文化与网络思想政治教育结合时，需要保留书院文化的独特性，实现书院文化传播与网络思想政治教育相互促进，使二者形成和谐的整体。依托网络创立以书院文化为核心的思想政治教育体系，打破书院文化与思想政治教育之间的壁垒；利用网络打造易传播、易学、易懂的文化产品；依托网络信息技术打造网络文化育人产品，以网

① 习近平：《大力培育和践行社会主义核心价值观》，《前线》2014 年第 6 期。

络空间中优秀的书院文化衍生产品增强思想政治教育的感染力和亲和力。

另一方面，在具体举措上，基于“三微两网一社区”，整合新媒体平台，讲好书院故事，传播书院精神；通过书院衍生文创产品，比如明信片、书签、手提袋、笔记本、钥匙扣等弘扬书院精神，从而提升人们对书院的亲切感和认同感；打造网络思政人物品牌，这些人物可以是与书院相关的虚拟人物或者历史人物；打造书院专题节目，如纪录片、访谈、新闻报道等，讲述书院故事。

（三）完善书院文化的教育融入

1. 融入学校教育

第一，重视道德教化，重视“第一课堂”的作用。学校各个学段都会开设思想政治理论课，通过体系化、系统化的课程完成立德树人的根本任务。在课堂上，教师可以通过讲述书院故事、灌输书院精神、传播书院文化达到道德教化的目的。

第二，重视道德实践，突出“第二课堂”的作用。注重“践履躬行”是古代书院的优良传统，要求生徒将道德教化与实际行动结合起来。古代书院重视知行合一，通过游学、会讲等实践活动将道德规范和学术观点传授给生徒。现代教育也应当传承这种教育理念，在各种实践中培养学生发现问题和解决问题的能力，使其养成良好的道德品质和行为习惯，将课堂中学习的道德观念转化为行为，并形成稳定的行为习惯。这样的教育通过实践促进信念转化为外在的行动，最后又在实践中促使理念和知识得到深化，形成了一个完整的闭环。由此可见，必须让学生参与到这些环节中去才能达到最佳德育效果。书院组织的实践活动要以学生为中心，在“第二课堂”的活动中融入优秀传统文化教育、通识教育以及理想信念教育等，有意识地强化主流意识形态引领，培养新时代社会主义新人。“第二课堂”中既可以开展基于国学经典的传统文化教育，也可以组织政策学习、马克思主义理论教育等理想信念教育，以及以通识教育为主题的团日活动，除此之外还可以在学校的网站和校报设置书院专栏，让学生在潜移默化中受到思想政治教育。

第三，重视师生平等关系，营造良好的德育氛围。传统书院向来注重平等交流，以求达到最佳的教育效果。学校应引导学生主动参与师生互动，建立平等的师生关系，这样才能避免自说自话，并引导师生关系向民主、和谐、健康的方向发展。

2. 融入家庭教育

习近平指出："家庭是人生的第一个课堂，父母是孩子的第一任老师。孩子们从牙牙学语起就开始接受家教，有什么样的家教，就有什么样的人。家庭教育涉及很多方面，但最重要的是品德教育，是如何做人的教育。也就是古人说的'爱子，教之以义方'，'爱之不以道，适所以害之也'。青少年是家庭的未来和希望，更是国家的未来和希望。古人都知道，养不教，父之过。家长应该担负起教育后代的责任。家长特别是父母对子女的影响很大，往往可以影响一个人的一生。"① 家庭教育的重要性怎么估计都不过分。家庭是最基础的教育场所，在传承美德、传授知识、培养技能方面发挥着重要作用。

第一，孝悌教育。儒家把孝作为所有道德规范的根本，提出"百善孝为先"的理念。各家庭成员应敬重兄长、孝顺父母长辈、关心爱护后辈，以自身行为做出榜样。书院老师对"孝"特别重视，指出"夫孝，德之本也，教之所由生也"（《孝经·开宗明义》），明确指出孝道是立德的根本，认为道德教育应从孝开始。

第二，义节教育。传统书院非常重视义节教育，书院老师会把"义"作为一个必须遵循的核心义理，要求生徒对人要仁义，对国家要忠义。"君子义以为质，得义则重，失义则轻，由义为荣，背义为辱。"（《陆九渊集》）这就要求生徒"守义"也要"守节"，不能见利忘义，抛弃义节。在家庭中，家长应让子女以历史上的贤达圣人为榜样，将其守住义节的事例讲给子女听，让他们从小受到熏陶。

第三，诚信教育。诚信是书院文化推崇的核心理念之一，是为人处世的基本伦理道德。《礼记·中庸》中提出"诚"的道德范畴："诚者，物之终始，不诚无物，是故君子诚之为贵。"孔子也说"人而无信，不知其可也。大车无輗，小车无軏，其何以行之哉？"（《论语·为政》），因此他把"言必信，行必果""敬事而信"作为弟子必须遵循的基本规范。古代书院非常重视生徒的诚信教育，把诚信摆在道德规范的突出位置。"二程"说，

① 习近平：《论党的宣传思想工作》，中央文献出版社，2020，第 282 页。

“学者不可以不诚，不诚无以为善，不诚无以为君子。修学不以诚，则学杂；为事不以诚，则事败；自谋不以诚，则是欺自心而自弃其忠；与人不以诚，则是丧其德而增人之怨”（《河南程氏遗书》）。他们告诫生徒诚信是道德的根本，舍弃了诚信，其他道德也会变得虚伪。在家庭中，家长也要对子女灌输诚信的重要性，没有诚信就无从立足，失去了其他德行的基础。

3. 融入社会教育

书院的最终目的是将书院文化融入整个社会，并内化为人们的精神品质，外化为人们的具体行为。思想政治教育与书院教育在德育为先的理念上是高度契合的，书院文化的精神品质为思想政治教育提供了资源，有助于建立起具备道德品质教化、信仰培育、政治引领、时代文明新风尚树立等功能的思想政治教育系统。书院文化能够营造良好的文化氛围、传承民族精神、消除社会多元化下各种错误思想的影响、保证思想政治教育工作的顺利进行。

第一，加大书院文化传播力度。书院文化与思想政治教育有内在契合点，根本目标都是完成立德树人的根本任务。首先，通过书院管理委员会来管理书院，并将人们关于书院持续发展的意见和诉求及时反馈上去。其次，构建书院文化宣传的网络平台，利用网络传播快、覆盖广、影响大的特点对书院文化进行网络宣传。最后，制定科学的规章制度，在制度层面规定书院和书院文化的重要地位，营造一个良性互动、协调一致的社会环境。

第二，优化书院文化环境。传统书院无论是在自然环境选择还是人文景观塑造上，都力图使生徒处于一个良好的德育环境。一方面，现今需要加大对传统书院进行修缮、重建的力度，使书院不仅成为游学、社会实践和旅行的场地，更成为传播乡土文化、培育健全人格的场地。另一方面，各省份应当发掘本地书院的人文底蕴和历史价值，培育具有本地特色的书院精神，进而在全社会形成良好的道德风尚。

第三，重视社会舆论环境。全社会对传统书院价值的认同是发挥书院文化思想政治教育价值的重要环节，这就要求全社会关于书院和书院文化的舆论氛围是良好的、积极的。优化舆论导向可以从报纸、电视、广播、刊物、网络、宣传橱窗、广告墙报等入手，优化社会舆论环境是优化书院文化生存环境的重要方式。

（四）推动传统书院与现代大学相结合

习近平在党的十九大报告中强调，要“引导人们树立正确的历史观、民族观、国家观、文化观”①。书院是我国历史上璀璨的文化遗产，我们需要取其精华、去其糟粕，在中国特色社会主义新时代，书院也需要开展现代化建设，因此需要对书院进行创造性转化和创新性发展，以展现书院在新的历史时期的崭新面貌，从而帮助人们树立正确的历史观、民族观、国家观和文化观。教育部《关于深化本科教育教学改革全面提高人才培养质量的意见》提出“积极推动高校建立书院制学生管理模式，开展‘一站式’学生社区综合管理模式建设试点工作”②。教育部等八部门印发的《关于加快构建高校思想政治工作体系的意见》强调“依托书院、宿舍等学生生活园区，探索学生组织形式、管理模式、服务机制改革”③。可见，高校一直在对书院制人才培养模式进行积极有益的探索，推动传统书院与现代大学相结合。现代书院制在本质上是一种更加注重学生自主性的教育组织模式，“双院联动”是典型特征，即学生既属于某个学院，也属于某个书院，学生的品德以及人文素质教育与专业知识教育融为一体；“导师制”是书院制的独特优势，促进了师生交流与互动；学生住宿社区是书院制的创新运用的体现，让不同专业背景的学生住在同一社区，开展丰富有益的实践活动，为学生提供交流学习的“第二课堂”，本质上是为了实现立德树人的根本目标。高校的书院制人才培养模式探索出一条高校思想政治教育的新路径。

书院制是将传统书院与现代大学相结合的典型案例，也是推动传统书院现代化的典型模式。书院制是实现通识教育和专才教育相结合的一种学生教育管理制度，目的是实现均衡教育。“现代书院制，是指大学在保留学

① 习近平：《决胜全面建成小康社会　夺取新时代中国特色社会主义伟大胜利——在中国共产党第十九次全国代表大会上的报告》，人民出版社，2017，第 43 页。

② 《教育部关于深化本科教育教学改革全面提高人才培养质量的意见》，中华人民共和国教育部网站，2019 年 9 月 29 日，http://www.moe.gov.cn/srcsite/A08/s7056/201910/t20191011_402759.html。

③ 《教育部等八部门关于加快构建高校思想政治工作体系的意见》，中华人民共和国中央人民政府网站，2022 年 4 月 22 日，http://www.gov.cn/zhengce/zhengceku/2020-05/15/content_5511831.htm。

院的同时，建设几个文化各具特色的大书院，学院和书院分工明确，互不隶属。”① 学院和书院互不隶属、彼此独立、各司其职。学院侧重于学生的专业知识教学和基础理论教育，书院则侧重于学生的日常管理工作、德育工作以及人文素养教育。我国现在对书院制与现代大学相结合的探索还处于起步阶段，主要有以下几种类型：第一种是融合西方住宿学院制与中国传统书院制的文化和特点，如香港中文大学的书院制；第二种是将书院作为学校管理模式，导师制管理与学生自我管理同步进行，通识教育是重点内容，如西安交通大学的书院制；第三种是重点培养学生的“第二课堂”综合能力，着力开展多样化、浸润式的通识教育活动，满足学生个性全面发展需求，如华东师范大学的孟宪承书院；第四种是由选拔出来的精英学生或尖端人才组成精英制书院，如以苏州大学敬文书院为代表的实体书院、以浙江大学竺可桢学院为代表的荣誉学院等。

实施书院制教育是中国高校教育改革的一项积极探索和尝试，书院制围绕立德树人的根本目的，在师资上，落实本科生导师制；在学习范围上，既学习专业知识，又打破中国传统文化中的文、史、哲之间在学习上的壁垒，融汇人文科学和自然科学；在学习环境上，注重环境熏陶和人文景观；在住宿上，鼓励不同专业背景的学生混合住宿，建立学习生活社区，促进各专业学生之间的交流学习；在课外实践上，注重开展学术活动和文化交流活动，促进学生文理渗透、专业互补。我国最早实行书院制的高校是香港中文大学，它也是目前全国唯一一所全面实行书院制的高校，继承了英美大学住宿学院制的优势，也吸纳了中国古代传统书院制的精髓，形成了特有的贯通中外、融汇古今的精神气质。我国内地最早探索书院制的高校是复旦大学和西安交通大学，至今其探索依然处于起步阶段。近年来，教育部相继发布关于“积极推动高校建立书院制学生管理模式”等的多项政策，加快了我国传统书院与现代大学相结合的步伐。如何将西方住宿学院制与中国古代传统书院制相结合，使其共同服务于现代大学建设，有待我们积极探索和实践。

---

① 万林艳、张楠楠：《现代书院制对大学生思想政治教育的启示》，《思想教育研究》2015 年第 12 期。

1. 深挖书院文化特色，发挥其在思想政治教育中的育人价值

现代大学与书院文化融合发展体现在两个方面。一是各个大学分别依托书院开展文化旅游以及研学活动，比如中国人民大学、武汉大学、郑州大学等高校都依托嵩阳书院和白鹿洞书院开展过研学活动，北京大学与鹅湖书院举办了“鹅湖儒学”讲习班。二是以传统书院为基础，在各大高校采用书院制的人才培养方式。第一，基于各个高校独特的历史背景，融合书院文化精神，实现育人目标。湖南大学将“实事求是”作为已成为其一部分的岳麓书院的文化底色，开展了丰富多彩的书院文化教育活动。第二，以高校为依托，举办形式多元的书院观光活动，并在这一过程中加深青年学生对书院背景的认识、对书院文化的认同以及促进书院精神的培育。第三，深入挖掘书院文化的思想政治教育功能和价值。书院的目标与思想政治教育的根本目标是统一的，可以通过课堂、实践、交流等环节，让学生形成以书院文化为核心的“德育为先”的理念，同时形成以马克思主义为指导的大格局、大视野、大情怀、大是非观。因此，学习书院文化是实现思想政治教育功能的有效手段。

2. 提升高校人才培养质量，凝聚书院育人合力

书院并不是一个独立的功能性组织机构，书院的设置是为了弥补二级学院教育职能的不足，促进学生的全面发展，“学科、专业学院制，生活社区书院制”是高校书院制的本质。

一方面，课内外融合加强通识教育，提升高校人才培养质量。通识教育是古代传统教育的主要形式，专业知识是现代高校学院的主要学习内容。各书院立足自身的优势与特色，开设各类通识教育课程供学生选择，大大提升了学生的自主性。教师在传授文化知识的同时更加注重思想的启迪与理性的引导，帮助学生建立健全的人格。除了将通识教育纳入培养计划，各书院也更加注重“第二课堂”和“第三课堂”的积极作用。“第二课堂”是实践的课堂，书院的各类社会实践能增强学生解决实际问题的能力；“第三课堂”是文化的课堂，各书院积极开设博雅课堂，内容涵盖哲学、科学、文化、生命等领域，邀请专家学者做报告做演讲，在潜移默化中丰富学生的知识体系，提升学生的文化素养和道德情操，促进学生全面发展。

另一方面，各部门协调推进书院制全员育人体系，凝聚书院育人合力。首先，落实导师制，聘请学术精湛的“大先生”作为学生的导师，让高校

学生在知识和人格层面都受到“大先生”的感染与熏陶。其次，利用“双院联动”构建协同育人平台，学院和书院秉持“学院育才、书院育人”的原则，实施分工责任制。最后，完善书院社区环境和育人体系，加强学生的自我管理、自我教育和自我服务，促进学生与学生之间的交流与学习；从各书院自身特色和办学理念出发引导学生社团发展，帮助学生提高组织协调能力、团队协作能力以及自我管理能力；推动不同高校书院的互补性合作，提升书院办学水平、人才培养质量，在世界舞台上传播中国高校书院制的优秀成果。

3. 构建书院思政育人主阵地，强化对学生的价值引领

书院不单是建筑的集合，还是教育资源的有效整合平台，更是高校育人的重要阵地。构建书院育人阵地，一方面要完善书院硬件条件和基础设施，为提升书院思政育人实效性提供可靠保障；另一方面要畅通思想政治教育微循环，发挥书院社区制的优势，增强学生对书院育人模式的认同感和在这一模式下的获得感，营造书院思政育人的良好氛围，将书院打造成高校思想政治教育的重要场域。

完善书院的硬件条件和基础设施，一方面，实施社区制，打破同一专业学生聚居的局面，实行混合住宿，让学生接触到更多的资源和信息；另一方面，为书院修建设施齐全的书院社区空间，视听室、咖啡吧、阅览室、研讨室等一应俱全，共同服务于学生生活、学习、交流的需要，构建师生同乐、其乐融融的新型书院关系。

除了书院思政育人的“有形场地”，还需要建设书院思政育人的“无形场地”，比如构建书院“思政社区”，将党支部、团支部、学工处及各类社团等建在书院社区，结合书院特色将书院社区打造成思想政治教育氛围浓厚、人际关系和谐、实践活动丰富的育人场域，强化书院对学生的价值引领。还需要依托书院拓展思政育人的“网络场地”，有针对性地搭建书院网络思政平台，以学生为主体、以新媒体为平台、以书院文化为背景、以导师为向导，将育人合力汇聚到书院思政育人主阵地。

第三章　湖湘文化的思想政治教育价值

党的十八大以来，党中央在领导党和人民推进治国理政的实践中，把文化建设摆在全局工作的重要位置。习近平在文化传承发展座谈会上强调："在新的起点上继续推动文化繁荣、建设文化强国、建设中华民族现代文明，是我们在新时代新的文化使命。要坚定文化自信、担当使命、奋发有为，共同努力创造属于我们这个时代的新文化，建设中华民族现代文明。"① 中国既是一个拥有悠久历史的文明古国，也是一个地域辽阔的统一的多民族大国，各地区由于经济状况、地理环境、历史传统等方面的差异，在漫长的历史进程中积淀了许多具有地方特色的区域文化。湘水滔滔，洞庭汤汤，其间跳动着绵延不息的湖湘文脉。"湖湘文化从属于中华主流文化，并形成了鲜明的地方特色，反过来对主流文化做出重要贡献。"② 作为我国地域文化的重要代表，湖湘文化在中华民族的文明传承和社会进步中发挥了极其重要的作用，是中华文化的瑰宝。湖湘文化源远流长、博大精深，蕴含着丰富的思想政治教育资源。

第一节　湖湘文化的发展历程、内涵及精髓

"湖湘文化的形成和发展历史，就是一个参与中华文化建构的历史。在中华文化发展一些重要历史阶段，总有一些湖湘知识群体希望推动中华文化的历史发展，而他们致力于中国文化的建设和发展，其精神动力恰恰是

① 《担负起新的文化使命　努力建设中华民族现代文明》，《人民日报》2023 年 6 月 3 日，第 1 版。

② 郑佳明：《湖湘文化的三重属性》，《新湘评论》2023 年第 14 期。

中华文化的基本精神，其中包括大同理想、王道政治、仁学之道。他们的文化自信，则是根源于对中华文化是一种普遍性文化的信念。他们那种坚决推动中华文化建设发展、张扬中华文化主体性建构的文化态度，恰恰是中华文化生生不息的精神命脉。”① 要讨论湖湘文化，首先必须明确湖湘文化的发展历程、内涵及精髓，据此才能明确湖湘文化的个性特质及在中华文化体系中的地位，才能对湖湘文化进行科学合理的扬弃，更好发挥湖湘文化推动当代中华民族文明传承和社会进步的作用。

一　湖湘文化的发展历程

作为中国地域文化的一个重要组成部分的湖湘文化，有着自己的发展、演变过程。湖湘文化的形成和发展经过了漫长的历史过程，隋唐以前的古代湖南文化是湖湘文化的源头，宋代是湖湘文化的形成时期，元明清是湖湘文化的发展时期，近代是湖湘文化的升华时期。

（一）先秦

湖湘文化的历史源远流长。湖湘文化最早出现于远古时期，当时湖南地区就有了较高水平的文明。早在旧石器时代，湖南境内就有人类活动。从已发现的文化遗址和遗存来看，湖南境内多处地点发现旧石器，出土的旧石器标本数以千计。可考的湖湘文化的历史可以追溯到新石器时代。在大约 1 万年前，湖南开始从旧石器时代过渡至新石器时代，湖南境内已发现的新石器文化遗址达 1000 多处，遗址数量多、分布广，湖南道县玉蟾岩遗址发现了世界上最早的人工栽培水稻标本，说明湖南在新石器时代已脱离“茹毛饮血”阶段，开始“饭稻羹鱼”。随着历史车轮不断向前推进，从青铜时代步入铁器时代，春秋战国时期，楚国成为中国南方的强国，湖南在春秋战国时期就属于楚国。楚国作为当时的赫赫大国，创造了灿烂辉煌的文明成果。可以说古楚文化是湖湘文化的重要源头。这一时期，由楚人和湖南原住民共同创造的文学艺术已经达到了相当高的水平，如战国时期楚国诗人屈原创作的《楚辞》，是中国浪漫主义文学的源头，具有强烈的浪漫主义精神。

① 朱汉民：《湖湘文化在中华文化中的地位》，《新湘评论》2023 年第 14 期。

（二）秦汉魏晋南北朝

自秦始皇统一六国，建立了大一统王朝以来，湖南被纳入中央王朝的统治之下，湖南各族人民进入了统一多民族国家的大家庭。秦汉时期，湖南地区的政治、经济、文化获得新的发展，在保留着自己的本土文化的同时，湖南的楚文化和民族文化与中原文化及其他地域文化之间相互吸收融合。在魏晋南北朝时期，与中原相比，湖湘之地受战祸兵灾影响较小，社会相对稳定，经济、文化也有一定的发展。比如，作为魏晋南北朝一种突出的社会风潮，清谈玄学在湖南也盛极一时，以南岳衡山为主要据点，获得迅速发展。佛教也于魏晋之际传入湖南，西晋初年建成了湖南最早的一座佛教寺庙长沙麓山寺，不同文化的交流融汇为湖湘之地带来了新的文化基因。在文学艺术方面，湖南地区也取得了一定成就，比如东晋罗含的《更生论》是流传至今的湖南古代最早的哲学著作。

（三）隋唐

隋唐时期，国家由分裂重新走向统一，全国各地交往交流加强。湖南地区经济、文化进入一个新的发展阶段。“在秦汉隋唐时期，受大一统政治、道教、佛教等因素影响，湖南地区的经济文化得到进一步发展，地域文化初步形成，初具雏形的湖湘文化开始步入中华文化发展的历史舞台。”[①] 值得一提的是，广德二年（764 年），唐王朝设立湖南观察使，作为一个独立的、具有重要政治战略意义的行政地域及人文地理层面上的湖南的概念正式形成，从此开始有了湖南之称。隋唐时期，许多杰出的政治家、思想家、文学家等因各种不同的原因来到湖湘地区，与湖南结下了不解之缘，以其在湖南的所见所闻为素材和灵感进行创作，留下了丰厚的文学遗产和宝贵的精神财富，对推动湖湘文化乃至中华文化的发展产生了深远的影响，做出了不可磨灭的贡献。这一时期，佛教和道教在湖南获得了很大发展。由于统治阶级的推崇，佛教在隋唐颇为流行，因而湖南的佛教得到更为广泛的传播，湖湘地区也成为中国佛教禅宗传播的中心之一。而道教的传播和发展也在唐代进入了鼎盛时期，南岳仍然是湖南道教发展传播的中心之一。

---

① 杜纯梓主编《湖湘文化要略》，北京大学出版社，2011，第 66 页。

（四）宋元明清

两宋时期，由于全国经济重心南移，南方在经济、文化方面逐步崛起，湖南社会经济发展速度不断加快，这一时期是湖湘文化正式形成的重要阶段，特别是湖湘学派的产生成为湖湘文化形成的主要标志。“两宋时期是湖湘文化在全国形成自己特色并产生重大影响的时期，其标志是湖湘学派的崛起。”[①] 宋代士大夫曾说：“方今学术源流之盛，未有出湖湘之右者。”湖湘学派从两宋开始创建，在明清逐步发展起来，对湖湘文化的发展产生了深远的影响。被学术界尊为“理学开山”的周敦颐，是北宋道州营道（今湖南道县）人，其哲学思想在以儒家为主干的基础上，融合了道家、佛家及其他各派思想，为往后宋明理学的发展奠定了坚实的哲学基础。到南宋，流寓并定居于湖南的胡安国、胡宏父子深受周敦颐的影响，筑碧泉书院，讲学传道，开创了湖湘学派。之后，岳麓书院的“朱张会讲”，作为中国学术史上的里程碑事件，不仅促使湖湘之学名扬于世，也使得湖南成为当时全国重要的学术思想高地和理学中心。“在宋代一时称盛的湖湘学派，以尊奉程朱理学、注重经世致用、包容百家之长、砥砺道德节操的传统学风见称于世。这种学风，逐渐衍化成湖湘文化的基因，对其后湖湘文化的演变和近代湖南人才群体的产生有着深刻的影响。”[②] 可见，湖湘学派的兴起使湖湘地区形成了自成风格的区域文化体系。到元朝，由于元初蒙古贵族对汉族采取歧视与高压政策，湖湘文化进入低迷期。明清时期，在社会经济发展的基础上，湖湘文化再次呈现出兴盛繁荣的局面。这一时期，随着书院教育和各级官学的蓬勃发展，湖南人才蔚起，诞生了中国历史上伟大的唯物主义哲学家王夫之，其思想代表了中国古代朴素唯物主义发展的最高峰，他主张废虚返实，极力批判废实学、崇空虚之风，推动湖湘文化乃至整个中国学术思想文化进入了一个新的发展阶段。

（五）近现代

1840 年鸦片战争爆发，中国步入近代时期。受近代中国社会变革的

---

① 杜纯梓主编《湖湘文化要略》，北京大学出版社，2011，第 61 页。

② 薛学共：《湖湘文化与毛泽东军事思想研究》，湖南师范大学出版社，2007，第 24 页。

深刻影响，湖南开始了近代化转型，湖湘文化在这一场近代化运动中焕发出耀眼的光彩。“晚清以来，湖湘文化的地位急剧提升，并成为近代中国最有影响力的地域文化之一。”[①] 湖湘文化在近代经历了前所未有的历史巨变，湖南地区一改古代人才相对稀少的旧面貌，出现前所未有的人才群起的新局面。湖南地区的文化教育、学术、文学艺术、社会风俗呈现出新的景观，湖湘大地更是成为近代中国最富朝气之地。湖湘文化注重经世致用，近代以来，其发展演变无不与时势相呼应。在中国文化近代化转型的大变革时期，出现了许多新的学术思潮、文化理念，它们在湖南地区均有杰出的代表人物，湖湘文化中也包含相应思想主张。其一，以陶澍、贺长龄、魏源等为代表的湘系经世派。特别是魏源提出“师夷长技”和“睁眼看世界”的思想，主张向西方学习，发救国之先声。其二，曾国藩、左宗棠、胡林翼等创建的湘军理学经世派。一批湖南洋务派人士为挽救封建末世而建立发展起来的湘军，对湖南百年来的历史发展产生了巨大的影响。其三，以谭嗣同、唐才常等人为代表的湖南维新志士。他们力倡维新，提出了学习西方资产阶级政治制度、废除科举、兴办学校等一系列变法维新主张，对中国近代化的启动与突围产生了深刻影响。其四，以黄兴、蔡锷、宋教仁等为代表的湖南辛亥英烈。他们以务实、积极的精神奋不顾身地献身于实际的政治斗争中。其五，新文化运动中，湖南地区涌现出的一大批接受、传播共产主义思想的人物，如毛泽东、蔡和森、李达等。当今，随着中华文化的变迁、发展，湖湘文化也在不断地演变、重构，以其独到的特色和优秀的传统，为湖湘之地乃至国家的发展做出重要的贡献。

二 湖湘文化的内涵

湖湘文化内涵丰富，从广义上来讲，湖湘文化是指湖湘儿女在长期的生活和发展过程中创造、发展与积淀的物质文化、制度文化、精神文化和行为文化的总和，这些都是湖湘文化的精神风貌和价值追求的生动展现。

---

① 朱汉民：《从“南楚”到“湖湘”：湖南区域文化概念的演化》，《湖南社会科学》2013年第4期。

（一）湖湘物质文化

“物质文化包括人类对自然进行加工时创制的各种器具，是可触知的具有物质实体的文化事物，即人们的物质生产活动方式和产品的总和。”[①] 湖湘物质文化是由湖湘儿女在生产生活实践过程中创造的以物质形态呈现的文化。湖湘文化的物质文化内容十分丰富，主要表现在湖湘建筑、湖湘饮食、湖湘工艺品、湖湘科学技术等方面。其一，湖湘建筑。湖湘大地上的书院、寺庙祠观、传统村落、名人故居、革命遗址等，记录了湖湘大地的历史与文化，是湖湘文化的具象体现。这些灿烂的遗迹旧址是湖湘地区最亮丽的名片，为人们认识和了解湖湘文化提供了重要途径。其二，湖湘饮食。饮食是人类生存的基本需要，随着人类社会的发展，饮食已经成为一种最为直接的文化符号。湖湘饮食文化特色鲜明，在一定程度上也体现了湖湘文化的精神要义。受潮湿闷热的气候环境和社会历史文化的影响，嗜辣嗜酸是湖南菜肴最主要的风味特征。其中，湘菜作为湖湘饮食文化最直接的物质表现形式，是中国饮食文化百花园中的一朵奇葩，为中国著名的八大菜系之一。其三，湖湘工艺品。勤劳智慧的湖南人民在源远流长的湖湘文化熏陶下，结合不同时代、不同民族各具特色的生产和生活实践，创造了绚丽多彩的湖湘工艺品，包括编织刺绣印染工艺品、石雕工艺品、陶瓷工艺品等，充分展现了湖湘文化的精神特质和审美趣味。其四，湖湘科学技术。早在商周时期，湖南青铜制造业就已具有相当规模；东汉时，桂阳郡（今湖南桂阳县）的蔡伦造出了人类历史上第一张植物纤维纸，史称“蔡侯纸”，由他改进的造纸术为我国“四大发明”之一；马王堆出土的《五星占》中对天文星象的精确记录，令人叹为观止……诸多科技成就从各个不同的角度，将湖湘文化独特的科学品格尽显无遗。这些物质文化丰富多样、不一而足，构成了湖湘文化中直观、亮丽的色彩，具有十分重要的地位与价值，是我们今天认识湖湘文化及湖湘人民勤劳智慧的宝贵财富。

（二）湖湘制度文化

制度文化主要是指凝结了文化精神的社会制度，包括社会的政治、经

---

① 吴克礼主编《文化学教程》，上海外语教育出版社，2002，第 65 页。

济、教育、宗教、婚姻等方面的制度。湖湘制度文化是湖湘文化的重要组成部分，它以儒家伦理道德为基础，包含政治、经济、教育等方面的制度，内涵丰富，是我们观察和理解湖湘文化的钥匙和手段。其一，政治制度文化。为使国家观念与公共权力扩展到湖湘地区，封建王朝统治阶级先后以郡县制度、土司制度、行省制度等来实现国家政权对湖湘地区的管理。这些统治措施的实施打破了湖湘地区长期封闭的状态，既巩固了中央政权对湖湘社会的政治统治，又推动了湖湘地区社会经济、文化的进一步发展，对促进湖湘社会生产生活方式的变革、维护湖湘地区的相对稳定、巩固统一的多民族国家具有十分重要的作用和意义。其二，经济制度文化。主要涉及湖湘社会中的土地所有制关系、劳动产品的分配关系，以及反映生产力发展水平与生产关系性质的社会生产各部门的状况。其三，教育制度文化。为保证人类社会的整体生存和发展，必然要创建保障文化延续的教育制度。在古代湖湘地区，官学和私学呈现互为补充、此消彼长的发展态势，形成了官办教育与民办教育互为补充的学校教育体系，共同促进了湖湘地区教育的发展。值得一提的是，南宋时期，湖南书院教育的发展进入高峰期，石鼓书院、岳麓书院进入全国四大书院行列，推动湖南文化教育事业进入全国前列，为湖湘文化和湖湘教育的发展奠定了坚实基础。到近代，随着中国近代化进程的开启，湖南近代教育也开始从古代向近现代转型，主要涉及废除科举、改书院为学堂、构建近代教育体系等。

（三）湖湘精神文化

精神文化是指在长期实践过程中，受一定的社会文化背景影响而形成的精神成果与文化观念，它是文明传承的主要标识。湖湘精神文化作为湖湘文化的深层要素，是湖湘魂和湖湘气质的集中体现，凝结着湖湘历史发展的情感积淀和价值追寻，能够为当今社会的发展提供充足的精神养分，满足人民对精神文化的渴求。湖湘精神文化是一个包括了湖湘文学艺术、湖湘哲学、湖湘宗教信仰等的丰富多元的精神文化体系。其一，湖湘文学艺术。历史悠久、形式丰富的湖湘文学艺术展现了湖湘文化的深厚底蕴。古往今来无数先哲前贤、文人学士在湖湘文学发展史上留下了盈千累万的光辉篇章。屈原结合自身遭遇，吸收湖南地区神话传说和民间歌谣而创作的《楚辞》《九歌》等具有强烈的浪漫主义精神；西汉贾谊贬谪长沙后写下了《吊屈原赋》和《鹏鸟赋》等名篇，彰显了中国文人士子忠君爱国、九死不悔的高尚情怀；唐宋时期，李白、杜甫、韩愈、刘禹锡、柳宗元等文豪都曾流寓湖南，在湖湘大地上留下不少文学精品；到近代，湖湘文学与中国社会变革同步发生了实质性变化，为宣传新思想、新观念、新文化，从传统文学中滋生出了不少的进步文学和革命文学。湘水有灵，见证了湖湘千年来艺术的发展，包括音乐曲艺、舞蹈戏剧、美术等在内的湖湘艺术，尽显艺术之美、文化之韵。其二，湖湘哲学。湖湘哲学思想是湖湘文化中的重要内容。古往今来，历代湖湘哲学家都注重经世致用、砥砺道德节操、包容百家之长，阐发了一系列基本观念，在长期的发展过程中形成了务求实成的实践精神、德才并重的人才精神、兼收并蓄的开放精神等，这些精神品格和传统学风逐渐积淀为湖湘文化的基因，它们绵延流传，对湖湘人士和湖湘文化的发展产生了潜移默化的深刻影响。其三，湖湘宗教信仰。宗教信仰涉及社会秩序、经济活动、文化民俗等多领域，对社会的发展和人们的生产生活产生了重要影响。湖湘地区自古以来就是宗教信仰盛行的地区，了解湖湘宗教信仰有助于进一步认识湖湘文化的精神特质和湖湘人士的性格特征。除了深受佛教、道教等宗教的影响，由于恶劣的自然环境、信鬼尚巫的文化氛围，以及多民族聚集的背景，湖湘地区民间信仰活动也十分兴盛，出现了多样化的民间信仰活动。

（四）湖湘行为文化

行为文化是指“人在长期社会交往中约定俗成的习惯和风俗，它是一种社会的、集体的行为”①。湖湘行为文化是长期生活在湖湘之地的人们在实践中表现出来的特定行为方式和行为结果的积淀，具有鲜明的地域特色。它主要由约定俗成且历代传承的价值观念、行为构成，这些观念、行为经过年复一年的反复呈现，普遍见于日常起居、节日民俗中。据历史考证，早在新石器时代晚期，湖湘地区的先民就已经从事渔猎和农业生产活动，而后在漫长的岁月里便形成了由先人积累起来再由后人传承下来的观念、规范、习俗、礼仪、行为方式等行为文化，展示了湖湘人的礼仪风采。其中，最能反映湖湘特色的莫过于宗教信仰，“信鬼神，好淫祀”是湖湘人的

① 程裕祯：《中国文化要略》，外语教学与研究出版社，1998，第3页。

典型特征，表现为对图腾的崇拜，对鬼神的信仰和对天、对神、对死者、对祖先的祭祀。例如，屈原的《九歌》《楚辞》生动描述了古楚信鬼神、崇巫术、喜祭祀的风俗民情。同时，湖南作为我国民族最多的地域之一，长期以来，受各民族文化和中原文化的影响，孕育了丰富多彩的传统习俗和民族风情，其在历史长河中不断沉淀，蕴含着三湘四水的记忆和温情，人们就在年年岁岁的民俗活动中反复接受民俗文化的熏陶。春节、端午节、中秋节，逛庙会、赛龙舟，女书，苗族四月八、苗族赶秋节等，有的在湖湘之地兴起，有的则受中原文化影响更多，它们蕴含着丰富的文化内涵，反映了湖湘悠久的历史文化传统和湖南人的精神特质。

三　湖湘文化的精髓

“思想文化是湖湘文化的统帅和灵魂，是湖湘文化独具的特色和优势。”[①] 在长期的历史发展演进中，湖湘文化形成了独特的精神标识和厚重的文化精髓。湖湘文化的精髓是湖湘文化的内在灵魂，可以概括为心忧天下的爱国精神、百折不挠的奋斗精神、敢为人先的创新精神、兼容并蓄的包容精神，至今仍在滋养和润泽我们。

（一）心忧天下的爱国精神

“爱国主义是中华民族的民族心、民族魂，是中华民族最重要的精神财富，是中国人民和中华民族维护民族独立和民族尊严的强大精神动力。”[②] 爱国主义是贯穿中华民族历史的一条主线，千百年来，“身无半亩、心忧天下”的爱国精神一直是湖湘文化的核心品格之一。在湖湘大地上最先奏响爱国华章的是屈原和贾谊，他们二人的家国情怀奠定了湖湘文化的精神始基，成为湖湘文化忧国忧民精神的源头。屈、贾二人虽然都被贬于湖南，但是他们始终心系国运民瘼，屈原心怀楚国、以死明志，贾谊忧国伤时、鞠躬尽瘁。“楚人悲屈原，千载意未歇”，屈原和贾谊深深感动和影响了一代又一代的湖湘人士，他们继承屈贾遗志，以天下为己任，展现出浓厚的

① 郑佳明：《湖湘文化的三重属性》，《新湘评论》2023 年第 14 期。

② 《中共中央国务院印发新时代爱国主义教育实施纲要》，《思想政治工作研究》2019 年第 12 期。

爱国情怀。纵观中国近现代历史，湖湘人士将湖湘文化中心忧天下的爱国精神不断发扬光大，他们勇立潮头，主动担当，为国家改良、社会进步而呼号、而奔走、而牺牲，深刻影响和改变了近代中国的命运。在这片热土上，诞生了许多爱国志士和英雄人物。从魏源“师夷长技以制夷”的疾呼，曾国藩、左宗棠、郭嵩焘等人的洋务实践，谭嗣同、唐才常对戊戌变法的参与，到陈天华、黄兴对资产阶级民主革命的积极推动，一大批湖湘人士将“心忧天下”的爱国传统演绎得淋漓尽致。中国共产党成立以后，以毛泽东、刘少奇、彭德怀等为代表的一大批湘籍无产阶级革命家，将“心忧天下”的爱国精神提升至全心全意为人民服务的新境界。为国为民，舍生忘死，一代又一代的湖湘人士赓续湖湘儿女的血脉基因，守卫着不灭的民族精魂，为实现国富民强的梦想，以实际行动自觉践行心忧天下的爱国精神。

（二）百折不挠的奋斗精神

湖湘文化最核心的精神之一，是湖南人骨子里百折不挠的奋斗精神。百折不挠的奋斗精神在民族危难时刻将中华民族聚集在一起并使其最终战胜困难，激励了一代又一代的三湘儿女以坚韧不拔实现梦想，用不懈奋斗创造奇迹。从历史来看，无论在哪个阶段，百折不挠的奋斗精神都是湖湘文化中表现最为突出的地域个性特质之一。古代湖南处于蛮荒之地，生活环境十分恶劣，自然而然造就了“吃得苦、霸得蛮、耐得烦”的士风民习，培养了湖南人坚韧、顽强不屈的抗争意志，锻造了湖南人百折不挠的奋斗精神。历代湖湘文化传人传承“霸蛮”的精神气质，都有一种百折不挠的奋斗精神，其中堪称典范的当数明清之际的伟大思想家王夫之，明清交替的乱世中，他避居山野，甘于清贫，在极艰苦的条件下，笔耕不辍，述历代兴亡，成一家之言，留下了一部部激人奋发、教人进取的鸿篇巨制，被世人推崇为湖湘文化精神领袖。到近现代，一大批湖湘人士为救亡图存而英勇奋斗、艰苦探索，丰富和发展了百折不挠的奋斗精神。曾国藩以“打落牙齿和血吞”的精神打出“无湘不成军”的盛世威名；左宗棠抬棺进疆，横扫阿古柏军，不让寸土；谭嗣同留下“我自横刀向天笑，去留肝胆两昆仑”的壮语，为变法图强洒热血。特别是在革命年代，百折不挠的奋斗精神尤为凸显，轰轰烈烈的建党伟业中，总能见到湖南共产党人奋斗的身影，以毛泽东为代表的中国共产党人，浴血奋战，开展艰苦卓绝的斗争，挽救民族于危难之中，带领中国人民推翻“三座大山”，建立了新中国，写下了中国历史上辉煌的一页。

（三）敢为人先的创新精神

敢为人先的创新精神是推动湖湘文化不断发展的最根本动力。所谓敢为人先的创新精神，就是一种敢闯敢试、勇于破旧立新的精神。这种精神激励了一代又一代的湖湘人民与时俱进，不因循守旧、不拘泥于古，敢于探索和创造。湖湘文化必须与时俱进，不断创新，才能永葆生机与活力。湖湘文化的奠基者之一周敦颐具有强烈的创新精神，对传统儒学进行了彻底改造，创立了一种新的天人合一本体论，形成了一整套新的方法论体系，开创了“宋明理学”这一儒学新形式；湖湘学派的创立者胡安国、胡宏父子发扬敢为人先创新精神，摒弃传统的脱离实际的空谈学风，开创了新的教育方式和学风；湖湘文化的集大成者王夫之同样以强烈的创新意识，为湖湘文化的发展注入创新因子。“敢为人先”的创新精神在古代湖南历史上得到了充分彰显，在湖南近代化历程中也尤为突出。湖南位于内陆地区，却成为向西方学习的前沿阵地，颇有“开风气之先”的气概。魏源“师夷长技”，给闭塞已久的中国人以全新的世界概念；五四运动后，以毛泽东为代表的湖南先进知识分子以强烈的革命创新意识，把马克思主义同包括湖湘文化在内的中国传统文化的思想文化精华相结合，推动了马克思主义中国化、时代化、大众化。可见，一大批湖湘人士不惧新挑战、勇于接受新事物，高举改革创新的旗帜，促使敢为人先的创新精神不断丰富和发展。

（四）兼容并蓄的包容精神

湖湘文化具有突出的多源性和包容性，其形成发展就是一个博采众长、广汇百家、不断积累的过程。正是这种兼容并蓄的包容精神成就了湖湘文化的多姿多彩。“湖湘文化是一个开放的体系，它是在与其他文化交流融汇过程中形成的，是一个多源性的文化。”① 湖湘文化本来就是在立足湖湘地域，同全国不同地域文化、其他学派文化、国外文化交流互动的过程中形成的。它的形成和发展是多源的、包容的，不偏一说，博采群秀，合众家

---

① 杜纯梓主编《湖湘文化要略》，北京大学出版社，2011，第56页。

之长。从历史发展来看，湖湘文化兴起之初便表现出兼容并蓄的特点。周敦颐立足儒学、融合佛道，开创了中国封建社会新的思想——理学；胡安国、胡宏父子兼采“二程”的理本论与陆九渊的心本论，在湖湘学派史上有开创之功；“朱张会讲”促进了全国学术思想的交流、交融与交锋；明末清初的王夫之“坐集千古之智”，其学说综合百家。可见，湖湘学派在历史变迁中不存门户之见，融合众家之长，兼容并蓄，在不断吸收其他学派的特点以涵养和丰富自己的同时，也不断与外界交流而产生更广泛的社会影响。到近代，随着湖湘文化的近代化转型，兼容并蓄的包容精神得到了进一步发扬。一大批湖湘人士成为中国近代化的先驱，他们萃取中西思想精华，在批判继承传统文化的基础上，充分吸收外来文明成果丰富和发展自身认知，充分彰显了湖湘文化中兼容并蓄的包容精神。

第二节　湖湘文化的思想政治教育价值内容结构

湖湘文化丰富的思想内容和突出的精神特质，是中华优秀传统文化的重要组成部分，充分体现和反映了中华民族精神。湖湘文化与党的实事求是的思想路线一脉相通，与马克思主义理论高度契合，与当代思想政治教育有着很强的一致性，是进行思想政治教育的宝贵财富，具有政治教育价值、思想教育价值、道德教育价值和心理教育价值等多方面价值。

一　政治教育价值

“我国的思想政治教育，实质上是社会主义意识形态教育，是无产阶级把自己的意志贯彻到全社会的一种活动，因而思想政治教育的内容必须体现我国社会的性质，必须坚持正确的政治方向。”[①] 政治教育是思想政治教育的核心，湖湘文化具有政治教育价值，将其运用于思想政治教育中，有利于树立马克思主义理想信念，培育爱国主义精神，培养为人民服务的宗旨意识。

① 《思想政治教育学原理》编写组编《思想政治教育学原理》，高等教育出版社，2018，第159页。

（一）有利于树立马克思主义理想信念

“中国共产党成立一百年来，始终是有崇高理想和坚定信念的党。这个理想信念，就是马克思主义信仰、共产主义远大理想、中国特色社会主义共同理想。”[①] 心中有信仰，脚下有力量。马克思主义理想信念是中国共产党人的精神支柱和政治灵魂，也是保持全党全国人民团结统一的思想基础。红色，是湖湘文化最鲜亮的颜色。湖湘红色文化蕴含了对马克思主义的坚定信仰，将其运用于思想政治教育中，有利于树立马克思主义理想信念。湖南是“革命摇篮，伟人故里”，是中国共产党和中国革命的重要策源地之一。革命战争时期，党领导人民在湖南进行了艰苦卓绝的奋斗，形成了具有湖湘特质的红色文化资源。从新民学会的“建党先声”提出创建中国共产党的伟大构想，到岳麓书院成为实事求是思想路线的策源地，再到毛泽东、彭德怀、贺龙等人领导秋收起义、平江起义、桑植起义等，湖南成为“人民军队的摇篮”，湖湘大地上上演了太多荡气回肠的英雄故事，矗立起一座座精神丰碑。湖南本土拥有的大量革命纪念遗址、伟人故居、红色故事，革命先人在湖南这片红色热土上留下的宝贵的红色精神，都承载了中国共产党人在湖南展现出的坚定信仰追求。作为我国红色文化的重要组成部分，湖湘红色文化是中国革命文化和湖湘传统文化相结合的产物，能够以鲜明的政治属性教育人、塑造人。长期以来，湖湘红色文化在帮助人们树立马克思主义理想信念上发挥了积极作用，是中国共产党人理想信念和家国情怀的生动体现。其中蕴含的顽强的革命精神、感人至深的革命事迹及艰苦奋斗的革命历史，可以产生强大的感染力，是进行理想信念教育的天然载体、生动榜样、鲜活教材，有助于加强马克思主义理想信念建设，增强全党全国人民对马克思主义的信仰、对中国特色社会主义的信念、对实现中华民族伟大复兴的中国梦的信心，鼓励全国人民做马克思主义的坚定信仰者、积极传播者、忠实践行者。

（二）有利于培育爱国主义精神

培育爱国主义精神是思想政治教育的永恒主题。全面建设社会主义现

① 习近平：《坚定理想信念 补足精神之钙》，《求是》2021 年第 21 期。

代化国家，实现中华民族伟大复兴的中国梦，需要培育新时代爱国主义精神。湖湘文化中的爱国主义传统具有超越时空和阶级的现实价值，对于在新时代培育爱国之情、砥砺强国之志、实践报国之行具有积极的启迪意义。第一，湖湘文化有利于培育爱国之情。湖湘文化是培育和发展爱国主义情感的重要资源。浓浓爱国情，拳拳爱国心。自古以来，爱国深情就流淌在湖湘儿女的血脉之中，体现在湖湘儿女砥砺奋进的征程上。回顾历史，一代又一代的湖湘人士怀着满腔的爱国热情，以实际行动诠释了爱国之心，谱写了一曲曲激荡人心的爱国主义壮歌。从屈原、贾谊、王夫之、魏源、曾国藩、左宗棠、谭嗣同、陈天华、黄兴、蔡锷，到毛泽东、蔡和森、彭德怀等，爱国深情被代代传承，对他们来说，爱国是心之所系、情之所归。第二，湖湘文化有利于砥砺强国之志。湖湘文化所倡导的国家至上、社会为先、求实奋进的价值理念，有助于砥砺强国之志，将个人命运与祖国前途、民族振兴联系起来。胸怀忧国忧民之心、爱国爱民之情，魏源发出"师夷长技"的先声；以自强求富为目标，曾国藩、左宗棠等人将"师夷长技"的思想付诸实践，发起了洋务运动；为实现民族独立、国家富强、人民幸福，毛泽东、刘少奇、彭德怀、贺龙、罗荣桓等一大批老一辈无产阶级革命家，舍生忘死，拯救苍生于"覆屋之下、漏舟之中、薪火之上"。第三，湖湘文化有利于实践报国之行。真正的爱国主义精神是深沉情怀与坚决行动的高度统一。自古以来，湖湘儿女就以最勇毅的爱国行动，为中华大地的爱国主义传统增添力量。为维护国家统一和领土完整，许多湖湘士民、爱国将领投身到抗敌斗争前线，不惜为国捐躯，充分彰显了湖湘儿女反抗侵略、保家卫国的决心。可见，湖湘文化中的爱国主义优秀传统源远流长，生动唱响了爱国主旋律，传承弘扬中华民族精神，具有极强的感染力、感召力，有利于培育新时代爱国主义精神。

（三）有利于培养为人民服务的宗旨意识

全心全意为人民服务，是中国共产党的根本宗旨和政治本色，是赢得人民群众的支持和拥护、取得事业成功的根本保证。民本思想是中国传统文化的重要组成部分，也是湖湘文化中的重要内容。湖湘文化蕴含了以人民为中心、为人民服务的价值取向，有利于培养为人民服务的宗旨意识。一方面，湖湘文化的民本思想具有深厚的历史底蕴。历代湖湘文化的精神领袖们都有十分突出的重民思想。屈原“长太息以掩涕兮，哀民生之多艰”，表达了对下层劳动人民的同情和关心；贾谊总结秦亡的历史教训，提出了“国以民为本”的民本理念；胡宏提出“治道以恤民为本”；张栻认为“欲复中原之地……先有以得吾民之心”；王夫之对传统的君民关系进行了深刻的思考，提出“即民见天”的观点；谭嗣同阐述了“民本君末”“因有民而后有君”的思想……这些都深刻体现了湖湘文化对民众的关怀。另一方面，湖湘文化与为人民服务的宗旨意识高度契合。五四运动后，毛泽东以马克思主义唯物史观为指导思想，对湖湘文化进行了扬弃和超越，将湖湘文化中“民胞物与”的思想改造为“全心全意为人民服务”的观点，使其成为中国共产党的根本宗旨，将湖湘文化提升至新的境界。虽然湖湘先贤的传统民本思想与全心全意为人民服务的宗旨意识在阶级立场上有着本质区别，但是在为普通民众谋福祉等方面却有着异曲同工之处，二者高度契合，运用好湖湘文化中的传统民本思想，有利于增强人们对为人民服务宗旨的心理认同感，培养全党为人民服务的宗旨意识。

二　思想教育价值

思想教育既是思想政治教育的主要内容，也是日常管理工作的重要一环，湖湘文化是引导人们成长成才的“精神富矿”，具有思想教育价值，将其运用于思想政治教育中，有利于培育社会主义核心价值观，培养社会主义荣辱观，使人们掌握马克思主义理论。

（一）有利于培育社会主义核心价值观

社会主义核心价值观是兴国之魂，是凝聚中国精神和中国力量的思想基础。“培育和弘扬社会主义核心价值观必须立足中华优秀传统文化。”① 中华优秀传统文化是社会主义核心价值观的重要源泉，湖湘文化具有深厚的优秀传统文化根基，对于提高公民的思想素质、培育社会主义核心价值观具有十分重要的意义。湖湘文化传承至今而绵延不绝、生机无限，是因为它凝结了恒久的价值和理想，又随着时代更迭而不断转变、更新，顺应社

① 《把培育和弘扬社会主义核心价值观作为凝魂聚气强基固本的基础工程》，《人民日报》2014年2月26日，第1版。

会历史发展的趋势，与民族利益和人民福祉相契合，为时代发展和社会进步提供了正能量。“湖湘文化是培养社会主义核心价值观的重要价值源泉。湖湘文化中的‘经世致用、求真务实’‘心忧天下、爱国担当’‘知行合一、敢为人先’‘不屈不挠、攻坚克难’‘敢扎硬寨、敢打硬仗’等优秀思想传统和精神特质，与社会主义核心价值观具有高度契合性，为社会主义核心价值观教育提供了丰厚的‘优质资源’，是培养社会主义核心价值观的重要价值源泉。”① 一方面，湖湘文化与社会主义核心价值观拥有共同的思想文化源流，即中华优秀传统文化。中华优秀传统文化蕴含了天下大同、以民为本、忧国忧民、厚德载物、勤劳勇敢、自强不息、诚实守信等国家、社会和个人层面的价值追求。湖湘文化根植于中华优秀传统文化的深厚土壤，继承了中华优秀传统文化的基因，这些价值元素在湖湘文化与社会主义核心价值观中都体现得淋漓尽致。另一方面，湖湘文化与社会主义核心价值观在形式和内容上具有一致性。湖湘文化积极进取的价值取向、家国情怀、理想信念和人文精神，蕴含着民族独立、国家富强、人民幸福的政治目标，自由、平等、公正、法治的价值诉求，心忧天下、诚实互助、自强不息的精神品格和道德准则，与社会主义核心价值观在国家、社会、个人三个层面的内容具有紧密的内在关联性。湖湘文化蕴含的宝贵的思想资源，为培育社会主义核心价值观提供了充足的思想给养，是涵养社会主义核心价值观的优质载体，在推动社会主义核心价值观的培育上发挥着不可替代的作用。从湖湘文化中吸取精髓养分，发挥其教化和引领作用，有助于生动展现社会主义核心价值观，向全社会传递精神正能量，更好地唤起人民群众对社会主义核心价值观的情感共鸣与价值认同。

（二）有利于培养社会主义荣辱观

社会主义荣辱观，是社会主义核心价值体系的集中表现，明确提出了在社会主义中国什么是“荣”、什么是“耻”，集中反映了社会的价值取向。培养社会主义荣辱观是思想政治教育的重要任务之一。包括湖湘文化在内的中华传统文化中的荣辱观构成了中华民族的心理基因和性格特征，将其运用于思想政治教育中有利于培育社会主义荣辱观。湖湘文化继承了中华

① 朱有志：《充分发挥好利用好湖湘文化的当代价值》，《新湘评论》2023 年第 14 期。

民族传统荣辱观的合理内核及精神，形成了注重荣辱观念的优良传统。首先，湖湘文化倡导爱国主义精神。历代湖湘士人群体都心怀天下，他们不是坐而论道之士，而是有着强烈的现实政治关怀，积极投身于治国平天下和经世济民的爱国行动。其次，湖湘文化倡导科学精神。纵观历史，从古代湖湘学士们提出或坚持经世致用、实事求是、民胞物与等科学思想，到近代一大批湖湘人士开全国风气之先，积极主动吸收西方科学理性的进步思想，都充分表明湖湘文化包含着科学精神。再次，湖湘文化提倡团结互助精神。自古以来，湖湘人就有着团结协作的传统。从稻作农耕的协作互助，到湘军的团结合作，无不展示了湖湘人士重团结的精神品格。最后，湖湘文化注重培养艰苦奋斗精神。反对安逸享乐、崇尚勤劳节俭，奋发图强、艰苦创业，是中华民族的传统美德。正是一代又一代的湖湘人士通过奋发图强、艰苦奋斗，为民族进步、国家富强、人民幸福做出了卓越贡献。因此，以湖湘文化培育社会主义荣辱观有助于提升对社会主义荣辱观的认知水平，培养人们正确的荣辱思想，不断增强全社会国家意识和集体意识，增强互助精神和奉献精神，促进人民群众思想精神境界的提升，从而形成知耻求荣、弃恶从善的良好社会风尚。

（三）有利于人们掌握马克思主义理论

马克思主义科学揭示了人类社会的发展规律，指明了人类寻求自身解放的道路，推进了人类文明发展进程，是我们认识世界、改造世界的强大思想武器。掌握马克思主义理论是共产党员的基本功，要练就“金刚不坏之身”，就必须用科学理论武装头脑，不断建设我们的精神家园，把系统掌握马克思主义基本理论作为看家本领。湖湘文化与马克思主义具有许多相通之处，了解湖湘文化有助于掌握马克思主义理论。五四运动之后，一大批湖湘人士继承并发扬了湖湘文化的优良传统，将湖湘文化与马克思主义相结合，在马克思主义理论的发展、传播等方面做出了突出贡献。特别是湖湘文化在马克思主义中国化时代化的历史进程中发挥了十分重要的作用，为马克思主义中国化第一次历史性飞跃的成果，即毛泽东思想，提供了丰富的思想文化资源。比如，毛泽东思想活的灵魂是实事求是、群众路线、独立自主，其形成的理论渊源与湖湘文化中经世致用的传统、民胞物与的民本思想、“恃己”和“贵我”的观点是密切结合在一起的，毛泽东思想被深深地打上了湖湘文化的烙印，具有浓厚的湖湘文化地域风格。因此，立足新时代新征程，我们要充分运用湖湘文化的丰富资源，紧密联系中国共产党和中国人民的奋斗历程，深刻领悟马克思主义中国化时代化的内在道理，更好地掌握马克思主义理论。

三 道德教育价值

道德教育是思想政治教育的重要内容，湖湘文化作为传承中华文明的生动载体，蕴含了丰富的道德理念，在其形成、发展和演变的过程中，不断发挥出价值熏陶、情感浸润以及行为规范等方面的价值，将其优秀特质融入德育工作中有利于形成道德意识、培育道德情感、养成道德行为。

（一）形成道德意识

高度自觉的道德意识是具有良好思想道德修养和文明素质的重要标志。个体的道德意识深受社会心理、文化氛围、风俗习惯的影响，根植于湖湘大地、代代相传的湖湘文化蕴含丰富的伦理道德资源，从某种意义上讲，湖湘文化本身就具有强大的道德力量，比如，古圣先贤以身传道，凝成的一座座不朽的道德丰碑；史书典籍以文载道，记述的对道德伦理的深刻认识；家书家信中世代相传的道德责任；烽火岁月传承的红色基因；等等。湖湘文化的优秀内涵与精神不断浸润我们的心灵，对于当下人们塑造正确的世界观、人生观、价值观，养成自觉的道德意识，促进人们道德品质的发展，仍然具有十分重要的意义和积极的导向作用。

（二）培育道德情感

道德情感关乎个体如何形成道德判断、确认道德义务、从事道德活动。激发和培育人们善良的道德情感，能够为良好的道德行为提供动力。湖湘文化数千年的传承早已潜移默化地影响了人们的道德情感，我们可以通过了解一个个鲜活的历史人物、波澜壮阔的历史变迁，加深对于忠孝仁爱、家国情怀、济众亲民、慷慨正义、自强不息的理解，从中感受真、善、美的力量，产生积极的道德情感。三湘大地人才辈出，群星璀璨。在湖南这块热土上诞生了很多高风亮节的人士，他们一个接一个成为大器之将才、国家之栋梁，使后人浸润在他们高尚的道德品质和行为作风中，比如，科举不为利禄、读书经世济民的岳麓书院主教张栻；皓首穷经将一腔报国热情化为理论著述的王夫之；留下“我自横刀向天笑，去留肝胆两昆仑”的诗句，以身殉国的谭嗣同……培育道德情感离不开这些精神标杆及其感人事迹，作为传统美德的传承者，他们使道德更加具象化，了解他们的事迹有助于激发正向的道德情感和道德认同。

（三）养成道德行为

道德行为是道德意识、道德情感的集中体现，是衡量一个人道德品质的重要标志。中华文化历来注重认识与实践的统一，即知行合一。在个人道德修养上，强调不仅要将道德理念内化于心，还要能够将其外化于行，实现道德认识的实践转化。学以致用是中国历代知识分子的价值取向和优良传统，在湖湘文化中，这种经世精神表现得也尤为突出，重道德之体又重经世之用是湖湘文化一脉相承的传统思想风气。周敦颐说“实胜，善也；名胜，耻也。故君子进德修业，孳孳不息，务实胜也”（《通书》），他认为道德要通过实际的行动来体现，只在口头上讲道德是可耻的。从湖湘文化的发展史来看，历代湖湘士人将道德理想融于政治、经济、军事等各种实际事务之中，他们强调践履笃行，将道德知识与道德实践集于一身。新中国成立以后，又产生了一大批身体力行共产主义思想和道德的优秀人物。道德离不开日用之实，我们要充分挖掘湖湘文化的道德资源，引导人们将其运用于生活实践中，在家庭中，尊老爱幼、勤俭持家；在学习中，谦虚好学、勤学苦练；在生活中，关注社会、心系祖国。

四　心理教育价值

心理教育的目的在于提高人们的心理素质，培养他们积极乐观、健康向上的心理品质。湖湘文化蕴含着丰富的心理教育思想，是培育人们健康心理的资源宝库，将其运用于思想政治教育中有利于培养独立的现代人格，磨炼应对挫折的勇气，培育积极的社会心态。

（一）培养独立的现代人格

独立人格是指独立性在人的认识、情感、行为等方面的具体体现，其典型特征是自尊自信、自立自强、不盲从、不依附、勇于挑战、敢于创新。

作为一种理想的人格模式，独立的现代人格是中国现代化的一个重要的指标和向度。独立人格的培养首先离不开独立之精神。杨毓麟在《新湖南》中赞扬“我湖南有特别独立之根性……其岸异之处，颇能自振于他省之外”，他认为独立之精神是湖湘文化有别于其他区域文化的独特性之一。沿着时间轴回望，“无所依傍，浩然独往”的精神的确充分展现于湖湘文化传统之中，屈原“举世皆浊我独清，众人皆醉我独醒”，不惑于物质利益和外在权威，成为湖湘文化的一种人格典范，一直感染、激励、影响着后世的士大夫群体顺势而为，勇立潮头，立足实践，书写一页又一页历史发展的新篇章。周敦颐开宋明理学之先河；王夫之以“六经责我开生面，七尺从天乞活埋”自勉；魏源“开眼看世界”；郭嵩焘顶着千夫所指的舆论走出国门；毛泽东“为有牺牲多壮志，敢教日月换新天”……昂扬的独立人格精神在他们的人生实践中展现得淋漓尽致。可见，湖湘文化为促进人们形成独立的现代人格、获得健康全面的发展，提供了弥足珍贵的理论资源和价值引导。

（二）磨炼应对挫折的勇气

心理教育的核心内容之一就是要提高人们抗挫折和适应社会的能力。人生并非一帆风顺，可能会面临很多困难、挫折、考验，乘风破浪需要能力，也需要应对挫折的勇气。为了学会正确对待人生的低谷，我们可以在湖湘文化的熏陶中磨炼应对挫折的勇气，增强自强不息的精神，形成百折不挠的毅力。自强不息、百折不挠是湖湘文化的基本精神，湖南人民历来为追求理想而坚韧执着，为战胜困难而义无反顾，为实现目标而奋不顾身。困守在瑶峒四十载不出的王夫之，留下数百万字的皇皇巨著；不论是“倒海翻江卷巨澜”，还是“雄关漫道真如铁”，毛泽东等老一辈湖南共产党人都抱定必胜的信念，克服一个又一个困难，拯救中华民族于危难……这些都是遭遇困难和挫折奋起反抗的真实写照，启迪我们面对困难不退缩、应对挫折不屈服，从容应对生活的风雨，对抗人生的风暴，不怨天尤人，不耿耿于怀。

（三）培育积极的社会心态

社会心态是一个社会中多数成员所呈现的心理特点和行为模式，积极健康的社会心态有助于社会和谐发展。在培育积极的社会心态方面，湖湘文化可以参与其中并发挥积极的作用，为涵养社会心态提供正确的价值观。湖湘文化充满了积极的正能量，秉持乐观向上的思想。湖湘文化积累了大量积极向上的内容，例如，圣贤先哲、豪杰英烈的嘉言懿行，彰显了积极向上的精神诉求；传统戏剧、音乐曲艺等是艺术的精华，也是生活的写照，能够使人身心得到放松，有效缓解心理压力；民间文化中许多为人处世的智慧，也能起到维持心理平衡的作用，汲取其中积极进取、化忧为乐的价值理念，有利于改变当今社会部分人存在的悲观性认知，维护、改善人们的心理健康。积极的社会心态源于正确的价值观，让人们接受湖湘文化中积极的、健康的思想观念，有益于改善社会风尚，培育积极的社会心态。

第三节　湖湘文化思想政治教育价值的实现路径

湖湘文化哺育和造就了一批又一批的优秀人才，推动了湖湘大地在各个历史时期的发展，是一笔宝贵的精神财富。“湖湘文化源远流长，不仅构造着我们的过去，而且正在构造我们的现在和将来”[①]，要塑造更多的经世济民的湖湘人才，要写好中国式现代化建设的湖南篇章，要实现中华民族伟大复兴，离不开湖湘文化当代价值的实现。

一　湖湘文化思想政治教育价值实现的目标

目标是主体活动希望达到的预期效果，反映了主体的价值需求。要实现湖湘文化的思想政治教育价值，就必须明确湖湘文化思想政治教育价值实现的目标。

（一）促进湖湘之地公民道德素质提高

人而无德，行之不远。公民的总体道德水平，是一个民族、一个国家综合素质的体现。思想政治教育是一项有目的地培养人的活动，因此，湖湘文化思想政治教育价值实现的基本目标就是促进湖湘之地公民道德素质的提高。作为传承中华文明的生动载体，湖湘文化在形成、发展和演变的

① 朱汉民：《湖湘文化与中国文化》，《湖南社会科学》2010 年第 1 期。

过程中，不断发挥思想道德熏陶价值，弘扬湖湘传统美德，能够帮助提升公民的文化素质和思想道德修养。传承湖湘红色文化基因，有利于湖湘公民厚植爱国主义情感，培养民族自豪感和责任感，尤其是有助于青少年提高道德认知、锻炼意志、坚定信念、养成良好行为习惯，培养和造就能够担当民族复兴大任的时代新人，促进新时代社会进步和人的全面发展。

（二）推动湖湘优秀传统文化继承创新

弘扬湖湘文化，必须处理好继承与创新之间的关系，实现湖湘文化创造性转化、创新性发展。推动湖湘优秀传统文化继承创新是实现湖湘文化思想政治教育价值的重要目标。从文化的性质来看，湖湘传统文化毕竟是一种历史的产物，精华与糟粕往往共存。因此，继承湖湘传统文化必须有选择、有批判，弘扬优良传统和积极因素，挖掘其中有利于推进当代社会发展、促进人的全面发展的成分，取其精华、去其糟粕，以历史的、批判的态度对待湖湘传统文化。同时，湖湘文化既要薪火相传，也要推陈出新。要推动湖湘文化与当代文化相适应、与现代社会相协调，结合时代发展的新要求，推进湖湘文化创新发展，赋予其新内涵新意义，实现对湖湘传统文化的超越。

（三）推动湖湘之地中国式现代化建设

党的二十大提出了以中国式现代化全面推进中华民族伟大复兴的中心任务。推动湖湘之地中国式现代化建设是实现湖湘文化思想政治教育价值的根本目标。“中国式现代化赋予中华文明以现代力量，中华文明赋予中国式现代化以深厚底蕴。”[①] 湖湘文化是推动湖湘之地中国式现代化建设的文化支撑，弘扬湖湘文化的精华，能够为湖南现代化建设提供更为强大的精神力量。要通过湖湘文化思想政治教育价值的实现，推动湖南现代化建设事业的发展。要把湖湘文化中的家国情怀、爱国主义转化为对国家和人民事业的忠诚，将经世致用、敢为人先、百折不挠的精神转化为实干兴邦、改革创新、攻坚克难的动力，汇聚起建设现代化新湖南的强大力量。

---

① 《担负起新的文化使命　努力建设中华民族现代文明》，《人民日报》2023 年 6 月 3 日，第 1 版。

二　湖湘文化思想政治教育价值实现的原则

实现湖湘文化的思想政治教育价值，需要与社会主义相适应，坚持以马克思主义为指导；正确对待湖湘文化，坚持文化自信自强；与实践要求相一致，坚持服务于中国式现代化。

（一）坚持以马克思主义为指导

马克思主义是我们立党立国、兴党兴国的根本指导思想，是思想政治教育和文化建设的科学指南、根本遵循。党的十八大以来，习近平在文化建设、推进思想政治教育方面提出了很多新思想、新观点、新论断，为我们坚持用马克思主义指导当代中国文化发展、开展思想政治教育提供了根本遵循。新时代我国思想政治教育、文化建设取得历史性成就、发生历史性变革，根本原因在于习近平新时代中国特色社会主义思想的科学指引。因此，要实现湖湘文化的思想政治教育价值必须坚持以马克思主义为指导，特别是要坚持以习近平新时代中国特色社会主义思想为指导，贯彻落实习近平关于思想政治教育和文化建设的重要讲话、重要论述的精神，做到把马克思主义基本原理同中国具体实际、同中华优秀传统文化相结合，推动湖湘优秀传统文化的创造性转化与创新性发展。

（二）坚持文化自信自强

“坚定中国特色社会主义道路自信、理论自信、制度自信，说到底是要坚定文化自信。文化自信是更基本、更深沉、更持久的力量。”① 历史和现实表明，一个国家和民族要自立自强，文化自信自强是基础。“优秀传统文化是一个国家、一个民族传承和发展的根本，如果丢掉了，就割断了精神命脉。”② 湖湘文化是中华优秀传统文化的重要组成部分，具有深厚的文化基础和独特的文化优势，实现湖湘文化思想政治教育价值必须坚持文化自信自强，坚守中华文化立场，以高度的文化自信、历史自觉主动推动湖湘文化创造性转化、创新性发展，助推新时代湖湘文化高质量发展，发展具

① 习近平：《在哲学社会科学工作座谈会上的讲话》，人民出版社，2016，第 17 页。

② 《习近平外交演讲集》第 1 卷，中央文献出版社，2022，第 192 页。

有强大吸引力影响力、强大活力创造力的湖湘文化，铸就中华文化新辉煌。

（三）坚持服务于中国式现代化

中国人民对现代化有着强烈的渴望，中国式现代化能带来不同于西方现代化模式的新图景，形成一种全新的人类文明形态，代表了人类文明进步的发展方向。开展思想政治教育、推进社会主义文化建设必须坚持服务于中国式现代化，牢记“国之大者”。将湖湘文化中的爱国精神、奋斗精神、创新精神、包容精神、和平精神转化为推动中国式现代化发展的强大力量，对蕴含其中的发展智慧进行创新转化并将其发扬光大，可以为中国式现代化提供更多更坚实的支撑，进一步增强中国式现代化的文化动力，不仅为一域增光，更为全局添彩。

三　湖湘文化思想政治教育价值实现的路径

“在新的起点上继续推动文化繁荣、建设文化强国、建设中华民族现代文明，是我们在新时代新的文化使命。”[①] 湖湘文化是中华灿烂文化的一个缩影，在建设中华民族现代文明中发扬光大湖湘文化，是我们的文化使命。实现湖湘文化的思想政治教育价值，一要发掘湖湘文化的精神内核，二要完善湖湘文化的教育传承，三要促进湖湘文化的网络传播，四要夯实湖湘文化的产业基础。

（一）发掘湖湘文化的精神内核

湖湘文化源远流长，深入发掘湖湘文化的精神内核，赋予其时代意义，才能更有效地推动湖湘文化的传承发展，更有力地推进中国特色社会主义文化建设，建设中华民族现代文明。一方面，要守护好湖湘文化。湖湘“古色”“绿色”“红色”文化资源丰富多彩、底蕴深厚、特色鲜明，承载了湖湘文化的思想观点、人文精神、道德规范等。挖掘湖湘文化的精神内核，必须实施湖湘文化保护传承工程，不断加强对优秀湖湘文化的传承、保护和利用，让湖湘文化展现出永久魅力和时代风采。“实施文物保护利用

① 《担负起新的文化使命　努力建设中华民族现代文明》，《人民日报》2023年6月3日，第1版。

‘六大工程’，扎实做好非物质文化遗产的系统性保护，擦亮‘湘字号’文化品牌。实施新时代湖湘文艺精品创作工程，增强湖湘文化的传播力、感染力。”① 另一方面，要深化对湖湘文化的研究和阐释。推动湖湘文化焕发生机，唤醒沉睡的文化元素，将湖湘文化研究透、阐释好、展示好，是我们的文化使命。湖湘文化是值得我们深挖的“富矿”，从中能够开发出许多宝贵的资源。当前学术界、理论界、考古界、艺术界应当走进湖湘历史的深处，加强湖南区域人类起源、农业起源、文明起源研究，湖湘文化与区域文化比较研究，湖湘文化与“两个结合”关系研究，湖湘文化“双创”研究，湖湘文化文艺创作研究等，通过全面深化湖湘文化研究和阐释，提炼和展示湖湘文化的当代价值，加强对湖湘文化以及中华文明发展规律的把握，更好担负起新时代新的文化使命。

（二）完善湖湘文化的教育传承

传承湖湘文化具有十分重大的意义，只有做好湖湘文化的传承发展工作，才能够将湖湘文化发扬光大。湖湘文化的传承首先离不开教育，教育在文化传承中发挥着不可替代的作用。“文化的传承首先靠教育，把前人已经取得的文化成果传递给下一代人，在此基础上才能进一步创新和发扬。”② 湖湘文化具有重要的教育价值和现实意义，完善湖湘文化的教育传承要构建家庭、学校、社会的一体化传承体系。首先，完善湖湘文化的教育传承，家庭教育是基础。从古至今，中华民族都极为重视家庭在社会中的基础性地位，注重家庭教育在传承文化方面的作用。充分发挥家庭教育对湖湘文化的传承作用，可以通过传承湖湘古圣先哲、革命先烈、普通家庭感人的家风故事，让孩子们从小接受优良家风的熏陶，在潜移默化中接受湖湘文化。其次，完善湖湘文化的教育传承，学校教育是关键。作为一种主要的教育形式，学校教育不可替代，能够使湖湘文化涵养各个学段的学生。在学校教育中传承湖湘文化，最重要的是发挥课堂教学的关键作用，可以通过开设湖湘文化通识课程，使学生理解湖湘文化的内涵及在中华文化体系

---

① 毛伟明：《政府工作报告》，《湖南日报》2023 年 1 月 28 日，第 1 版。

② 冯刚、鲁力：《习近平关于中华优秀传统文化重要论述的理论蕴涵》，《湖南大学学报》（社会科学版）2022 年第 1 期。

中的地位。同时，校园文化对学生的影响是潜移默化的，开展丰富多样的校园文化活动，如经典诵读、非遗进校园、民俗文化进校园等，也能够营造传承湖湘文化的浓厚氛围。此外，应充分利用社会大课堂资源，实践教育能够让学生在亲身实践中感悟湖湘历史文化。一次博物馆里的现场教学，一场故居旧址的实地考察，都能潜移默化地加强学生对湖湘文化的理解与认同，激发他们文化传承的自觉。最后，完善湖湘文化的教育传承，推进湖湘文化保护传承工程是保障。实施湖湘文库续编等重大工程，“盛世修文，我们这个时代，国家繁荣、社会平安稳定，有传承民族文化的意愿和能力，要把这件大事办好”①。湖湘文库续编被誉为“湖南文化发展史上的一件盛事，也是湖南文化强省建设的一项浩大的标志性工程”，对于赓续湖湘文脉、润泽后世子孙有着重大而深远的影响。实施“让文物活起来”工程，文物活化利用是推动文化繁荣、促进文化传承发展的不竭动力。湖南作为“全国十个文物大省（市）”之一，具有丰厚的文化遗产与历史文化资源，如博物馆、文化馆、著名书院、名人故居、传统村落等都是承载文化的重要场所，能够面向大众开展湖湘文化的普及和宣传教育。

（三）促进湖湘文化的网络传播

随着网络技术发展、新媒体兴起、大数据广泛应用，人们信息接收的方式和偏好发生了很大变化，网络传播已经成为当前信息交流和传播的主要方式。当代传播环境的变化对湖湘文化的传播提出了新要求，也为其带来了新机遇。弘扬湖湘文化离不开网络传播，促进湖湘文化的网络传播，要注意以下三点。一是牢牢把握正确方向。信息化时代的网络空间已成为主流意识形态和思想文化宣传的“主阵地”，因此，要牢牢把握正确方向，确保湖湘文化在虚拟化的网络环境中始终坚持文化建设的正确方向，高度重视文化的意识形态属性，在推进湖湘文化网络传播的过程中坚守文化安全、数字安全的底线，掌握数字空间文化传播的主导权、话语权。二是创新湖湘文化的网络传播。首先，要主动适应网络时代的传播特点和规律。网络传播利用电子信息技术和数字技术，具有传播主体多元化智能化、传

① 《担负起新的文化使命　努力建设中华民族现代文明》，《人民日报》2023 年 6 月 3 日，第 1 版。

播过程精准化互动化、传播内容个性化多样化的特点。只有科学认识网络传播的特点和规律，将湖湘文化与网络传播特点有机结合来传播湖湘文化蕴含的精神和理念，才能不断增强湖湘文化网络传播的生动性、影响力、感召力，提升文化传播的质量和效果。其次，要推进湖湘文化资源的数字化转换和创新。将各类物质和非物质文化资源数字化，转换为文字、影像、音频、视频等便于传播的数字资源，为湖湘文化的网络传播提供更多优质的内容。比如，爆款警务纪实真人秀《守护解放西》，AI 上色修复的《雷锋》《秋收起义》等红色经典电影，大型历史人文纪录片《岳麓书院》等已经成为一张张宣传湖湘文化的亮丽名片。三是充分利用网络平台，提升公众参与度。自媒体传播的新时代，人人都可以成为传播的主体，人们的文化需求也逐渐转变为更具参与性与互动性的文化体验。近年来湖南省涌现出越来越多建设湖湘文化网络传播平台的“文化义工”，掀起了传播湖湘文化的热潮。促进湖湘文化的网络传播要充分利用网络平台，提升公众参与度，深入了解当下大众使用率高、覆盖范围广的媒介，充分加强体量轻巧、互动性强的各类新兴媒介平台的运用，如运用微博、微信、抖音等社交媒体平台加强湖湘文化的宣传推广，推动湖湘文创传播搭乘数字流量快车，提升传播效能。

（四）夯实湖湘文化的产业基础

文化产业高质量发展不仅能为人民提供优质的精神文化产品，满足人民日益增长的美好生活需要，而且有助于推动文化与经济社会发展融合。湖南文源深、文脉广、文气足，文化产业发展潜力巨大。2020 年 9 月 17 日，习近平莅临马栏山视频文创产业园视察时指出：“湖南文创很有特色。文化产业是一个朝阳产业。”[①] 应夯实湖湘文化产业基础，探索具有湖湘文化特质的文化产业高质量发展路径。一是大力抓好内容创新。依托湖湘之地深厚的文化土壤，近年来，湖湘文化产业坚持“内容为王”，守正创新，牢牢把握正确导向和文化产业发展特点及规律，提供了许多反映时代呼声、展现人民奋斗历程、振奋民族精神、陶冶高尚情操的文化产品，赢得了

---

① 《习近平谈文创产业：守正创新，坚持正确导向》，中华人民共和国中央人民政府网站，2020 年 9 月 18 日，https://www.gov.cn/xinwen/2020-09/18/content_5544382.htm。

“出版湘军”“广电湘军”的美誉。面对新形势新任务要“做强做优做大‘文化湘军’‘广电湘军’‘出版湘军’，实施文化数字化战略，创新发展网络视听、动漫游戏、创意设计等新型文化业态”①。二是平衡区域发展，突出个性特色。“一方水土养一方人”，湖南省共有 14 个市州，有炎帝陵、舜帝陵、岳阳楼、岳麓书院、南岳衡山、橘子洲等众多文化品牌。各地区文化资源不尽相同，发展湖湘文化产业，要平衡区域发展，也要充分尊重各地的地理环境、人文风貌与历史文化等要素，培育打造地方特色鲜明、文化内涵突出的文化业态。三是推动文化产业示范区建设发展。深入贯彻落实习近平总书记考察马栏山视频文创产业园重要指示精神，发挥特色文化产业示范区的示范辐射作用。马栏山视频文创产业园是“国家级文化产业示范园区”，作为全国具有典型带动作用的特色文化产业示范区之一，它对带动湖南范围内特色文化产业创新发展、增强湖湘文化产业发展的核心竞争力具有积极作用。四是推动文化产业数字化。为推动传统文化产业转型升级，2022 年，中共中央办公厅、国务院办公厅印发的《关于推进实施国家文化数字化战略的意见》明确要求“加快文化产业数字化布局”，党的二十大也首次将“实施国家文化数字化战略”写入党的全国代表大会报告。数字化已成为文化产业提质增效、高质量发展的主要方向。因此，贯彻落实国家文化数字化战略，为湖湘文化植入数字“芯片”，有助于开辟湖湘文化产业发展的新领域、新赛道。

① 毛伟明：《政府工作报告》，《湖南日报》2023 年 1 月 28 日，第 1 版。

第四章　新时代大学生爱国主义教育

大学生爱国主义教育，是大学生的一堂必修课，也是高校思想政治教育的主要内容之一。大学生爱国主义教育是指国家、社会、家庭以及大学生自身，按照相关政策要求，根据大学生的思想、行为的特殊性，用爱国主义思想铸魂育人，增强大学生的爱国主义精神。习近平指出："弘扬爱国主义精神，必须把爱国主义教育作为永恒主题。要把爱国主义教育贯穿国民教育和精神文明建设全过程。要深化爱国主义教育研究和爱国主义精神阐释，不断丰富教育内容、创新教育载体、增强教育效果。要充分利用我国改革发展的伟大成就、重大历史事件纪念活动、爱国主义教育基地、中华民族传统节庆、国家公祭仪式等来增强人民的爱国主义情怀和意识，运用艺术形式和新媒体，以理服人、以文化人、以情感人，生动传播爱国主义精神，唱响爱国主义主旋律，让爱国主义成为每一个中国人的坚定信念和精神依靠。要结合弘扬和践行社会主义核心价值观，在广大青少年中开展深入、持久、生动的爱国主义宣传教育，让爱国主义精神在广大青少年心中牢牢扎根，让广大青少年培养爱国之情、砥砺强国之志、实践报国之行，让爱国主义精神代代相传、发扬光大。"① 由此，新时代探索新形势下大学生爱国主义教育的价值意蕴、主要内容、优化路径具有重要意义。

第一节　新时代大学生爱国主义教育的价值意蕴

新时代，加强爱国主义教育，对于振奋民族精神、凝聚全民族力量，

① 《习近平关于社会主义文化建设论述摘编》，中央文献出版社，2017，第128~129页。

全面建成社会主义现代化强国，实现中华民族伟大复兴的中国梦，具有重大而深远的意义。

一　实现中华民族伟大复兴的必然要求

习近平指出："历史和现实都告诉我们，青年一代有理想、有担当，国家就有前途，民族就有希望，实现我们的发展目标就有源源不断的强大力量。"[①] 实现中华民族伟大复兴需要一代又一代中国人民为之矢志不渝，接续奋斗。青年大学生是国家和民族的先锋力量，是一股强大的青春力量。当前，实现中华民族伟大复兴的接力棒已经交到新时代青年手中，实现中华民族伟大复兴的重任已经历史地落到当代中国青年的肩上。大学生是新时代青年的重要组成部分，是一群用科学理论充分武装头脑的青年，在党的教育方针下，学习了系统的理论知识，德智体美劳全面发展，是社会主义事业的未来。青年大学生能否接好接力棒，能否肩负起历史赋予的重任，关乎国家与民族的未来，直接关系到中华民族伟大复兴能否顺利实现。

"中国的未来属于青年，中华民族的未来也属于青年。青年一代的理想信念、精神状态、综合素质，是一个国家发展活力的重要体现，也是一个国家核心竞争力的重要因素。"[②] 改革开放以来，中国的发展取得了长足的进步，社会主义物质文明高度发达，社会主义精神文明建设深入开展，人民生活水平不断提高。同时，我国发展面临许多新的矛盾并出现了许多社会问题，如环境污染问题、贪污腐败问题、食品安全问题等。这些是大学生们在日常生活学习中可以直接了解到的问题。大学生因为关心关注国家的发展，所以会了解甚至发现一些社会问题，但碍于不知道如何解决问题，有时就表现为只会宣泄情绪、批判社会。这种恶性循环给民族复兴和社会发展增加了阻力，也在一定程度上使大学生爱国意识弱化、爱国信念动摇。

所以，加强新时代大学生爱国主义教育，增强青年大学生的责任意识和担当精神，引导青年大学生将自己的青春力量投入社会主义现代化建设

---

① 《习近平关于青少年和共青团工作论述摘编》，中央文献出版社，2017，第3页。

② 《习近平关于青少年和共青团工作论述摘编》，中央文献出版社，2017，第9页。

中，是时代的需要。只有激发青年大学生的爱国情怀，才能唤起他们与祖国同呼吸共命运的使命感，为社会主义现代化建设注入青春活力。对此，习近平在北京大学师生座谈会上提出殷切希望："新时代青年要乘新时代春风，在祖国的万里长空放飞青春梦想，以社会主义建设者和接班人的使命担当，为全面建设小康社会、全面建成社会主义现代化强国而努力奋斗，让中华民族伟大复兴在我们的奋斗中梦想成真！"①

二　传承中华民族光荣传统的内在需要

中华民族是富有爱国主义光荣传统的伟大民族。习近平指出："爱国主义是中华民族精神的核心。爱国主义精神深深植根于中华民族心中，是中华民族的精神基因，维系着华夏大地上各个民族的团结统一，激励着一代又一代中华儿女为祖国发展繁荣而不懈奋斗。五千多年来，中华民族之所以能够经受住无数难以想象的风险和考验，始终保持旺盛生命力，生生不息，薪火相传，同中华民族有深厚持久的爱国主义传统是密不可分的。"②5000 年来，我国发展过程中涌现出来的体现爱国主义的事迹与名言数不胜数。我们较为熟悉的有贾谊的"国而忘家，公而忘私"，有范仲淹的"先天下之忧而忧，后天下之乐而乐"，有顾炎武的"天下兴亡，匹夫有责"，也有林则徐的"苟利国家生死以，岂因祸福避趋之"。爱国主义更多地表现为忧国忧民、报国殉国的民族精神。中国共产党成立后，一大批优秀共产党员和仁人志士为寻求民族独立、国家富强、人民幸福而舍生忘死，用实际行动深刻诠释了爱国情怀。爱国主义精神从古至今，体现在每一个中国人身上。爱国主义自古以来就流淌在中华民族血脉之中，去不掉，打不破，灭不了。我国各族人民风雨同舟，自强不息，经过百折不挠的探索和艰苦卓绝的斗争形成的中华民族最宝贵的爱国主义传统不能丢。

新时代大学生接受爱国主义教育，可以从中了解中华民族的很多光荣传统，如爱国爱家、尊老爱幼、互帮互助等，从光荣传统这个角度进一步认识中华民族，了解中华文明。新时代，对大学生进行爱国主义教育，就是要帮助大学生增强爱国主义情怀和意识，就是要让爱国主义成为大学生

---

① 习近平：《论党的青年工作》，中央文献出版社，2022，第 150 页。

② 《习近平关于社会主义文化建设论述摘编》，中央文献出版社，2017，第 128 页。

的坚定信念和精神支柱，就是要让爱国主义的民族基因代代相传，就是要让大学生将中华民族爱国主义光荣传统发扬光大。新时代对大学生进行爱国主义教育，既是在传承发扬爱国主义光荣传统，也是在传承发扬中华民族光荣传统。因此，开展新时代大学生爱国主义教育是传承和发展中华优秀传统文化的内在需要。

三 落实高校立德树人任务的客观需要

培养什么人是教育的首要问题。新时代，我国要培养的就是堪当民族复兴大任的时代新人。我国高校承担着人才培养、科学研究、服务社会、文化传承与创新、国家交流与合作等重要使命，其中立德树人是其根本任务、中心环节、立身之本。高校落实立德树人根本任务，首要的就是培养学生的爱国情怀，必须将爱国主义教育贯穿学校教育全过程。随着中国特色社会主义事业的推进，新时代对爱国主义教育提出了更高要求。2019 年 11 月，中共中央、国务院印发《新时代爱国主义教育实施纲要》，此前中共中央政治局召开会议审议这一纲要时，强调“要坚持全员全过程全方位育人，在广大青少年中开展深入、持久、生动的爱国主义教育，让爱国主义精神牢牢扎根”①。新时代大学生爱国主义教育要带领大学生学党史、改革开放史、社会主义发展史、新中国史等，引导大学生明确我们从哪里来、到哪里去，在学史中感受祖国的伟大，增强爱国情怀；要用经典励志故事、优秀传统文化以及身边先进榜样，教育大学生正确爱国，引导大学生将爱国情、爱国心、强国志和报国行落实在一言一行中，做爱国主义精神的弘扬者、实践者和传播者。

四 促进大学生自由全面成长的迫切需要

爱国主义教育与每一个大学生的成长成才息息相关，是促进大学生全面发展的迫切需要。大学生全面发展，需要三个不可或缺的基本素质：高尚的思想素质、健康的心理素质和优秀的文化素质。其中，高尚的思想素质指的是积极向上的世界观、人生观、价值观、道德观、法治观等。一个大学生，如果没有正确的世界观、人生观、价值观，他再优秀，也仅仅是

① 《中共中央政治局召开会议》,《人民日报》2019 年 9 月 25 日，第 1 版。

一个有“才”的人。价值观不同的人，行为取向也会不同，甚至可能截然相反。[①] 一个有“才”的人，不一定是一个对社会、对祖国有益的人才，某校博士冯某平犯罪事件等近几年爆出的高智商高学历人才犯罪问题就充分证实了这一点。所以，要想让大学生为社会、为祖国做贡献，不仅要让他们学好专业知识，还要用爱国主义教育等去引导其树立正确的世界观、人生观和价值观。健康的心理素质表现为能够正确看待并处理好挫折、失败乃至成功等，在为社会做贡献的过程中实现自身的人生价值。大学生心理健康问题愈发引起社会各界人士广泛关注，大学生在学校生活学习的时间更多，我们更应该多多关注大学生的心理健康。大学生想要实现全面发展还应有优秀的文化素质，用科学的理论武装头脑，把自己塑造成为一个对社会有益的人。所以我们常说，一个合格的大学生，不仅要具有足够高的专业知识水平，还应拥有健康的体魄、良好的审美以及高尚的品德。不管是高尚的思想素质、健康的心理素质，还是优秀的文化素质，都离不开爱国主义教育。

然而，大学生毕竟是青年，青年的一个特点就是心理发展机制尚未完全成熟、人生阅历不广，容易从自身角度或根据理想状态来认识和理解问题。尤其是随着现代信息技术的发展，互联网时代已然到来，在互联网的深刻影响下，第一，大学生容易受到“宅文化”“饭圈文化”“丧文化”等亚文化的不良影响；第二，大学生可能被某些西方政客宣扬的民粹主义和所谓的“民主主义”所误导；第三，市场经济条件下，部分大学生的功利主义思想严重，简单地将大学阶段的学习看作修学分、拿文凭的过程，只想拿到文凭获得更好的工作。这些思想都不利于大学生成长成才和自由而全面地发展。大学生接受爱国主义教育，可以帮助他们增强爱国热情，强化爱国志向，坚定爱国信仰，以实际行动践行爱国主义。同时，通过爱国主义教育，大学生在开展爱国行动的过程中将自身发展和国家发展结合起来，进一步使自身得到全面发展。

---

① 《马克思主义基本原理（2021年版）》编写组编《马克思主义基本原理》（2021年版），高等教育出版社，2021，第94页。

第二节　新时代大学生爱国主义教育的内容构建

在具体教育过程中，爱国主义教育的内容会根据时代的要求与大学生的发展需要的变化而不断变化。在不同的发展时期，大学生爱国主义教育内容的侧重点也有所不同。例如，在新民主主义革命时期，爱国主义更多地表现为投身于反对帝国主义、封建主义和官僚资本主义的革命斗争；在社会主义建设初期，爱国主义更多地表现为贡献自己的全部力量为建设社会主义而奋斗。党的十九大报告明确提出，在新时代要“加强爱国主义、集体主义、社会主义教育，引导人们树立正确的历史观、民族观、国家观、文化观”①，而“培养社会主义建设者和接班人，是我们党的教育方针，是我国各级各类学校的共同使命”②。所以，新时代我国大学生爱国主义教育的内容主要包括国家和民族历史教育、中华优秀传统文化教育、中国国情教育、国家安全和国防教育以及祖国统一和民族团结进步教育等五个方面。

一　国家和民族历史教育

对祖国悠久历史、深厚文化的理解和接受，是人们爱国主义情感培育和发展的重要条件。③“知之深”才能“爱之切”，新时代大学生爱国主义教育包含着国家和民族历史教育。历史是一个国家和民族兴衰更替的见证。一方面，通过开展国家和民族历史教育，可以让大学生知道我们从哪里来、到哪里去，增强对民族的自豪感和归属感。这种认同可以增强一个民族的韧性，在这个民族面对困境时，迸发出非凡的能量。习近平说：“中华民族历史上经历过很多磨难，但从来没有被压垮过，而是愈挫愈勇，不断在磨难中成长、从磨难中奋起。”④ 历史证明，事实的确如此。不管是面对鸦片

---

① 习近平：《决胜全面建成小康社会　夺取新时代中国特色社会主义伟大胜利——在中国共产党第十九次全国代表大会上的报告》，人民出版社，2017，第43页。

② 习近平：《在北京大学师生座谈会上的讲话》，人民出版社，2018，第5页。

③ 《思想道德与法治（2021年版）》编写组编《思想道德与法治》（2021年版），高等教育出版社，2021，第85页。

④ 习近平：《在统筹推进新冠肺炎疫情防控和经济社会发展工作部署会议上的讲话》，人民出版社，2020，第29页。

战争、八国联军侵华战争、日本侵华战争、国共内战，还是地震、洪水、干旱，抑或是新冠疫情，中国人民皆是迎难而上，攻克难关。这都源于中国人民伟大的爱国主义精神。另一方面，对国家和民族历史的学习，可以让大学生深刻认识5000年来中华民族历代的兴盛和衰亡，从中吸取经验教训，从而更好地指导实践。新时代，对大学生进行国家和民族历史教育更多地体现在“四史教育”中。“四史教育”就是党史、国史、改革开放史和社会主义发展史教育的统称。其中，党史和国史教育是引导大学生主动学习党史、国史，知晓党史和国史中的重要事件、重要人物等，并在此基础上，增强自信心和自豪感，强化责任感和使命感。改革开放史教育是带领大学生回望改革开放以来的历史，帮助大学生既看到改革开放以来的伟大成就，又认识到其中有待完善的地方；既进一步坚定改革到底的信心，又从过往经历中总结经验教训，为建设社会主义现代化强国而不懈奋斗。社会主义发展史教育是引导大学生了解社会主义的发展，从根源上搞清楚我们为什么坚定地选择马克思主义、走社会主义道路，又是如何将马克思主义基本原理同中国具体实际相结合的、是怎样建设中国特色社会主义的等重要问题，让大学生树立起社会主义必然胜利的信心，建立起为共产主义奋斗终身的志向。

二　中华优秀传统文化教育

习近平在文艺工作座谈会上的讲话中强调：“‘求木之长者，必固其根本；欲流之远者，必浚其泉源。’中华优秀传统文化是中华民族的精神命脉，是涵养社会主义核心价值观的重要源泉，也是我们在世界文化激荡中站稳脚跟的坚实根基。”[①] 新时代，传承和弘扬中华优秀传统文化具有重要意义。首先，对于传统文化，我们务必谨记一点：对它的继承、发扬要符合文化发展的正常规律。我们要尊重传统文化自身发展所固有的规律，不能强行去改变。其次，要想传承和弘扬中华优秀传统文化，我们还要对传统文化有正确的认识。中华民族历经5000多年积淀的中华文明中，很多传统文化流传至今。对于这些传统文化，我们要辩证地看待它们。马克思主义认为，应具体情况具体分析，一切从实际出发。一方面，有的传统文化

① 习近平：《在文艺工作座谈会上的讲话》，人民出版社，2015，第25页。

对于新时代、新的国情、新的历史发展条件，可能并不那么适用了。对于这些不那么适用的传统文化，我们可以不过多干涉，让它们按着自身的发展规律去发展，也可以发挥我们的创新精神实现其创造性转化和创新性发展。另一方面，有的传统文化不需要我们太过刻意去弘扬，只要将其原本地展现在人们面前，不去过度地破坏它，它就会很好地传承下去。正所谓取其精华，去其糟粕，批判继承，古为今用，对于传统文化，我们不仅要从中吸取文化滋养，而且要努力促进文化的改进与创新，让我们继承的文化拥有新的生命力，成为当代中国文化自信的重要基础。这里尤其要注意的是，传承传统文化可能还需要我们用一种人们易于接受的方式将其输送给青年一代，用一种合宜的方式去引导大学生接触传统文化并积极主动学习发展传统文化。

“中国优秀传统文化的丰富哲学思想、人文精神、教化思想、道德理念等，可以为人们认识和改造世界提供有益启迪，可以为治国理政提供有益启示，也可以为道德建设提供有益启发。对传统文化中适合于调理社会关系和鼓励人们向上向善的内容，我们要结合时代条件加以继承和发扬，赋予其新的涵义。”① 传承中华优秀传统文化，就是依靠中华优秀传统文化的滋养，挖掘中华五千年文明中的精华，使其在新的时代条件下实现创造性转化、创新性发展。新时代，在爱国主义教育中弘扬中华优秀传统文化，可以增强大学生的民族自豪感，提升中华民族的凝聚力和战斗力，对抵御西方意识形态渗透、巩固爱国统一战线、维系中华各族人民大团结有着积极的促进作用。而且，大学生既可以从中吸取养分，又可以进一步将中华优秀传统文化更加充分地展示给全世界。最重要的是，在大学生爱国主义教育中弘扬中华优秀传统文化，使大学生了解我们的祖先通过他们的勤劳努力留下来的丰富的精神财富和文化遗产，可以帮助大学生树立和增进文化自信。所以，新时代大学生爱国主义教育，可以大力弘扬优秀传统文化、不断坚定文化自信，实现文化自强和文化创新。

三 中国国情教育

国情教育是我国思想政治教育内容之一，也是新时代大学生爱国主义

① 《习近平关于社会主义文化建设论述摘编》，中央文献出版社，2017，第 143 页。

教育的重要内容。我国国情教育内容包括国家领土、领海、领空的分布和地理条件、自然资源的相关情况，现行社会制度的优越性，国家建设的成就等，应突出中国特色社会主义制度的优越性，突出中国共产党领导社会主义现代化建设的伟大成就，突出祖国的辽阔疆土、壮丽江山、丰富资源，突出中国式现代化建设的宏伟前景，增强全民维护国家主权、国家安全和领土完整的使命感、责任感。在大学生当中开展国情教育，能够引导大学生主动了解国家的历史，明确国家的发展现状和未来发展目标，目的是让大学生能够一切从实际出发，正确认识我国社会主义发展道路。习近平指出："古今中外的历史都告诉我们，世界上没有一个民族能够亦步亦趋走别人的道路实现自己的发展振兴，也没有一种一成不变的道路可以引导所有民族实现发展振兴；一切成功发展振兴的民族，都是找到了适合自己实际的道路的民族。今天，我们要开创中华民族伟大复兴新局面，必须大力弘扬伟大的爱国主义精神，坚信中华民族有能力走出一条成功的复兴之路。"①

第一，我国仍处于并将长期处于社会主义初级阶段的基本国情没有变。新时代，做出我国仍处于并将长期处于社会主义初级阶段的判断，主要依据有两个。一是我国社会主义制度产生的历史前提。我国的社会主义制度脱胎于半殖民地半封建社会，生产力水平远远落后于发达的资本主义国家。这就决定了我国必须要经历一个很长的历史阶段，去实现社会主义现代化。二是我国经济社会各方面的发展现状。我国改革开放以来，经济持续快速增长，国家面貌发生了根本性全局性的变化，但仍然带有社会主义初级阶段的明显特征。新时代社会主义初级阶段的特征之一表现为我国社会发展不平衡不充分问题依然突出。对我国仍处于并将长期处于社会主义初级阶段的基本国情的正确认识具有重要意义。东欧剧变、苏联解体的发生让我们明白：如若对社会主义建设的长期性、复杂性、曲折性认识不足，就会犯急于求成、盲目求纯的错误，提出一些超越发展阶段的目标和政策，使社会主义革命和建设受到挫折。

第二，我国是世界上最大的发展中国家的国际地位没有变。习近平指出："中国特色社会主义是全面发展的社会主义。我国发展虽然取得了巨大

---

① 《习近平关于社会主义政治建设论述摘编》，中央文献出版社，2017，第20~21页。

成效，但我国仍处于并将长期处于社会主义初级阶段的基本国情没有变……这就决定了我们必须坚持以经济建设为中心，坚持以人民为中心的发展思想，聚精会神抓好发展这个党执政兴国的第一要务，实现更高质量、更有效率、更加公平、更可持续的发展。”① 尽管我国已经取得举世瞩目的发展成就，已成为世界第二大经济体，但是我国仍然是一个发展中国家。我们依然面临一系列严峻挑战，还有许多需要面对和解决的问题，我们在一些方面同发达国家相比还存在一定的差距。我们必须正确认识到这一国情。国际社会上有一些不怀好意者大肆宣扬中国已不再是发展中国家，甚至有意炒作“中国威胁论”。国情教育可以帮助大学生在面对这些“糖衣炮弹”时，沉着冷静、实事求是地进行分析判断。

第三，我国仍处于大有可为的战略机遇期。习近平指出：“尽管国际国内环境发生了深刻复杂变化，但我国发展重要战略机遇期的重大判断没有改变。从国际看，世界政治经济形势总体上有利于维护世界和平与发展大局，世界经济在深度调整中曲折复苏，全球治理体系深刻变革，国际力量对比趋向平衡，我国发展具有相对稳定的外部环境。从国内看，我国物质基础雄厚、人力资本丰富、市场空间广阔、发展潜力巨大，经济长期向好基本面没有改变。经济发展进入新常态，在增长速度不可避免换挡的同时，经济发展方式加快转变，经济结构不断优化，发展动力持续转换，改革开放释放出新的发展活力，良好发展态势可以保持。”② 在全面分析形势和任务的基础上可以判定，我国仍处于大有可为的战略机遇期，这是现阶段的最大国情，更是实现中华民族伟大复兴中国梦的现实出发点。通过国情教育，大学生可以明确这一点，时刻准备迎接挑战，在应对危机的过程中创造机遇、抓住和用好机遇，将自身的人生理想融入国家建设中。

四　国家安全和国防教育

国家安全教育也是新时代大学生爱国主义教育的重要内容。国家安全包括政治安全、经济安全、国土安全、社会安全、网络安全、军事安全、文化安全、科技安全、生态安全、资源安全、核安全、海外利益安全等方

① 《习近平关于社会主义经济建设论述摘编》，中央文献出版社，2017，第11页。

② 《习近平关于社会主义经济建设论述摘编》，中央文献出版社，2017，第85页。

面，涉及国家发展和人民生活的方方面面，影响着国家发展和人民幸福。新时代，随着中国特色社会主义事业的进一步向前推进，我们比历史上任何时期都更接近、更有信心和能力实现中华民族伟大复兴的目标。习近平指出："当前我国国家安全内涵和外延比历史上任何时候都要丰富，时空领域比历史上任何时候都要宽广，内外因素比历史上任何时候都要复杂，必须坚持总体国家安全观，以人民安全为宗旨，以政治安全为根本，以经济安全为基础，以军事、文化、社会安全为保障，以促进国际安全为依托，走出一条中国特色国家安全道路。"① 因此，我们必须加强对大学生的国家安全教育。通过国家安全教育，大学生可以增强风险防范意识和风险化解能力，主动承担起保家卫国的责任，自觉同危害国家安全的行为做斗争。当前，我国加强国家安全教育，主要是深入学习宣传总体国家安全观，增强全党全国人民国家安全意识，使其自觉维护国家安全。总体国家安全观内涵丰富，涵盖了政治、军事、国土、经济、金融、文化、社会、科技、网络、粮食、生态、资源、核、海外利益、太空、深海、极地、生物、人工智能、数据等诸多领域。

新时代大学生爱国主义教育还包括国防教育。2022 年 9 月 1 日，中共中央、国务院、中央军委印发的《关于加强和改进新时代全民国防教育工作的意见》明确指出"全民国防教育是建设巩固国防和强大人民军队的基础性工程，是党的宣传思想工作的重要组成部分，是弘扬爱国主义精神、增强全民国防意识的有效途径，意义重大，影响深远"②。国家稳定、社会和谐、经济发展、人民幸福等都离不开国家安全，所以，我们必须要对大学生进行国防教育。应通过国防教育，让大学生学习和掌握更多的国防知识，增强大学生国防观念，使其在思想上达成共识，而且能够将关心国防、热爱国防、建设国防、保卫国防的相关理念转化为自觉行动。相信我们每一个中国人都还记得，2020 年 6 月我军 4 名边防战士誓死不让印军踏入我国领土、在对抗中壮烈牺牲的感人事迹。他们的行为向我们证明，有一种情怀叫保家卫国，有一种精神叫舍生忘死，生动诠释了"祖国山河终无恙，

---

① 《习近平关于社会主义政治建设论述摘编》，中央文献出版社，2017，第 9 页。

② 《中共中央 国务院 中央军委印发〈关于加强和改进新时代全民国防教育工作的意见〉》，新华网，2022 年 9 月 1 日，http://www.news.cn/politics/zywj/2022-09/01/c_1128968598.htm，最后访问日期：2023 年 3 月 1 日。

守边护边志更坚”。同时，这次冲突事件也可以警醒我们：没有巩固的国防，就没有我们美好宁静的生活。

五　祖国统一和民族团结进步教育

需加强大学生爱国主义教育中的祖国统一教育。习近平指出：“台湾是中国一部分、两岸同属一个中国的历史和法理事实，是任何人任何势力都无法改变的！两岸同胞都是中国人，血浓于水、守望相助的天然情感和民族认同，是任何人任何势力都无法改变的！台海形势走向和平稳定、两岸关系向前发展的时代潮流，是任何人任何势力都无法阻挡的！国家强大、民族复兴、两岸统一的历史大势，更是任何人任何势力都无法阻挡的！”① 台湾自古以来就是中国不可分割的一部分，中华民族的统一大业必须要实现。“民族复兴、国家统一是大势所趋、大义所在、民心所向。一水之隔、咫尺天涯，两岸迄今尚未完全统一是历史遗留给中华民族的创伤。两岸中国人应该共同努力谋求国家统一，抚平历史创伤。广大台湾同胞都是中华民族一分子，要做堂堂正正的中国人，认真思考台湾在民族复兴中的地位和作用，把促进国家完全统一、共谋民族伟大复兴作为无上光荣的事业。”② 中华民族发展的历史规律与总体趋势，与历代中国人民的殷切希望相一致。从现实逻辑来看，国家统一方能聚合资源、协调行动，才能够保障各民族的利益，才能发展进步。通过祖国统一教育，每一位大学生都可以认识到祖国必须统一，也必然统一，用实际行动捍卫国家主权和领土完整，反对任何分裂国家的言行，坚守一个中国原则。一百多年前，面对祖国被列强瓜分、民族被分裂的沉痛灾难，五四青年们喊出了“还我青岛”“拒绝和约签字”等口号，展现了青年将个人命运与国家命运、民族命运紧紧相连，誓死捍卫祖国领土完整的决心和勇气。要帮助大学生认识到祖国和平统一是不可抗拒的历史潮流，是一定会实现的。

开展新时代大学生爱国主义教育还需加强民族团结进步教育。习近平指出：“各族人民亲如一家，是中华民族伟大复兴必定要实现的根本保证。实现中华民族伟大复兴的中国梦，就要以铸牢中华民族共同体意识为主线，

---

① 《习近平谈治国理政》第3卷，外文出版社，2020，第405页。

② 《习近平谈治国理政》第3卷，外文出版社，2020，第405页。

把民族团结进步事业作为基础性事业抓紧抓好。我们要全面贯彻党的民族理论和民族政策，坚持共同团结奋斗、共同繁荣发展，促进各民族像石榴籽一样紧紧拥抱在一起，推动中华民族走向包容性更强、凝聚力更大的命运共同体。"① 维护民族团结是爱国主义的表现，也是爱国主义教育的重要内容。一方面，开展民族团结进步教育是由我国的重要国情决定的。我国是一个统一的多民族国家，开展民族团结进步教育有利于促进国家统一、维护社会稳定、推动各民族共同发展。另一方面，民族团结进步的最新理念是铸牢中华民族共同体意识。铸牢中华民族共同体意识就是要引导各族人民牢固树立休戚与共、荣辱与共、生死与共、命运与共的共同体理念，"促进各民族像石榴籽一样紧紧拥抱在一起，推动中华民族走向包容性更强、凝聚力更大的命运共同体"。

祖国统一和民族团结进步是辩证统一的。新时代大学生爱国主义教育应当将维护祖国统一和民族团结进步作为弘扬爱国主义精神的关键着力点和重要落脚点，引导大学生深刻认识到"中国一点都不能少"的重要性，引导大学生坚决反对一切损害国家主权和领土完整的言行，引导大学生自觉做祖国统一和民族团结的维护者、理念传播者和践行者。

第三节　新时代大学生爱国主义教育的优化路径

"青少年时期是价值观、人生观和祖国观、民族观形成的关键期。教育是渗进血液、透入灵魂的，一定要从小就抓，从幼儿园就抓。要抓好爱国主义教育这一课，把爱我中华的种子埋入每个孩子的心灵深处，让社会主义核心价值观在祖国下一代的心田中生根发芽。"② 新时代，针对大学生爱国主义教育存在的德育智育平衡有待优化、教育内容综合性有待提升、教育方式多样性与教育载体多元性有待增强、教育者能力有待提高等问题，可以通过深化爱国主义教育理念、创新爱国主义教育方式、加强爱国主义教育保障等方法，达到提高爱国主义教育成效的目的。

① 《习近平谈治国理政》第3卷，外文出版社，2020，第299页。

② 习近平：《论党的宣传思想工作》，中央文献出版社，2020，第86页。

一　深化爱国主义教育理念

思想是行为的先导。要提升爱国主义教育的时效性，首先就要深化爱国主义教育理念，将爱国主义教育与人才培养相结合，让爱国主义教育融入人才培养的全过程、融入社会实践活动、融入家庭教育，培养大学生的爱国主义行为。

（一）将爱国主义教育融入人才培养全过程

新时代大学生爱国主义教育要将爱国主义教育与针对大学生的人才培养结合起来。爱国主义教育的基本出发点是维护国家利益，但是国家利益不是抽象的，国家利益归根结底是人民的利益。新时代大学生爱国主义教育，要切实维护大学生的利益，其最基本的要求就是与大学生成长成才的目标相一致，即爱国主义教育要与人才培养相结合。第一，通过爱国主义教育给大学生带来努力学习专业知识的动力。大学生接受爱国主义教育后，可以树立起为中国特色社会主义共同理想、为实现中华民族伟大复兴中国梦而奋斗的理想信念。这样的远大理想和崇高信念一旦确立，就能够使大学生方向明确、精神振奋，积极主动地学习好专业知识，扩大知识半径，优化知识结构，掌握更多的科学真理，做到“让真理武装我们的头脑，让真理指引我们的理想，让真理坚定我们的信仰”①。第二，将爱国主义教育作为提升大学生思想素质的基础工程。新时代大学生正处于迅速成熟而又未真正成熟的重要人生发展阶段，他们的世界观、人生观、价值观极其容易受到全球化和市场经济的影响。因此，必须通过爱国主义教育，培养大学生的爱国主义情感，提高大学生的爱国主义觉悟，帮助他们树立正确的世界观、人生观和价值观，把个人利益和国家的前途、命运紧密联系起来，正确处理好国家、集体、个人三者的利益关系，为国家和民族而不断努力。

（二）将爱国主义教育融入社会实践活动

新时代大学生爱国主义教育要将爱国主义教育与大学生的报国之行结合起来。马克思在《关于费尔巴哈的提纲》中指出，“哲学家们只是用不同的方

---

① 《习近平谈治国理政》第2卷，外文出版社，2017，第50页。

式解释世界，而问题在于改变世界”[①]。大学生爱国主义教育绝不能简单地停留于理论，而是要引导大学生付诸行动。新时代大学生们通过接受爱国主义教育增强爱国情怀，但不是纯粹为了习得爱国主义相关理论或单纯增强爱国情怀而接受爱国主义教育，其最终目的是将爱国主义认知、爱国主义情感认同、爱国主义情怀转化为报国行动中的具体实践，为中国特色社会主义建设服务、为中华民族伟大复兴服务。习近平强调说：“广大青年要牢记‘空谈误国、实干兴邦’，立足本职、埋头苦干，从点滴做起，用勤劳的双手、一流的业绩成就属于自己的人生精彩。”[②] 爱国主义教育要让大学生在实践中认识到，“在中国的大地上，要想有建树、有成就，关键是要脚踏着祖国大地，胸怀着人民期盼，找准专业优势和社会发展的结合点，找准先进知识和我国实际的结合点，真正使创新创造落地生根、开花结果”[③]。这就需要大学生们在接受爱国主义教育之后，自觉将自身的理想融入我国社会主义建设事业中，以自觉的行动投身于中华民族伟大复兴的中国梦的实现之中。一方面，新时代大学生要主动投身基层，以实际行动服务人民、奉献国家，让爱国不停留于口号，而是化为实际行为体现在生活的点点滴滴中。另一方面，新时代大学生要树立远大理想，主动把个人的奋斗目标融入中华民族伟大复兴的生动实践中。当前，我们讨论的精致利己主义者，就是一味追求个人目标、个人幸福的狭隘的人。大学生应当明确两点。第一，追求幸福要将个人幸福和社会幸福联系起来。每个人在追求自身幸福的过程中，不仅要意识到自身的需要和幸福，还需用理智意识到他人的需要和幸福，意识到社会的整体需要和幸福，将个人幸福融入社会幸福。同时，当所有个人的幸福都得到了保障的时候，作为个人幸福总和的社会幸福也就会随之得到实现，从而实现最大多数人的幸福。第二，追求幸福要将个人幸福和中国梦联系起来。从一方面看，个人幸福的实现离不开中国梦的实现。中国梦是每一个人追求幸福、实现幸福的根基。一个人追求幸福的前提就在于使个人的幸福和国家的发展相契合。从另一方面看，中国梦的实现有赖于我们每一个人最大限度地发挥自己的聪明才智和创造力。

---

① 《马克思恩格斯选集》第1卷，人民出版社，2012，第140页。

② 《习近平谈治国理政》第1卷，外文出版社，2018，第52页。

③ 《习近平谈治国理政》第1卷，外文出版社，2018，第60页。

（三）将爱国主义教育融入家庭教育

新时代大学生学校爱国主义教育还应当与家庭爱国主义教育结合，增强爱国主义教育成效。习近平说："家庭是人生的第一个课堂，父母是孩子的第一任老师。孩子们从牙牙学语起就开始接受家教，有什么样的家教，就有什么样的人。"[①] 马克思主义告诉我们，经济基础决定上层建筑，但上层建筑也有相对独立性。因此，尽管我国经济发展取得一定成效，但是家庭教育观念暂时没能跟上经济发展的步伐。当前，受市场经济趋利性的影响，我国部分家长单方面认为为孩子提供富足的物质生活更为重要，或表现为只知道多赚钱而忽视孩子的教育，或表现为在日常生活中对孩子照顾过于细致，或表现为过分注重孩子的学习成绩。家是最小国，国是千万家。父母的这些想法和做法，都会对大学生产生潜移默化的影响，深深影响大学生的世界观、人生观、价值观的形成。家长们在一定程度上忽视了爱国主义教育，导致家庭层面的爱国主义教育收效甚微，没有发挥出它应有的作用，进而影响爱国主义教育整体效果。开展新时代大学生爱国主义教育，还应当认识到家庭爱国主义教育的重要性和必要性，重视起家庭爱国主义教育环境的建构。可以通过在家庭教育、家风建设中融入爱国情怀，使爱国的好家风在越来越多的家庭中形成，使家庭教育成为培育爱国精神的一个有效途径，让家风涵养成为厚植爱国情怀的一个有效抓手。

二　创新爱国主义教育方式

新时代的爱国主义教育要注意创新教育方式，将"第一课堂"和"第二课堂"结合起来，将学校爱国主义教育与网络爱国主义教育结合起来、与爱国主义教育基地结合起来，以更加灵活多样的教育方式方法和更为丰富的载体，增强教育效果。

（一）将"第一课堂"和"第二课堂"结合起来

"有效的课堂教学始终是高校开展爱国主义教育最重要的渠道，也是学生系统习得爱国主义理论知识最直接的途径。不论是专业课教师还是思想

① 习近平：《论党的宣传思想工作》，中央文献出版社，2020，第 282 页。

政治理论课教师，都应在课堂教学中积极进行爱国引导，向学生传递正确价值导向，提高爱国主义在课堂教学中的比重，注重讲好历史教科书、讲清时代‘大考题’、讲透世界大趋势，不断创新教育方式方法，帮助学生厚植爱国之情、强化爱国担当、砥砺报国之行。”[①] 新时代大学生爱国主义教育要将“第一课堂”和“第二课堂”有效结合起来，提升教育成效。新时代大学生爱国主义教育，要充分发挥思想政治理论课的主渠道作用，开设相应的系统规范的爱国主义教育课程。而传统课堂讲授过多注重“第一课堂”、理论灌输居多的教学方式，可以通过拓展“第二课堂”来改进。和“第一课堂”相比，“第二课堂”在教育内容上、教学形式上具有更强的开放性，可以有效弥补“第一课堂”教学内容和形式具有局限性和片面性的不足。由此，“第二课堂”作为“第一课堂”的有力补充和必要延伸，可以带领学生们走出课堂、走出校门，深入爱国主义教育基地，实地亲身感悟。例如，可以开展歌颂祖国的文艺汇演活动，在大家喜闻乐见的文化活动中强化大学生的爱国情怀；可以带领学生们到烈士陵园、名人故居、展览馆、纪念馆以及其他标志性建筑去开展校外教学，让学生们去体会英烈和先人的付出与奉献，增强爱国主义情感；也可以开展传承家国情怀的家风寻访活动，通过寻访爱国人士、老红军等先进典型，激发爱国热情；还可以组织大学生深入乡村、工厂和社区进行考察调研，增强他们的感性认识，使他们亲身去体会改革开放以来取得的伟大成就，并认识到我们在社会主义建设过程中还存在的问题与困难，培养其浓厚的社会情感，使他们意识到个人与国家的紧密联系；等等。值得一提的是，当代大学生特别看重仪式，强调仪式感。因此，“第二课堂”还可以适当增加一些仪式感教育。把握好爱国主义教育的机会，在“五四”青年节、“七一”建党节、“十一”国庆节等节日，开展唱红歌比赛、微电影大赛、成语接龙、经典诵读、观看爱国主题电影、主题征文比赛等爱国主义教育活动，达到爱国主义教育的目的。

（二）将学校爱国主义教育与网络爱国主义教育结合起来

开展新时代大学生爱国主义教育应当将学校爱国主义教育与网络爱国

---

① 崔欣玉：《新时代高校爱国主义教育的实践路径研究》，《思想理论教育导刊》2021 年第 10 期。

主义教育结合起来，增强爱国主义教育成效。传统教育载体，如课堂教学、实地参观、现场讲座等已经没有办法满足大学生，新时代大学生爱国主义教育亟须开拓新的爱国主义教育载体。对于如何创新爱国主义教育载体，《新时代爱国主义教育实施纲要》明确指出：新时代爱国主义教育要“创新传播载体手段，积极运用微博微信、社交媒体、视频网站、手机客户端等传播平台，运用虚拟现实、增强现实、混合现实等新技术新产品，生动活泼开展网上爱国主义教育”，“把爱国主义主题融入贯穿媒体融合发展，打通网上网下、版面页面，推出系列专题专栏、新闻报道、言论评论以及融媒体产品，加强县级融媒体中心建设，生动讲好爱国故事、大力传播主流价值观”。① 综合利用融媒体技术创新大学生爱国主义教育载体，可以从以下两个方面着手，增强爱国主义教育效果。

一是要抢占新媒体技术主动权，搭建爱国主义教育网络平台。2022 年 8 月 31 日，中国互联网络信息中心（CNNIC）在京发布第 50 次《中国互联网络发展状况统计报告》。这份报告显示，截至 2022 年 6 月，我国网民规模为 10.51 亿，互联网普及率达 74.4%。其中，我国短视频的用户规模增长最为明显，达 9.62 亿，占网民整体的 91.5%。即时通信用户规模达 10.27 亿，占网民整体的 97.7%。网络新闻用户规模达 7.88 亿，占网民整体的 75.0%。网络直播用户规模达 7.16 亿，占网民整体的 68.1%。② 新时代大学生早已成为新媒体技术的忠实粉丝。大学生在移动互联网上获取新闻信息、查阅资料、学习知识、购物、点外卖、看电影、追剧、打游戏等，这些几乎囊括了大学生生活的全部内容。那么，我们可以将爱国主义知识、爱国主义文化、爱国主义道德、爱国主义感人事迹等爱国元素融入大学生喜爱的微信、微博和 B 站、抖音、快手等视频平台以及其他媒体软件，构建立体化的集“微、网、台、屏”于一体的教育平台。只有教育载体适应大学生的成长认知特点，才能提升教育实效。③ 大学生爱国主义教育网络平台推送的内容还要注意结合大学生的兴趣点和语言风格，牢牢把握大学生对网络流

---

① 《新时代爱国主义教育实施纲要》，《人民日报》2019 年 11 月 13 日，第 6 版。

② 《CNNIC 发布第 50 次〈中国互联网络发展状况统计报告〉》，中国互联网络信息中心网站，http：//www.cnnic.cn/n4/2022/0916/c38-10594.html，最后访问日期：2022 年 10 月 14 日。

③ 吴琼、谷圆圆：《运用党史对大学生进行爱国主义教育研究》，《学校党建与思想教育》2022 年第 1 期。

行语、表情包的使用方式，让大学生通过贴近生活的内容、喜闻乐见的方式，在轻松活泼的氛围中自觉主动地接受爱国主义教育。

二是要积极培育和建强网上评论员队伍，加强对信息内容的审核。网络是把双刃剑，在新媒体时代亦是如此。新媒体信息以下四个方面的弊端尚需克服，否则就无法实现运用新媒体信息进行爱国主义教育的初衷。第一，新媒体时代信息海量、纷杂、娱乐性强的特点，容易导致爱国主义信息淹没其中，造成传播失效。第二，新媒体时代，人人都可以通过网络自发地进行爱国主义的表达，这些信息没有经过相关部门筛选，其良莠不齐的属性严重影响到爱国主义教育内容的正确性和科学性。第三，人们自发、随意散布的信息，往往具有杂乱无序、碎片化的特点，影响到爱国主义教育的完整性和系统性。第四，新媒体信息传播即时性、快捷性的特点加大了防范不良信息、破坏性信息的难度，开放和匿名的网络环境也非常容易滋生不文明话语和非理性的表达方式，不利于网络的监管。基于此，我们可以在青年老师和大学生群体中选拔和培养一批政治素质过硬、理论水平高、爱国情怀深厚的网络评论员。一来，他们可以及时监管平台信息，删除不当言论，避免不良信息或破坏性信息导致的不良影响进一步扩大；二来，他们可以引导发布正面话题，传播正能量，牢牢把握住新媒体舆论的正确导向；三来，他们能够及时在网上发声，回应大学生的爱国诉求，解决大学生的思想困惑，纠正部分大学生的错误思想，把握大学生的思想动态，引导新时代大学生在网上唱响爱国“好声音”，真正让爱国主义教育活起来。

（三）将学校爱国主义教育与爱国主义教育基地结合起来

开展新时代大学生爱国主义教育还应当将学校爱国主义教育与爱国主义教育基地紧密结合起来，丰富爱国主义教育体系。各级各类爱国主义教育基地具有激发爱国热情、凝聚人民力量、培育民族精神的重要作用。截至 2021 年 6 月，全国爱国主义教育示范基地总数达到了 585 个，基本覆盖了从中国共产党成立到解放战争胜利各个历史时期的重大历史事件、重要人物和重要革命纪念地。[①] 我国爱国主义教育基地具有主题突出、导向鲜

① 《中宣部新命名一批全国爱国主义教育示范基地》，http：//www. gov. cn/xinwen/2021 - 06/19/content_5619600. htm，最后访问日期：2023 年 10 月 1 日。

明、内涵丰富等特点，着重强调爱国主义教育和红色教育功能，在对社会各界群众进行爱国主义教育中具有重要作用。国家花费大量的人力、物力、财力建立起来的这些爱国主义教育基地应当被充分利用起来。首先，高校可以积极主动地与相关部门和基地负责人加强联系，建立起良好的互动机制，搭建一个平台甚至形成专门的一门课程，让大学生系统地接受爱国主义教育。其次，各基地也可以积极主动和各高校联系，加强对爱国主义教育基地的宣传，引导大学生们前来基地参观、学习，悉心听取大学生们的意见、建议，把爱国主义教育基地办得越来越好。最后，大学生们还可以积极利用寒暑假或者一些节假日，来到爱国主义教育基地做志愿者，增强自身爱国主义教育实践活动的经常性和连续性，使爱国主义精神内化于心、外化于行。新时代大学生爱国主义教育不仅可以利用爱国主义教育基地，让大学生身临其境地接受爱国主义洗礼，达到爱国主义教育的目的，还可以和各地的红色资源结合起来，增强爱国主义教育成效。

三　加强爱国主义教育保障

教育的关键因素是教师，爱国主义教育能否取得良好成效关键在于教师。要打造一支优秀的教师队伍，为爱国主义教育成效提升提供重要保障。法治是现代社会治理的根本方式。爱国主义教育要以法治为保障，用法律维护国家的合法利益，打击分裂国家的言行，用法治作为爱国主义教育的依托，完善现代思想政治教育体系。

（一）打造一支优秀的教师队伍

习近平结合自己讲思政课的切身体会指出：“讲好思政课不容易，因为这个课要求高。”① 一是思政课教学涉及内容宽泛，对教师综合素质要求高；二是思政课教学内容不断更新，对思政课教师知识更新速度要求高；三是思政课要直面现实，对思政课教师回应尖锐敏感问题的能力要求高。对此，2019 年习近平在学校思想政治理论课教师座谈会上为思政课教师上好思政课指明了努力方向——政治要强、情怀要深、思维要新、视野要广、自律要严、人格要正，提出要打造一支“专职为主、专兼结合、数量充足、素

---

① 《习近平重要讲话单行本》（2020 年合订本），人民出版社，2021，第 282 页。

质优良的思政课教师队伍”。[①] 同年，教育部印发《普通高等学校思想政治理论课教师队伍培养规划（2019—2023 年）》，切实加强高校思政课教师队伍的培养。2020 年，教育部印发《新时代高等学校思想政治理论课教师队伍建设规定》，明确了高校思政课教师的职责与要求、配备与选聘、培养与培训、考核与评价以及保障与管理的相关规定，对高校思政课教师队伍建设做了进一步的规定。

（二）营造风清气正的法治环境

爱国主义教育离不开制度和法治的刚性约束。《新时代爱国主义教育实施纲要》也强调，要把爱国主义精神融入相关法律法规和政策制度，体现到市民公约、村规民约、学生守则、行业规范、团体章程等的制定完善中，发挥指引、约束和规范作用。[②] 当前，我国社会确实存在这样一种现象：一些不良网络媒体或者个人为了吸引流量、博取眼球，在互联网上发布的内容开始出现低俗化趋势。这些内容扭曲大学生的世界观、人生观和价值观，弱化爱国主义教育效果，不利于大学生成长成才。我们应当采取相应的措施，确保网络空间风清气正、没有杂音，不能使网络空间成为法外之地，而应真正让新媒体技术成为新时代大学生爱国主义教育的最大增量。首先，营造风清气正的爱国主义教育网络环境，需要政府相关部门建立相关的法律法规，对网络媒体加以约束，及时查处发布不良信息的媒体和个人。其次，高校应当集中一定的人力、物力、财力对校园网络空间进行治理，比如高校可以选派专人对高校的官网、贴吧等进行监督和建设，防止不良信息进入此类网站，同时用健康向上的爱国主义教育相关信息丰富网站内容，达到净化网络环境的目的。最后，大学生自身也要提高警惕，避免在网络上随意发表一些非理性的言论。因为这些言论很可能被不法分子利用，他们甚至会在此基础上添油加醋，将一些小问题扩大化，最终造成恶劣影响。总之，要加强媒体空间的法治建设，建立有效的预警机制，营造一个风清气正的法治环境。

---

① 《习近平谈治国理政》第 3 卷，外文出版社，2020，第 330~331 页。

② 《新时代爱国主义教育实施纲要》，《人民日报》2019 年 11 月 13 日，第 6 版。

第五章 新时代大学生婚恋观教育

随着时代的发展进步以及人们世界观、人生观和价值观的变化，大学生的婚恋观不断发生变化。同时，国家关于大学生婚恋的政策也不断发生变化。1990 年 1 月 20 日国家教育委员会第 7 号令发布的《普通高等学校学生管理规定》第 30 条规定，“在校学习期间擅自结婚而未办理退学手续的学生，作退学处理”，第 33 条进一步强调“取消学籍或退学的学生，均不得申请复学”。[①] 从这个政策可以看出，当时是不允许大学生结婚的，对大学生结婚是持坚决的否定态度的。随着我国高等教育事业的迅猛发展，高等学校招生规模进一步扩大，2001 年，教育部取消高校录取新生的年龄和婚姻状况限制。2005 年教育部新出台的《普通高等学校学生管理规定》删除了原规定中禁止大学生结婚的内容。从这个新规定可以看出，国家和高校这时对于大学生恋爱、结婚与否是保持一个中立的态度的，总体态度是不干涉、不支持、不反对。2007 年 8 月 3 日，国家人口计生委、教育部、公安部联合出台《关于高等学校在校学生计划生育问题的意见》，该意见明确指出“对于已婚学生合法的生育，学校不得以其生育为由予以退学”。[②] 在这个意见中，国家和高校第一次通过明文规定清楚表明了对大学生结婚和生育的态度，确定了高校学生拥有合法婚育权。开展大学生婚恋观教育具有十分重要的意义。

---

① 《普通高等学校学生管理规定》，中华人民共和国教育部网站，http：//www. moe. gov. cn/srcsite/A02/s5911/moe_621/201511/t20151119_ 220038. html，最后访问日期：2022 年 11 月 8 日。

② 《三部委规定高校不得要求合法生育学生退学》，新浪网，http：//news. sina. com. cn/c/2007-08-03/110913587502. shtml，最后访问日期：2022 年 11 月 8 日。

第一节 新时代大学生婚恋观教育的价值意蕴

如今大学生恋爱、结婚已经成为普遍现象。但是，大学生中由恋爱引发的校园暴力事件甚至自杀事件时有爆出，大学生情侣逐步成为大学校园里潜在的不稳定因素之一。大学生的婚恋观也一度成为社会广泛关注和讨论的热门话题。新时代大学生婚恋观教育，对于引导大学生树立正确的婚恋观，提高爱的能力，妥善处理婚恋问题，最终使得大学生顺利成长成才、组建幸福美满的家庭，保证社会和谐稳定、实现国家繁荣发展，具有十分重大的意义。

一 促进大学生健康成长

新时代大学生婚恋观教育可以帮助大学生健康成长。一方面，新时代大学生婚恋观教育在尊重大学生婚恋自由的同时，对大学生的婚恋观念和婚恋行为进行积极的引导，帮助大学生处理好亲密关系问题，进而促进大学生的健康成长。美国心理学家埃里克·埃里克森的心理社会发展阶段理论认为，人的毕生发展过程包括一系列的心理社会发展阶段，每个发展阶段都会出现一个主要冲突或危机。大学生处于成年早期，其危机是亲密和孤独之间的矛盾，因此他们会寻求与他人建立亲密的关系和获得亲密爱情。无法完成这个任务则很可能导致孤独、缺乏亲密感。[①] 美国心理学家亚伯拉罕·马斯洛的需求层次理论也提到，人们有生理需求、安全需求、归属与爱的需求、尊重的需求和自我实现的需求。其中，归属与爱的需求就包括对爱情和亲密关系的需要。马斯洛认为人们“会把这个看得高于一切，他甚至会忘了当初他饥肠辘辘时曾把爱当作不切实际或不重要的东西而嗤之以鼻”[②]。大学生归属与爱的需求更为强烈，这种需求和人们饿了想要吃饭、渴了想要喝水是一样的，不能被忽视，更不能被阻止。强行阻止大学生恋爱既会伤害到大学生的自尊，也不利于其健康成长。然而，顺利地建立一段亲密关系，收获美满爱情，需要诸多方面的能力，包括爱与被爱的能力，

① 黄希庭：《心理学导论》（第二版），人民教育出版社，2007，第148~149页。

② 〔美〕马斯洛：《马斯洛人本哲学》，成明编译，九州出版社，2003，第215页。

处理亲密关系矛盾的能力，处理学业和爱情冲突矛盾的能力，承受求偶失败、恋爱不顺带来的挫折的能力，等等。但是，这些能力不是大学生天生就拥有的，而是需要大学生在成长过程中不断习得的。在这个学习的过程中，大学生婚恋观教育可以起到重要的作用。另一方面，新时代大学生婚恋观教育可以对大学生出现频次较高的婚恋问题给予一定的重视，帮助大学生克服情感上的迷惘和困惑，培养大学生的健全人格，促进大学生健康成长。大学生拥有良好的认知能力，就能够端正其恋爱动机；大学生拥有良好的情绪状态，就能够在亲密关系中管理好自身情绪；大学生拥有良好的意志品质，就能够积极面对婚恋过程中出现的困难、问题与挑战。

二　维护高校安全稳定

开展新时代大学生婚恋观教育有利于高校的安全稳定。一方面，大学生做人做事容易冲动，对大学生的这一特点不加以重视和积极引导会导致其成为校园安全稳定的隐患。大学生在情感追求方面还处于朦胧、探索阶段，对于恋爱过程中出现的一系列问题还缺乏妥善处理的能力。如若不加以引导，大学生可能会产生一系列心理问题，导致大学生荒废学业，甚至出现校园暴力、自杀和行凶报复等恶性事件。另一方面，维护校园安全稳定需要对大学生进行婚恋观教育，在婚恋观教育中及时纠正大学生不正确的婚恋观念和恋爱行为，化解大学生恋爱中的矛盾和纠纷。新闻报道中大学生因爱生恨，残杀对方、自杀的事件不时出现。只有加强大学生婚恋观教育，高校才能够减少安全隐患，避免不幸发生，保障学校安全稳定。

三　助力家庭和谐美满

习近平指出：“随着我国改革开放不断深入，随着我国经济社会发展不断推进，随着我国人民生活水平不断提高，城乡家庭的结构和生活方式发生了新变化。但是，无论时代如何变化，无论经济社会如何发展，对一个社会来说，家庭的生活依托都不可替代，家庭的社会功能都不可替代，家庭的文明作用都不可替代。无论过去、现在还是将来，绝大多数人都生活在家庭之中。我们要重视家庭文明建设，努力使千千万万个家庭成为国家发展、民族进步、社会和谐的重要基点，成为人们梦想启航的地方。”① 开展新时代大学生婚恋观教育有利于实现家庭和谐美满。积极健康的婚恋观是一个人健康成长的重要标志之一，它既关乎个人的良好发展，也关乎家庭的和谐稳定。一方面，大学生婚恋观教育可以使大学生所在的原生家庭更加和谐美满。大学生未婚生子、未婚大学生人工流产、大学生因恋爱失败选择自杀等现象不仅给大学生本人带来创伤，还会给大学生的原生家庭带来极大的伤害，不利于原生家庭的和谐美满。尤其是遭受婚恋挫折而自杀的大学生，其父母含辛茹苦将其培养成人，却一夜之间白发人送黑发人。这种痛苦，仅从电视剧中看到就令人无法承受。新时代大学生婚恋观教育，要注意抓住大学生的特点，为他们量身打造符合他们当前和未来需要的婚恋观教育，帮助他们建立健康的婚恋观。另一方面，大学生婚恋观教育也可以帮助大学生未来组建幸福美满的小家庭。未来某一天，大学生也会与他人携手步入婚姻殿堂，创建一个新的家庭。大学生婚恋观教育，可以切实提高大学生抗击婚恋风险的能力，可以帮助他们提前避免由恋爱、婚姻和家庭问题处理不当而引发的不良后果，做到有备无患、未雨绸缪。如此，大学生将来的婚姻家庭生活会更加幸福美满。而且，如果大学生建立了系统、科学、全面的婚恋观，将来他们的下一代也会受到正面积极的婚恋观的影响，这有利于下一代人的健康成长，而再下一代人也会受益于此。良性循环的结果就是越来越多的人可以免遭恋爱和婚姻中的疑难问题困扰，更好地成长成才，为祖国的繁荣昌盛而努力奋斗。

四　有利于国家繁荣发展

习近平指出：“家庭是社会的细胞。家庭和睦则社会安定，家庭幸福则社会祥和，家庭文明则社会文明。历史和现实告诉我们，家庭的前途命运同国家和民族的前途命运紧密相连。我们要认识到，千家万户都好，国家才能好，民族才能好。国家富强，民族复兴，人民幸福，不是抽象的，最终要体现在千千万万个家庭都幸福美满上，体现在亿万人民生活不断改善上。同时，我们还要认识到，国家好，民族好，家庭才能好。”② 开展新时

① 《习近平关于注重家庭家教家风建设论述摘编》，中央文献出版社，2021，第3页。
② 《习近平关于注重家庭家教家风建设论述摘编》，中央文献出版社，2021，第4页。

代大学生婚恋观教育还有利于国家的繁荣发展。一方面，国家是由千千万万个小家组成的。《礼记·大学》中提到："心正而后身修，身修而后家齐，家齐而后国治，国治而后天下平。"平时生活中，人们也常常说：国是千万家，家是最小国。一个个家庭的幸福美满，不仅是社会和谐稳定的基石，更是国家繁荣发展的基本前提。另一方面，大学生成长成才和国家的繁荣发展息息相关。随着国际竞争日益激烈，人们越发认识到其本质就是人才的竞争。大学生作为我国重要的人才储备力量，在很大程度上决定了我国能否取得竞争优势。所以，我国大学生能力和素质的提高尤为重要。但是，大学生如果不能妥善处理情感问题，长期遭受情感问题的困扰，必然会影响其对专业知识的掌握和对自身素质的提高，为自身成长成才留下隐患，不利于大学生练就本领为祖国的繁荣发展奉献自己。新时代大学生婚恋观教育的最大目的就是帮助大学生消除情感问题的困扰，把更多的时间和精力放在推动自身成长成才上，努力学习科学文化知识，不断增强自身实践能力，早日为实现中华民族伟大复兴中国梦贡献自己的青春与才智。

第二节　新时代大学生婚恋观教育的内容结构

爱情和婚姻是一种特殊的社会关系和社会现象，我们可以通过马克思主义哲学找到解释其奥秘的关键。新时代大学生婚恋观教育的内容主要就是运用马克思主义爱情观、婚姻观、家庭观对大学生进行正确的婚恋观引导，培育大学生正确的婚姻观、爱情观、家庭观，提高大学生运用马克思主义理论分析爱情婚姻问题，正确处理爱情、婚姻和家庭关系的能力。

一　马克思主义爱情观

爱情是什么？爱情是一对男女基于一定的社会基础和共同的生活理想，在各自内心形成的相互倾慕并渴望对方成为自己的终身伴侣的一种强烈、纯真、专一的感情。[①]

首先，马克思主义爱情观认为爱情不是简单地由外在条件决定的。在

① 《思想道德与法治（2021年版）》编写组编《思想道德与法治》（2021年版），高等教育出版社，2021，第169页。

现实生活中，人们在择偶过程中倾向于选择温柔漂亮、年轻可爱的女性和高大帅气、事业有成的男性。这给人一种错觉：爱情似乎是外在条件的互相吸引。尽管良好的外在条件能够让人脱颖而出，但仅以此为基础的感情不是马克思主义中的爱情。对此，恩格斯指出："不言而喻，体态的美丽、亲密的交往、融洽的旨趣等等，曾经引起异性间的性交的欲望，同谁发生这种亲密的关系，无论对男子还是对女子都不是完全无关紧要的。但是这距离现代的性爱还很远很远。"① 马克思在给妻子燕妮的一封信中写道："哪里还能找到一副容颜，它的每一个线条，甚至每一处皱纹，能引起我的生命中最强烈而美好的回忆？甚至我的无限的悲痛，我的无可挽回的损失，我都能从你的可爱的容颜中看出，而当我遍吻你那亲爱的面庞的时候，我也就能克制这种悲痛。"② 即便燕妮容颜逐渐老去，青春不再，在马克思眼里，她依然美丽如初，仍然是自己坚强的后盾。马克思和恩格斯的观点表明：外在条件只是爱情的主要内容之一，是爱情发生的前提，但并不是爱情本身。新时代大学生婚恋观教育就可以运用马克思主义爱情观中对外在条件的看法去引导大学生在婚恋中不要过于看重外貌，而要多考察对方的人格因素等。

其次，马克思主义爱情观认为爱情不是单向的而是双向的。爱情产生的基础一定是男女双方的互相爱慕。因为"如果你在恋爱，但没有引起对方的反应，也就是说，如果你的爱作为爱没有引起对方的爱，如果你作为恋爱者通过你的生命表现没有使你成被爱的人，那么你的爱就是无力的，就是不幸"③。马克思认为真正的爱情一定是男女双方的相互爱慕，而不是某一方的一厢情愿或是委曲求全。在现实生活中，我们有时候会看到男方对女方展开猛烈的追求，结果非但没有感动女方反而引起女方的反感与厌恶。所以，爱情的先决条件就是男女双方的互爱。马克思主义爱情观对爱情建立的基础的观点就可以引导大学生在择偶过程中，适当地表达对心仪对象的爱恋之情。

再次，马克思主义爱情观认为爱情与物质无关。建立在物质条件上的

---

① 《马克思恩格斯全集》第21卷，人民出版社，1965，第89~90页。
② 《马克思恩格斯全集》第29卷，人民出版社，1972，第516页。
③ 《马克思恩格斯全集》第42卷，人民出版社，1979，第155页。

爱情，是不纯洁的爱情。马克思和恩格斯极力批判这种纯粹出于经济考虑的爱情，认为在爱情方面，理想情况是“男子一生中将永远不会用金钱或其他社会权力手段去买得妇女的献身；而妇女除了真正的爱情以外，也永远不会再出于某种考虑而委身于男子，或者由于担心经济后果而拒绝委身于她所爱的男子”①。马克思主义爱情观中对物质的看法亟待被用于对大学生进行婚恋观教育。当前部分大学生在婚恋过程中呈现出了一定程度的功利化倾向，就是因为没有接受马克思主义爱情观的引导。大学生学习马克思主义爱情观，就可以抵制社会上流行的享乐主义、拜金主义，从而找到真正的爱情。

最后，马克思主义爱情观认为爱情不等同于性。爱情理所当然内在地包含着性爱的成分，它是爱情的一部分。因为两个生理成熟的人，基于人的生理本能必然会渴求与异性的一些爱恋行为。但是，爱情并不完全等同于性爱本身。对此，恩格斯强调，“现代的性爱，同单纯的性欲，同古代的爱，是根本不同的”②。马克思也提出，“真正的爱情是表现在恋人对他的偶像采取含蓄、谦恭甚至羞涩的态度，而不是表现在随意流露热情和过早的亲昵”③。新时代大学生婚恋观教育可以运用马克思主义爱情观中对性的看法来对大学生进行科学的、系统的性教育。当前，我国婚恋观教育在性教育方面是比较缺乏的。虽然中学有些课程，比如生物、政治等的课本中早已涉及性教育知识，但是多数情况下老师都是一带而过而不会系统地给学生们讲授相关知识和注意事项。在高校中，系统地开设性教育课程的学校也不是很多。但是，大学生接受性教育十分必要。性教育可以帮助大学生正确认识性、对待自己的性需求。近年某大学两名硕士、一名博士因校外嫖娼被警方抓住，而后被开除学籍的事件，至今令人印象深刻。同时，网络上对于明星嫖娼事件的报道也数不胜数。这都是没有正确处理好自身的生理需求的后果。大学生也有对异性的渴望、对性的好奇，而且大学生生理已经成熟，有的大学生甚至已经开始接触性。这是一个确定的事实，对于已经发生的事件最好的处理方式就是将其引向正向积极的一面。如果不

① 《马克思恩格斯全集》第 21 卷，人民出版社，1965，第 96 页。
② 《马克思恩格斯全集》第 21 卷，人民出版社，1965，第 90 页。
③ 《马克思恩格斯全集》第 31 卷，人民出版社，1972，第 520 页。

对大学生进行系统的性教育，那么最大的可能就是大学生会通过网络以及其他非正常途径获取相关的性知识。而网络信息良莠不齐，不加过滤的信息往往给大学生带来一些负面影响，比如那些商业性强的色情文化，会误导大学生对性的认识。所以，必须对大学生进行相关的性教育，帮助大学生正确了解两性方面的知识，包括性生理、性心理、性伦理以及生育知识，并开展性法治教育等，引导大学生提升自我道德修养，树立正确的性道德和性观念，懂得如何表达爱、发展爱、呵护爱、经营爱。

二 马克思主义婚姻观

婚姻是指由法律所确认的男女两性的结合以及由此而产生的夫妻关系。[①]

一方面，马克思主义婚姻观主张婚姻自由。第一，婚姻自由包括结婚自由。但是，结婚自由是社会经济发展到一定阶段的结果。我国古代实行“父母之命，媒妁之言”的婚姻制度，且该制度延续了千年，在特定历史时期对社会的发展起到了一定的积极作用。随着我国社会的发展与进步，旧的婚姻制度逐渐被人们的自主婚姻所取代。但是，婚姻自主是有条件的。恩格斯在《家庭、私有制和国家的起源》一书中提到：“结婚的充分自由，只有在消灭了资本主义生产和它所造成的财产关系，从而把今日对选择配偶还有巨大影响的一切附加的经济考虑消除以后，才能普遍实现。到那时，除了相互的爱慕以外，就再也不会有别的动机了。”[②] 恩格斯这段论述表明，婚姻是自由的，但是自由建立婚姻的基础是男女双方对彼此的爱慕。也就是说，婚姻是建立在爱情的基础之上的。这就是爱情和婚姻的关系：婚姻建立在爱情基础之上，爱情最好的归宿是婚姻。第二，婚姻自由也包括离婚自由。因为马克思主义婚姻观倡导婚姻自由，每个人都有走进婚姻和结束婚姻的权利。马克思主义爱情观认为，如果夫妻二人丧失爱情属实，且分开有利于双方自身的解放和寻求进一步的幸福，二人未尝不可以离婚。马克思主义者列宁曾指出：“离婚自由并不意味着家庭关系‘瓦解’，反而会使这种关系在文明社会中唯一可能的和稳固的民主基础上巩固起来。”[③]

---

① 《思想道德与法治（2021年版）》编写组编《思想道德与法治》（2021年版），高等教育出版社，2021，第170页。

② 《马克思恩格斯选集》第4卷，人民出版社，2012，第93页。

③ 《列宁全集》第25卷，人民出版社，1988，第251页。

同时，马克思主义爱情观提倡婚姻自由，但是马克思主义经典作家十分反对草率离婚。当今社会，离婚率呈现逐年上升的趋势，有许多夫妻草草结婚又迅速离婚，这是极端不负责任的行为。恩格斯强调，如果有人“每两年就要求新的爱情，那末……这种本性或者应当加以抑制，或者就使他和别人都陷在无止境的悲剧冲突之中”①。

另一方面，马克思主义婚姻观认为婚姻具有道德性，强调婚姻中夫妻双方的道德责任。婚姻中夫妻两人要互相忠诚，否则会给维持长久的婚姻带来巨大的挑战。当今社会，人们身边看到的、听说的背叛婚姻者越来越多。而《中华人民共和国民法典》（以下简称《民法典》）婚姻家庭编对于那些在婚姻存续期间出现背叛行为的过错方的惩罚力度似乎还不够大，不足以产生足够的威慑力震慑住婚姻中的人们，使他们自觉约束婚恋行为。已婚的夫妻中一方遭遇对方对婚姻的背叛时，其合法权益还可以通过《民法典》婚姻家庭编得到保障，但是，对于那些尚处于恋爱关系、并未步入婚姻的大学生情侣来说，他们的合法权益是不受《民法典》婚姻家庭编保护的。我国《民法典》婚姻家庭编保护的是满足国家规定并取得相应婚姻许可的男女双方的合法权益。也就是说，保护大学生情侣的合法权益的相关法律还有待完善。在这种情况下，马克思主义婚姻观可以引导大学生树立正确的婚恋观，对对象忠诚。大学生应在恋爱关系中忠于男女朋友，在婚姻关系中忠于伴侣。

三　马克思主义家庭观

第一，马克思主义家庭观对家庭这个范畴的阐述揭露了家庭的本质。“每日都在重新生产自己生命的人们开始生产另外一些人，即繁殖。这就是夫妻之间的关系，父母和子女之间的关系，也就是家庭。”② 由此可见，家庭是一种特殊的社会组织形式，它由不同的个体组成，但又不是简单的个体相加，家庭成员之间因姻缘关系和血缘关系而紧密相连。现实生活中，有人没有认识到家庭的这一本质。例如，震惊人们的重庆男子为和女友在一起，亲手杀害自己一对亲生儿女的悲惨事件中，当事男子没有认清家庭

① 《马克思恩格斯全集》第 37 卷，人民出版社，1971，第 98 页。

② 《马克思恩格斯选集》第 1 卷，人民出版社，2012，第 159 页。

的本质，没有看到他即使和妻子离婚，也切断不了他和孩子之间的血缘关系，最终犯下大错。

第二，马克思主义经典作家马克思非常强调社会生产力对家庭的影响。“在生产、交换和消费发展的一定阶段上，就会有一定的社会制度，一定的家庭、等级或阶级组织，一句话，就会有一定的市民社会。”① 的确，家庭是一个历史范畴，是人类社会发展到一定阶段的产物。新中国成立以来，我国一直致力于提高生产力的发展水平，为家庭及其成员的发展提供更好的物质基础。新时代，随着生产力进一步解放和提高，人们的家庭观念也不断发生着变化，产生的新问题也层出不穷，引发人们关注。现代社会有了一些新的婚姻形式，如“两头婚”，人们对此也是褒贬不一。但是，无论婚姻形式如何变化，人们都是为了幸福美满而选择婚姻、组建家庭。

第三，马克思主义经典作家列宁也强调，“恋爱牵涉到两个人的生活，并且会产生第三个生命，一个新的生命。这一情况使恋爱具有社会关系，并产生对社会的责任”②。列宁说诞生新的生命的恋爱就会“具有社会关系”，就会产生相应的“社会责任”，就是在强调婚恋中的责任。每一个人在处理爱情、婚姻、家庭中的问题时，都不仅要对自己负责，也要对自己的婚恋对象负责，更要对新的小生命负责。现在社会中，仍有人丢弃婴儿、背叛婚姻家庭、不赡养老人等，这些人对婚姻、对家庭极度不负责任，也必将尝到自身种下的苦果。所以，相爱的男女组成家庭后，夫妻双方一定要承担起相应的责任和义务。这种责任不是外界强加给夫妻双方的，而是因为两人具有发自内心的勇气和担当，愿意一起去面对人生中的酸甜苦辣。新时代大学生婚恋观教育就可以用马克思主义家庭观帮助大学生增强婚恋责任意识，使他们做到对对方、对下一代、对双方的家庭、对社会负责。

总之，马克思主义爱情观、婚姻观和家庭观的宗旨就是追求人的全面发展和人生幸福。这个宗旨对于大学生端正婚恋动机、规范婚恋行为、强化婚恋责任、提高婚恋道德水平都有很重要的作用。新时代大学生婚恋观教育可以运用马克思主义爱情观、马克思主义婚姻观和马克思主义家庭观帮助大学生树立正确的婚恋观。此外，在我国，维系和谐美满的婚姻家庭离不开家庭

---

① 《马克思恩格斯全集》第 27 卷，人民出版社，1972，第 477 页。

② 〔德〕蔡特金：《列宁印象记》，马清槐译，生活·读书·新知三联书店，1979，第 70 页。

美德。家庭美德以尊老爱幼、男女平等、夫妻和睦、勤俭持家、邻里互助为主要内容。[①] 在新时代大学生婚恋观教育中也可以对大学生进行家庭美德教育，让大学生弘扬践行家庭美德，使他们“感念父母养育之恩，感念长辈关爱之情，孝顺父母、尊重长辈、回报家庭、回馈社会，推动形成爱国爱家、相亲相爱、向上向善、共建共享的社会主义家庭文明新风尚”[②]。

第三节　新时代大学生婚恋观教育的优化路径

大学生形成良好的婚恋观极为重要，直接关系到大学生的健康成长，关系到学校的安全稳定，关系到家庭的和谐美满以及国家的繁荣发展。同时，大学生婚恋观的形成与其家庭环境，所处的社会环境、校园环境等息息相关。因此，推动大学生形成积极、健康、科学的婚恋观需要国家、高校、家庭以及大学生形成合力。

一　以政策法规保障大学生婚恋权益

第一，出台相关的法律条文和政策规定。首先，相关的法律条文可以进一步规范大学生的婚恋行为，使其婚恋行为处于合法范围内。其次，相关的政策规定可以让高校、社会以及家庭更加重视大学生的婚恋观教育。目前来看，国家已经出台了一些规定和政策。例如，2017 年中共中央、国务院印发的《中长期青年发展规划（2016—2025 年）》明确指出，要“加强青年婚恋观、家庭观教育和引导。将婚恋教育纳入高校教育体系，强化青年对情感生活的尊重意识、诚信意识和责任意识，引导青年树立文明、健康、理性的婚恋观”。2019 年 10 月，教育部和国家卫生健康委提出，要将婚恋教育纳入学校教育，引导学生树立文明、健康的婚恋观念。2021 年 5 月 31 日，中共中央政治局会议再次强调，要加强适婚青年婚恋观、家庭观教育引导。但是，国家还可以进一步完善对大学生的婚恋观、婚恋行为的相关规定。

---

① 《思想道德与法治（2021 年版）》编写组编《思想道德与法治》（2021 年版），高等教育出版社，2021，第 170 页。

② 《思想道德与法治（2021 年版）》编写组编《思想道德与法治》（2021 年版），高等教育出版社，2021，第 171 页。

第二，加强对传统文化中婚恋家庭美德的弘扬。中华民族拥有5000多年历史的文明中，蕴含着丰富的家庭美德资源。尤其是我国古诗词中那些经典的爱情诗歌，它们可以引领大学生树立正确的婚恋观。如“愿得一心人，白头不相离”中女主人公对纯真爱情的无限渴望和对伴侣的忠贞之情；又如“山无陵，江水为竭，冬雷震震，夏雨雪，天地合，乃敢与君绝”，用五种不可能发生的事件来表明自己对爱情至死不渝的坚守；再如“春蚕到死丝方尽，蜡炬成灰泪始干”中，对爱人至死不渝的执着和绵绵不绝的思念；等等。我们应用传统文化中优秀的伦理道德典范对大学生进行婚恋动机、婚恋行为等方面的正确规范和引导。

第三，加强对网络的引导和监督。网络中基于不当婚恋观的说法做法、泛滥的性丑闻、污浊不堪的“黄”流对大学生婚恋观和婚恋行为造成了一定的负面影响，而且，由于婚恋带有一定的隐私性，大学生比较倾向于选择网络为自己答疑解惑。国家对网络空间的监督、治理以及正向引导刻不容缓。比如，国家可以出台相关政策，对那些随意在网络上传播不当婚恋观的人进行相应的惩罚，营造一个风清气正的网络空间。尤其是婚恋观教育网页的信息内容，一定要有专人负责监督管理，要让其有内容有形式，有理论有实践，紧跟大学生的知识需求和心理需要，引领大学生树立正确的婚恋观。又如，国家可以和相关部门开展合作，建立一个专门为大学生服务的网页。网页中可以设置几个大的板块，并这样安排：一个板块是婚恋知识信息普及，给大学生普及一些两性知识等；一个板块是采访栏目，分享那些愿意接受采访、和大家分享自己对大学生婚恋的观点的大学生的想法；一个板块是私聊空间，大学生有任何关于婚恋观点的疑惑或者关于婚恋行为的不懂之处都可以到私聊空间来求助，空间不需要大学生报备相关的个人信息，这样可以降低大学生的防备心理，使他们说出自己在婚恋方面的困惑。而且，私聊空间还可以统计大学生遇到各种婚恋观问题的频次，将其整理出来，反馈给各大高校。高校进一步在学校里面对大学生进行婚恋观教育的时候就可以重点围绕这些常见的问题展开讲解，告知他们遇到这些问题的时候可以怎么做。

二 以教育引导规范大学生婚恋行为

第一，完善校规校纪，设置与婚恋行为等相关的规章制度。2005年教育部新出台的《普通高等学校学生管理规定》删除了原规定中禁止大学生结婚的内容后，高校尊重大学生恋爱、结婚的自由和权利。但是，高校的校规校纪并没有进一步针对大学生恋爱、婚姻做相关的规定。因此，在大学生婚恋行为越来越普遍的同时，大学生婚恋中的不端行为也多了起来。高校应该制定相关的校规校纪对大学生婚恋中的行为做适当的规范。此外，对于那些已婚的大学生，其婚假、产假、休学、住宿等相关问题，也应当有明确的校规校纪予以规范和管理。

第二，完善婚恋观教育相关课程，提高婚恋观教育的系统性。新时代婚恋观教育不应当停留在“思想道德与法治”这一门课程，或者部分高校开设的选修课上。大学生婚恋观教育还可以通过开设婚恋心理教育、婚恋道德责任教育以及性健康教育等课程开展，也可以在法律、心理学、伦理学等课程设置相关章节，对大学生进行婚恋观教育。这些课程十分重要。比如，如果不对大学生进行性健康教育，不积极关注大学生的婚前性行为，那么大学生未婚先孕、人工流产等可能会成为严重的问题。开设性健康教育课程，就可以帮助大学生正确处理好恋爱和性之间的关系。

第三，加强学校心理健康中心的工作，有条件的高校要成立专门的婚恋问题咨询机构。“要坚持不懈促进高校和谐稳定，培育理性平和的健康心态，加强人文关怀和心理疏导，把高校建设成为安定团结的模范之地。要坚持不懈培育优良校风和学风，使高校发展做到治理有方、管理到位、风清气正。”① 一般来说，高校在大学生婚恋观方面的管理与引导以事后补救为主，对大学生平时心理健康方面的关注度还不够。大学生生理成熟，但是他们心理还不够成熟，在恋爱、结婚等方面还有很多的疑惑。如果对这些疑惑处理不当，大学生很可能产生一些心理问题，进而影响他们的健康成长。而且，对于恋爱和婚姻，大学生要学习的内容还有很多，如恋爱关系的经营维系、性行为带来的道德与法律方面的压力等。心理健康中心或者婚恋问题咨询机构的老师可以运用各种方式方法了解大学生的婚恋问题，帮他们克服婚恋过程中出现的问题，引导大学生树立正确的婚恋观。这样，大学生就不至于在遇到婚恋方面的问题、压力时，没有可求助的对象。为了避免大学生因没有求助对象而盲目求助网络，心理健康中心和相关机构

① 习近平：《论党的宣传思想工作》，中央文献出版社，2021，第276页。

还应当注意广泛开展校园宣传活动，扩大自身影响力，让大学生知道有这样一个求助渠道，这样才能及时有效地帮助大学生解决其情感困扰。

第四，利用好校园社团对大学生进行婚恋观教育，提高其成效。大学生社团是高等学校学生中有相同兴趣、爱好者自愿结成的课外活动组织。一般说来，大学生参加社团不受年级、科系以及学校限制，社团活动内容涉及生活、学习、工作等各个领域，活动方式也多种多样。同伴关系在青少年发展中具有不可替代的独特的重要作用。而且，社团中的成员都是兴趣爱好接近的学生，这使得社团内成员之间的影响更大。所以，高校可以发挥社团的凝聚作用，让社团内的成员互相交流婚恋困惑。这种同辈之间潜移默化的影响方式所取得的婚恋观教育成效可能会比老师或者家长的说教好得多。高校对大学生开展婚恋观教育就可以依托学生社团这一平台，充分发挥同辈效应的作用。例如，高校可以在社团内举办具有社团特色的，可以正确引导大学生婚恋观念、婚恋行为的主题活动，扩大大学生婚恋观教育的影响力，提高大学生婚恋观教育的成效。

第五，优化校园环境。古人云，近朱者赤，近墨者黑。优化校园环境对于大学生婚恋观教育效果的提升也具有一定的作用。优化校园环境不仅要优化校园内部环境，还要优化校园外部环境。优化校园内部环境可以从两个方面入手，一是通过校园的建筑设施、绿化布置、图案图标、人物雕塑等陶冶学生的品性，促使大学生在舒适、宽松、整洁、美丽的校园环境中形成积极向上的生活态度；二是通过加强师德师风建设，以教师幸福美满的婚姻家庭生活为大学生提供榜样，引导大学生树立正确的婚恋观。为优化校园外部环境，高校可以和相关政府部门加强沟通和合作，对校园周边的商铺予以适当的管理，如适当限制校园周边成人化娱乐场所。

三　以良好家风树立大学生婚恋榜样

习近平说："家庭是人生的第一个课堂，父母是孩子的第一任老师。孩子们从牙牙学语起就开始接受家教，有什么样的家教，就有什么样的人。"[①] 家庭教育在大学生婚恋观形成过程中起着不可忽视的作用。

第一，父母要做好榜样。家庭成员，尤其是父母的言行、道德修养以

① 习近平：《论党的宣传思想工作》，中央文献出版社，2020，第282页。

及家庭关系潜移默化地影响着大学生的婚恋观。一般来说，如果父母之间恩爱有加、相处融洽，孩子就容易形成积极的婚恋观，在对待恋爱、婚姻时更愿意用积极的心态去探索恋爱、婚姻的奥妙之处；如果父母关系不和睦、经常吵架打架，孩子则容易形成消极的婚恋观，在对待恋爱、婚姻时会产生更多的抗拒心理和悲观心理。所以，新时代加强大学生婚恋观教育，父母要发挥好正向的榜样作用。例如，人与人之间相处难免有摩擦，甚至争吵。父母要注意尽量避免在孩子面前直接发生冲突，如果发生冲突也要注意处理方法，要用积极的应对方式，尽最大努力减少对孩子的影响。又如，父母还应学习调节自己的情绪，不要将夫妻之间关系的不和或者在工作中产生的情绪带给孩子，将孩子当作出气筒和发泄情绪的对象，这些都不利于大学生形成正确的婚恋观。好的父母关系对大学生形成积极健康的婚恋观尤为重要。

第二，父母要善于引导。时代在发展，人们的世界观、人生观、价值观以及婚恋观都发生了巨大的变化，父母要不断学习吸收新思想，获取关于婚恋观教育的新知识，才能更好地引导大学生形成正确的婚恋观念和婚恋行为。“作为父母和家长，应该把美好的道德观念从小就传递给孩子，引导他们有做人的气节和骨气，帮助他们形成美好心灵，促使他们健康成长，长大后成为对国家和人民有用的人。”① 首先，父母要及时了解大学生的恋爱情况，时常关注大学生的恋爱动向。父母千万不要只看重为孩子创造更好的物质条件，忙于工作、挣钱，而忽略了对大学生的精神引领，也千万不要只看重孩子的学习成绩，一味关注成绩，而对大学生的其他方面漠不关心，忽视大学生的内心世界。不管大学生恋爱与否，父母都可以多加关心，让大学生乐于和父母分享自己的恋爱观点、恋爱经历。然后，父母要注意不要一味地用自身的婚恋观念去教育大学生。父母在和大学生交流婚恋观时，可以适当地阐述自己的某些观点，但是父母不要认为只有自己的婚恋观是对的并强行向大学生灌输自己的婚恋观。比如门当户对的婚恋观，它有一定的合理性，一个人的家庭文化确实能够影响一个人的婚恋观念和婚恋行为，并在一定程度上决定两个人的婚姻生活能否更加长久和顺利。但是，大学生陷入爱河后，有时可能会丧失一部分理智，他们没有办法听进去很多东西。这时候，父母如果强

---

① 《习近平关于注重家庭家教家风建设论述摘编》，中央文献出版社，2021，第 18 页。

行阻止或者灌输自己的婚恋观，反而会让热恋中的大学生受到“罗密欧与朱丽叶效应”的影响，即由于父母的干涉或阻止，两个人的感情反而更好了。而且，新闻报道里因为和父母沟通不畅、选择爱情而与父母关系僵化的实例不少。所以，父母可以和大学生交流婚恋观，但切记不要过度插手其婚恋行为。最后，父母可以适当地用家庭成员的婚恋在正反两个方面的经验教训去帮助大学生总结婚恋经验。马克思主义认为，实践是检验真理的唯一标准。大学生的家庭成员以及亲戚朋友们的恋爱婚姻经历就是最生动的教科书。运用亲戚朋友的恋爱婚姻经历对大学生进行引导时，父母不要说太多，以免引起大学生的反感。父母要相信，大学生是受过高等教育的人，他们具备在实践中总结经验教训，从而帮助自己树立正确的婚恋观的能力。

四　以自我修养强化大学生婚恋道德

恋爱和婚姻是我们每一个人的人生必修课，大学生也不例外。新时代，加强大学生婚恋观教育离不开国家、高校以及家庭三大主体的合力，同时也需要大学生进行自我教育和自我管理，大学生要树立崇高的理想信念，积极学习相关的婚恋知识，形成积极的婚恋调适理念，进一步提升自我修养，注重培养自身婚姻家庭责任意识。

第一，要树立崇高的理想信念。首先，如果青年大学生没有崇高的理想信念，其婚恋观就会成为无源之水、无本之木。新时代大学生，“如果只专注于对恋人的爱而忽视对他人和社会、国家的爱，这样的爱情就会显得自私和庸俗；相反，如果对他人和社会具有爱心则会使爱情变得高尚和稳固”①。其次，大学生没有崇高的理想信念，就很容易沉溺于狭隘的婚恋观之中。比如，有的大学生失恋了就像失去全世界一样寻死觅活。其实，恋爱成功与失败都是正常现象，不过是人生中的一个小插曲而已。人类的寿命也就区区百年，放在中华民族五千年历史长河里，失恋算什么？放在整个人类历史发展长河里，失恋算什么？再次，大学生有远大的理想信念，就会有一个强大的精神支柱。这样的大学生就不会为了排遣寂寞寻求感情寄托而谈恋爱、为了满足生理需求而谈恋爱，更不会为了所谓的积累经验

① 《思想道德与法治（2021年版）》编写组编《思想道德与法治》（2021年版），高等教育出版社，2021，第172页。

而游戏感情等。最后，大学生有坚定的理想信念，就能够更好地处理好学业和恋爱的关系。大学生有众多的社会角色：他们是合格的社会主义建设者和接班人，也是父母的宝贝，还可以是同学、室友，甚至是消费者，等等。但是，大学生最重要的社会角色是学生。大学生的主要任务还是学习。有的大学生为了追求心仪对象，逃课、旷课、打架斗殴，有的大学生求偶失败或者失恋了就一蹶不振、荒废学业。有这类表现的大学生就是没有坚定的理想信念作为精神支撑。

第二，要积极学习相关的婚恋知识。大学生要树立正确的婚恋观念、端正自身婚恋行为，还需要进一步加强自身学习，学习更多的婚恋观知识。一方面，大学生要学好高校开设的婚恋观教育的相关课程，尤其是思想政治理论课。因为思想政治理论课是高校大学生婚恋观教育的主渠道。比如，“马克思主义基本原理”课程所讲授的“马克思主义对于当代青年的成长成才具有重要的导引作用，它为青年成长成才指明正确方向、提供思想滋养”[①]。再如，“思想道德与法治”课会明确地告知大学生什么是爱情、什么是婚姻，要求大学生树立正确的恋爱观和婚姻观。但是，很多大学生上这类课程时逃课、玩手机，在思想意识上没有给予其足够的重视，导致大学生婚恋观教育成效大打折扣。大学生要改变这类错误看法，不仅要努力学习专业课知识，还要努力学习这类课程，帮助自己树立正确的婚恋观。另一方面，大学生还要自觉阅读经典爱情故事，包括爱情诗歌、小说和电影等，尤其是一些名人的故事，如马克思和妻子燕妮、周恩来与其夫人邓颖超的爱情故事等。大学生可以从经典中领悟爱情的真谛，树立正确的婚恋观。同时，大学生在婚恋过程中，也要注意将自己的婚恋观念实践化，不要理论知识丰富，实践经验为零。如果大学生在婚恋过程中遇到问题，要注意深入反思并及时做出调整，在实践过程中完善和发展自身婚恋观。

第三，要形成积极的婚恋调适理念，提升自我心理调适能力。“一个人的一生，总是要广泛接触社会，总是要干很多事，总是要经历一道道坡坎。能不能在大量诱惑面前保持定力，能不能勇敢战胜前进中的困难，能不能‘胜不骄、败不馁’，从青年时期就加强意志和品德的磨炼十分重要。坚强

---

① 《马克思主义基本原理（2021 年版）》编写组编《马克思主义基本原理》（2021 年版），高等教育出版社，2021，第 16 页。

的意志，往往是在一次次顺境和逆境的考验中形成的。”[①] 恋爱和婚姻的过程不可能是一帆风顺的。有这样一句话形象地说明了恋爱和婚姻过程中的心理：再美满的婚姻也会有一千次离婚的想法、五十次想掐死对方的冲动、一百次的你争我闹。因为来自不同生活背景和成长环境的两个人，在恋爱、婚姻里的相处过程中难免会出现各种各样的摩擦，产生矛盾。所以，不管是在恋爱还是婚姻过程中，大学生都要形成积极的婚恋调适理念，提高自己的心理调适能力，以平和的心态积极面对婚恋过程中出现的问题，提升处理感情危机的能力。在日常生活中，总有这样的大学生：遇到婚恋问题不知道如何处理，从而将这些负面情绪藏在心里，久而久之给自己造成极大的精神压力，既影响自身生活学习，也不利于一段感情的良性发展。大学生在恋爱中，当意见不合、出现分歧时，两个人应该耐心沟通，了解对方的想法后再去做决定。任何一方都不要因为对方不听自己的安排而生气或者提出分手，这是缺乏自我心理调适能力的体现。此外，大学生恋爱时要学会尊重和信任对方。恋爱时要尊重对方，尊重对方的意愿和隐私，尤其是现在大学生可能缺乏安全感，比较喜欢偷看对方的信息、追问恋爱对象的去向，这都不太利于一段感情的长远发展。结束恋爱关系也要尊重对方，恋爱对象选择结束一段感情肯定是有其原因的。当恋人选择结束这段恋爱关系，大学生要学会尊重对方的选择，可以适当挽留但是不要过多地纠缠。同时，恋爱关系中任何一方提出结束恋爱关系时都要注意选择对方易于接受的方式，不要伤害对方自尊，以免造成心理创伤甚至引发对方的报复行为。

第四，要进一步提升自我修养。成功开展新时代大学生婚恋观教育还需要大学生提高其自我修养。习近平对青年寄予厚望，他对青年说：“青年作为引风气之先的社会力量，价值追求和精神状态如何，在很大程度上决定着国家和民族走向。希望你们做社会主义核心价值观的坚定信仰者、积极传播者、模范践行者，向英雄学习、向前辈学习、向榜样学习，从我做起，从现在做起，从一点一滴做起，用实际行动告诉全社会什么是真善美、什么是假恶丑，争当大写的青年。”[②] 一方面，部分大学生婚恋时，过多追

① 习近平：《论党的青年工作》，中央文献出版社，2022，第142页。

② 习近平：《论党的青年工作》，中央文献出版社，2022，第242页。

求人的外在，而没有看到一个人内在的性格、性情。美丽的外貌确实很容易让人一见倾心，但是两个人恋爱、维系婚姻不是一朝一夕的事情，而是一个长期的相处过程，如果没有良好的品德，一段感情维系起来还是很难的。而且，好看的皮囊千篇一律，有趣的灵魂万里挑一。大学生要注意加强自身道德修养，理性看待婚恋中容貌与品性之间的辩证关系，合理调整自身择偶标准。另一方面，部分大学生婚恋时，过于看重对方的物质条件，改变这一局面也需要大学生进一步提升自我修养水平。其实很多大学生可能没有这样的想法，只是他们自身心理不够成熟，受到了主流媒体的过度影响。比如，媒体报道经常体现出有房有车才能结婚等观念。有的相亲类节目或者试图博取流量和关注的短视频博主，把择偶和物质条件直接挂钩，这些都对大学生的婚恋观产生负面影响。大学生无法左右媒体报道什么内容，无法决定博主们发布何种内容，但是大学生可以提高自身修养。“书中自有黄金屋，书中自有颜如玉”，大学生可以通过读书提高自身修养，而且读书还可以丰富知识、拓宽视野。

第五，要注重培养自身婚姻家庭责任意识。恋爱也好，婚姻也好，贯穿二者全过程的就是责任。大多数大学生在校期间有恋爱关系，但大学生情侣步入婚姻的并没有那么多，他们对婚姻家庭的理解还不够深入。对大学生进行婚恋观教育，就是要从现在开始培养大学生的婚姻家庭责任意识，这样将来大学生步入婚姻才能够营造和谐美满的婚姻家庭生活。既然大学生步入法律上的婚姻的不多，其现阶段的婚姻家庭责任就主要包括对婚恋对象本人的责任。大学生谈恋爱时，应懂得建立恋爱关系后，既要对自身负责也要对对方负责。对恋爱对象负责，意味着要学会体察对方的需求，比如，恋爱对象需要陪伴的时候能够陪伴对方，恋爱对象不舒服的时候能够及时带对方就医，恋爱对象难过时要及时安慰对方，等等。对恋爱对象负责，也意味着在恋爱过程中要把握好亲密行为的尺度，不要因为一时冲动给恋爱对象造成身心伤害。

第六章　新时代大学生择业观教育

青年兴则国家兴，青年强则国家强。新时代，我们的大学生青年在走进职业生涯上遇到了一些困难。当前，大学生就业面临着巨大挑战。一是因为高校扩招，每年毕业的大学生人数越来越多，导致竞争压力越来越大。近些年高校毕业生的规模和增量不断创下历史新高。二是受新冠疫情的影响，全球经济复苏存在不确定性，很多企业可能不再需要招聘更多的员工。尽管大学生就业存在很多困难与挑战，但是党和政府已经在积极关注这一问题。习近平强调："要把做好就业工作摆到突出位置，重点抓好高校毕业生就业和化解产能过剩中出现的下岗再就业工作。现在，多数高校毕业生都想在大城市就业，找不到工作也在城里漂着，处理不好容易形成社会风险。"① 列宁曾经在《哲学笔记》中提到，"观念是自为地存在着的（=似乎是独立的）主观性（=人）对有区别（与观念有区别）的客观性的关系"②。由此可见，新时代大学生的择业观就是指新时代的大学生凭借其已有的世界观、人生观、价值观对于择业目的、择业意义的较为稳定的总体看法和根本观点。新时代对大学生的择业观进行正确引导，对于帮助大学生端正择业观念、提高大学生的职业素养、提高大学生的择业适应能力以及促进大学生职业生涯可持续发展具有重要意义。

第一节　新时代大学生择业观教育的价值意蕴

面对竞争日益激烈的就业市场，对大学生进行相应的择业观教育，对

① 《习近平关于社会主义社会建设论述摘编》，中央文献出版社，2017，第66~67页。

② 《列宁全集》第55卷，人民出版社，2017，第164页。

于处于求职期的大学毕业生来说，可以帮助他们找到未来的方向，找到自己在社会中的职业定位，选择适合自身发展的职业，有利于他们未来的人生规划和发展。所以，新时代大学生择业观教育具有十分重要的意义。

一　端正大学生择业观念

择业观教育有利于帮助大学生端正择业观念。我们生活在地球上，然而地球上的资源是有限的，所以我们每一个人都面临这一问题：如何谋求一种职业，以使我们得以生存？同样，每一个大学生也都面临这样一个难题：毕业之后从事何种职业？职业选择是大学毕业生步入社会的一条必经之路，极其重要。因为，我们都知道，一个好的职业具有很多的积极意义。比如，一份好的工作最直观的好处就是可以提高人的物质生活水平；一份好的工作也可以让我们和同事们结交朋友，充实我们的日常生活；一份好的工作还可以给我们提供更多的信息、更多的资源，促进我们自我价值的实现；等等。相反，一份不适合我们的工作，可能会让我们逐渐丧失工作激情和生活热情，陷入自我怀疑和自我否定中。所以，新时代大学生必须要接受择业观教育，择业观教育可以帮助大学生端正择业观念。从近几年大学生择业、就业情况来看，大学生亟须通过端正择业观念解决的问题有以下几个方面。

第一，部分大学生存在跟风“考公”现象。大学生择业时倾向于追求薪资稳定、体面的工作，如公务员、事业单位和国企员工等。近几年的“公务员报考热”就是其典例，成百上千名大学生竞争一个公务员职位的现象屡见不鲜。以 2022 年国考为例，2022 年国考共有 2026060 人报名，较去年同期增长 51.4 万人；有 1837759 人通过审核，较去年同期增长 43.5 万人。2022 年国考平均竞争比为 59∶1，略高于去年同期的 54.5∶1。最热职位为西藏自治区邮政管理局阿里地区邮政管理局一级主任科员及以下（300110008001）一职，竞争比为 20813∶1，成为唯一一个“两万里挑一”的职位。[①]

---

① 《2022 国考报名情况出炉》，《廉政瞭望》2021 年第 20 期。

第二，部分大学生择业观念过于理想化，严重脱离实际。这部分大学生的一个典型表现就是对社会现实、就业环境缺乏正确认知，其择业观念脱离社会生活实际。理想化的择业观念导致大学生期望一毕业就能找到工资高、待遇好、工作时间短的工作。网络上盛传的“最理想的工作”是这样的：上班时间短、工资高、待遇好、离家近。只想要这样的“理想的工作”——只要是在职场上摸爬滚打过的人，断然不会说出这样“幼稚”的话语。

第三，部分大学生择业存在极大的盲目性。这类大学生无法确定自己想要找一个什么样的工作。他们经常会广投简历、频繁参加面试，面试成功后又考虑到诸多原因而不去入职。当然，发生这种情况的诸多原因中有很重要的一点就是这些工作和大学毕业生所学专业不匹配，造成了大学毕业生的心理落差。这是大学生对专业认知不够、对自我认知不够造成的。这类大学生也可能干脆就不找工作，因为不知道找什么工作，于是宣称自己有“选择困难综合征”，没法做出选择，白白浪费光阴。这类大学生还可能和工作单位签约后又毁约，或者就职后不久就离职、频繁跳槽。适当地调整工作单位有助于大学生认识自我，找到适合自己的岗位。但是频频跳槽的弊端也显而易见：不停地在适应新行业花费相当多的时间、精力甚至金钱，有限的生命就白白浪费在了一次次跳槽中，得不偿失。

第四，部分大学生自我奉献的观念有待加强。“当前，不就业、慢就业、躺平、啃老等现象不同程度地存在于各高校毕业生群体中，这些观念成为毕业生就业的重要障碍。”[①] 有这么一部分大学生，醉心于大都市的繁华与喧闹，渴望在大企业工作，认为经济发达的大城市和资产雄厚的大企业才有更多的发展机会。这样的择业观念，只注重自我发展和自我目标的实现，没有将个人理想和社会需要有机结合起来，没有将人生价值与国家民族复兴有机结合起来。从现实情况来看，一部分大学生为了逃避就业的压力和苦恼，盲目地选择跟风考公务员或者考研；有的大学生甚至在失败之后还会通过考研“二战”等方式逃避就业。这都是因为这部分大学生没有端正择业观念，对于未来浑浑噩噩，一味逃避现实。

① 陈鹏：《树立理性择业观，跑出就业加速度》，《光明日报》2023年7月25日，第13版。

对大学生进行系统的择业观教育，能引导大学生加强理论学习、全方位认识自我，端正择业观念，从而在面对就业走上社会职场时能够明确自身的实际需要和结合自身的发展方向去规划自己的职业。

二　提高大学生职业素养

习近平指出："当代青年成长在一个物质相对丰裕的时代。但是，物质条件好了也是把'双刃剑'，容易滋生贪图安逸等不良习气。我注意到，在一些青年中，青春沾染了惰气、暮气、邪气。还有一些青年眼高手低、心浮气躁，耽于空想、怠于实践，甚至幻想着天上掉馅饼、一拳砸出个金娃娃来。任何贪图享乐、坐享其成的心理，任何不思进取、不劳而获的心态，对国家和民族发展都是有害的，对青年个人成长也是不利的。"① 当前我国部分大学生受社会上、网络上的拜金主义、享乐主义、个人主义以及功利主义等不良风气的影响，其思想道德品质出现了一定的滑坡趋势。其反映在就业过程中就突出表现为部分大学生在择业时强烈的功利性。例如，某些大学生在个人简历中弄虚作假、伪造各种证件证书、篡改学习成绩提高绩点等，试图借此提高自己的就业竞争力。这些现象的背后折射出的是大学生职业道德的缺失，这非常不利于大学生长远的职业发展。

随着我国大学毕业生人数的递增，用人单位在招聘过程中也越来越看重大学毕业生的职业素养，招聘时不再简单地考察教育背景、学业成绩等指标，而是更加倾向于录取那些综合素质高的大学毕业生。新时代大学生择业观教育应当充分考虑到这个情况，从而将大学生职业素养的培养纳入职业观教育中。通过对大学生进行关于世界观、人生观、价值观、道德观和择业观的教育，引导大学生逐步提高自身的职业素养，使其更好地适应工作岗位，在职场中实现自身价值。

一方面，新时代大学生择业观教育要充分运用中国共产党人精神谱系加强对大学生职业素养提升的引领。中国共产党人精神谱系，包括井冈山精神、苏区精神、长征精神、遵义会议精神、延安精神、抗战精神、红岩精神、西柏坡精神、抗美援朝精神、"两弹一星"精神、改革开放精神、特区精神、抗洪精神、抗震救灾精神、脱贫攻坚精神、抗疫精神等伟大精神。

---

① 习近平：《论党的青年工作》，中央文献出版社，2022，第159页。

例如，可以用大庆精神培养大学生的独立自主、自力更生的艰苦创业的精神；也可以用红旗渠精神培养大学生“自力更生，艰苦创业，团结协作，无私奉献”的精神；还可以用劳模精神、劳动精神、工匠精神等滋养大学生，让大学生自觉投身于新时代的伟大实践中；等等。另一方面，新时代大学生择业观教育要充分运用全国劳动模范和先进工作者相关事迹鼓励大学生提升其职业素养。“大力弘扬劳模精神、劳动精神、工匠精神，激励更多劳动者特别是青年一代走技能成才、技能报国之路，培养更多高技能人才和大国工匠，为全面建设社会主义现代化国家提供有力人才保障。”① 比如我们熟知的“蓝领专家”孔祥瑞、“金牌工人”窦铁成、“新时代雷锋”徐虎、“知识工人”邓建军、“马班邮路上的信使”王顺友、“白衣圣人”吴登云、“中国航空发动机之父”吴大观等都可以成为大学生的榜样。工人、医生、邮递员等我们身边时时刻刻可以看到、可以接触到的平凡的岗位上，也能诞生不平凡的中国人。大学生可以从这些人的事迹中获得激励，建立起在自身岗位上踏实肯干、奉献自己的信念。

对大学生进行系统的择业观教育，能够帮助大学生形成正确的价值判断，在职业选择的道路上根据所学知识明辨是非，抵抗住社会的种种诱惑，坚守道德诚信、遵守职业道德，做一个有利于国家的人、有利于社会的人、有益于人民的人。

三　提高大学生择业适应能力

大学毕业生从学校步入社会，走上自己的工作岗位，面临诸多方面的压力。这些压力中可能有从学生到员工的人生角色转变带来的压力、适应新环境的压力、理想与现实差距带来的压力，也可能有自身定位与现实需要之间的差距带来的压力，等等。当然，这些压力的大小、对大学生的影响程度、影响时间，存在不同程度的个体差异。新时代大学生择业观教育可以提高大学生的择业适应能力。

第一，注重培养大学生的自主学习能力。大学生在学校获得的知识大部分是由老师在课堂上一个章节一个章节地讲授的，有的学生会课后复习和自主学习，有的学生则表现为下课就不再学习，等考试将近的时候才开

① 《习近平书信选集》第1卷，中央文献出版社，2022，第317页。

始学习。后者步入职场时，就会面对很多的困难。职场中，没有人手把手、一字一句地教给我们所有的东西。很多的职场知识，需要我们自己去观察、去请教、去学习，因此，必须要提高大学生的自主学习能力。

第二，注重培养大学生的语言和文字表达能力。善于表达、能说会道是一项非常重要的基本能力。大学生顺利进入职场的关键步骤就是面试和笔试。其中，面试这个环节考察的是大学生的语言表达能力，笔试这个环节考察的则是大学生的文字表达能力。面试过程中，大学生能否在短时间内，控制好自己的紧张情绪，并快速组织好自己的语言，是决定其能否脱颖而出的关键。笔试时，关键在于大学生如何将自己熟记的知识点用文字整理好、表达出来，从而拿到高分，占据职场竞争优势。

第三，注重培养大学生的人际交往能力。一个善于交际的人，往往能够率先在众人中崭露头角。校园是一个“麻雀虽小，五脏俱全”的小型社会，大学生可以在校园中提高自己的人际交往能力。大学生和不同的老师打交道，和来自四面八方的同学交往，参加各种各样的社团活动而结识不同的同学，都可以提高自己的人际交往能力。这样，步入职场后，大学生和有着不同人生经历的同事交往，就会更得心应手。

第四，注重培养大学生的抗压能力。梅花香自苦寒来，宝剑锋从磨砺出。大学早已经不是所谓的“快乐的”大学，大学生面临诸多压力：学习的压力、考试的压力、就业的压力等。大学生需要在这些压力中不断克服困难、自我减压，练就吃苦抗压能力。这样，大学生步入职场后，面对初入职场时来自各方面的压力就不会束手无策。

第五，注重培养大学生的情绪管理能力。情绪在人际关系中具有传递信息、沟通思想的功能。[①] 具备良好的情绪管理能力既是高情商的重要表现，也是为人处世、践行良好相处之道的内在要求，情绪管理是我们每一个人终生的课题。大学生培养自己的情绪管理能力，可以在遇到失败的时候，尝试冷静分析原因，而不是陷入失落失望情绪中；也可以在遇到困难时不苦恼，而是逐一寻找解决问题的方式方法；还可以在遇到不合理现象时不抱怨、遇到前辈的批评时不顶撞他们；等等。由此就可以在日常生活中，不断地提高自己的情绪管理能力。这样，大学生进入职场后，会更加

① 黄希庭：《心理学导论》（第二版），人民教育出版社，2007，第 461 页。

沉着冷静地面对职场中遇到的困难与挑战。

总之，新时代大学生择业观教育可以从培养大学生的自主学习能力、语言和文字表达能力、人际交往能力、抗压能力以及情绪管理能力等方面入手，提高大学生的择业适应能力。

四　促进大学生职业生涯可持续发展

新时代大学生择业观教育还可以促进大学生职业生涯的可持续发展。大学生毕业后，能够正确择业并顺利就业，意味着其职业生涯有了一个良好的开端。但是，部分大学生甚至高校教师都存在这样一个误区：学生将来找到一个什么样的工作就是职业生涯规划。这样的看法是不妥当的，这样的想法似乎将择业就业完全等同于职业生涯规划，将找工作、顺利就业完全等同于职业生涯规划的全部内容。这种做法，不仅忽略了对大学生学习能力、择业观、就业观、就业能力等众多方面的考量，也忽略了市场需求变化等综合状况，更使得大学生未来人生的几十年的规划缺乏连续性，不利于大学生职业生涯的可持续发展。大学生通过择业观教育，就可以意识到职业生涯的持续性、变化性和可塑性，从而更好地度过全周期职业生涯。

第一，大学毕业后择业、就业只是职业生涯规划的开端，绝非一劳永逸的事情。大学生毕业后，能够成功地找到一个心仪的工作，顺利地完成校园到职场的过渡，是一件很好的事情。但是，一个人可以为国家、为社会做贡献的时间长达几十年，大学生可能不会终生从事一个职业，可能不会一辈子待在同一个单位。因为国际国内形势变化多端，市场经济瞬息万变，在这样的条件下，企业出现关闭、停产或者半停产的情况都是再自然不过的事情，所以大学生务必要紧跟时代发展变化的步伐，突出时效性，不断完善和革新自己的职业生涯规划。近些年，不少大企业的裁员事件登上热搜。个中缘由不论，仅看裁员二字，大学生就可以注意到，没有人的职业生涯是一帆风顺、安安稳稳的，哪怕是进入大企业工作也有可能某一天突然就失业了。所以，大学生在顺利就业后，一定要有职业生涯规划意识，不断提高自己以适应变幻莫测的职业环境。

第二，大学生职业生涯规划的目的是规划大学生未来的职业发展，是一个终身的课题。职业生涯规划的制定和实施不是一个一成不变的固定流程，而是一个动静结合、不断变化的过程。“面对世界的深刻复杂变化，面对信息时代各种思潮的相互激荡，面对纷繁多变、鱼龙混杂、泥沙俱下的社会现象，面对学业、情感、职业选择等多方面的考量，一时有些疑惑、彷徨、失落，是正常的人生经历。关键是要学会思考、善于分析、正确抉择，做到稳重自持、从容自信、坚定自励。要树立正确的世界观、人生观、价值观，掌握了这把总钥匙，再来看看社会万象、人生历程，一切是非、正误、主次，一切真假、善恶、美丑，自然就洞若观火、清澈明了，自然就能作出正确判断、作出正确选择。”① 比如，有的大学生，初步规划自己要出国留学，但是可能由于学习成绩太差，达不到出国留学的要求；有的大学生决定考公务员，但是考了一次甚至两次都没有考上；有的大学生决定当老师，但是教师资格证始终没有拿到；还有的大学生毕业后在一个岗位工作几年、十几年后，突然发现自己对其他某一个行业更感兴趣，辞职去做自己喜欢的事情。这些情况的出现在所难免，所以大学生要时刻注意调整自己的职业生涯规划。

第三，大学生做职业生涯规划要善于引导自己挖掘自身潜力，培养自身可持续发展能力。大学生可以从当前做起，从基础做起，在工作中深化对自己、对职业、对社会的认识，在这样一个认识不断丰富和完善的动态发展过程中提升自己。同时，大学生做职业生涯规划也要着眼未来，时刻关注国家需要和社会需要，时刻做好为国家和社会奉献自己的准备。因此大学生的职业生涯规划也处于一个动态变化的过程中，随着大学生的认知、能力等方面的提升而不断变化。

第二节　新时代大学生择业观教育的内容构建

新时代大学生择业观教育包括国家政策教育、自我认知教育、社会认知教育、职业评价决策方法教育等内容。通过这些内容，可以让大学生既了解和掌握国家的就业政策和社会发展需要，又了解自身的能力和水平，从而有一个合理的自我定位。

---

① 习近平：《论党的青年工作》，中央文献出版社，2022，第 77 页。

一　国家政策教育

习近平指出："党和国家要实施积极的就业政策，创造更多就业岗位，改善就业环境，提高就业质量，不断增加劳动者特别是一线劳动者劳动报酬。要建立健全党和政府主导的维护群众权益机制，抓住劳动就业、技能培训、收入分配、社会保障、安全卫生等问题，关注一线职工、农民工、困难职工等群体，完善制度，排除阻碍劳动者参与发展、分享发展成果的障碍，努力让劳动者实现体面劳动、全面发展。要面对面、心贴心、实打实做好群众工作，把人民群众安危冷暖放在心上，雪中送炭，纾难解困，扎扎实实解决好群众最关心最直接最现实的利益问题、最困难最忧虑最急迫的实际问题。"① 党和国家为了解决就业问题实施了很多的政策措施，了解这些政策措施对于大学生就业能起到很好的促进作用。新时代大学生择业观教育包括对大学生进行关于国家与大学生就业相关的政策、举措的教育。其中，最为必要的就是让大学生对我国大学毕业生就业政策的变化有详细的了解。计划经济时期，与我国大学生就业关系密切的有两个文件：一是 1950 年政务院发布的《为有计划地合理地分配全国公私立高等学校今年暑期毕业生工作的通令》（以下简称《通令》），二是 1952 年政务院发出的《关于 1952 年暑假全国高等学校毕业生统筹分配工作的指示》（以下简称《指示》）。其中，《通令》是国家大学毕业生"统包统分"政策形成的标志，《指令》更是对大学毕业生就业做了明确规定——"集中使用、重点配备"。此后，我国大学毕业生基本实行"统包统分"政策。直到 1982 年 6 月，国务院批转了《关于一九八二年全国毕业研究生和高等学校毕业生分配问题的报告》（以下简称《报告》）。《报告》强调，"各部门和各省、市、自治区要加强对毕业生分配工作的领导。教育部门、高等学校以及社会方面要协同做好应届毕业生的政治思想教育工作。各有关单位要互相配合，密切协作，共同把这一工作搞好"。1985 年颁布的《中共中央关于教育体制改革的决定》，对计划经济时期由国家统一分配大学毕业生的政策进行了改革，提出实行国家计划招生、用人单位委托招生、在国家计划外招收自费生相结合的招生与毕业分配制度。1989 年国务院批转的《关于改革高

---

① 习近平：《论坚持人民当家作主》，中央文献出版社，2021，第 122 页。

等学校毕业生分配制度的报告》，明确了在向自主择业过渡时期我国实行双向选择的就业办法，由学校作为推荐者向用人单位推荐学生，然后用人单位与大学毕业生之间进行双向选择。1992 年，我国确立了“建立社会主义市场经济体制”的改革目标，此后，我国的就业政策发生了巨大变化。1993 年 2 月，中共中央、国务院颁布《中国教育改革和发展纲要》，明确指出要对计划经济时期的“统包统分”政策进行改革，并提出了自主择业的就业方式。1994 年，《国务院关于〈中国教育改革和发展纲要〉的实施意见》更是进一步明确提出要实现大学生毕业后自主择业的目标。1999 年教育部发布《面向 21 世纪教育振兴行动计划》，提出了要建立起较为完善的双向选择、自主择业的大学生就业制度。

通过学习了解国家与大学生就业相关的政策、举措，大学生可以明确两点：第一，大学生本身已不再是“万中取一”的“天之骄子”，必须练就真本领、将自己锻造成为社会需要的真人才；第二，国家不再介入人才资源的分配，大学生能否准确择业、顺利就业，全靠自己。因此，大学生要学会顺应国家改革发展要求，将个人命运与国家前途结合起来，将个人的需要与社会需要结合起来，为建设中国特色社会主义添砖加瓦。

二　自我认知教育

自我认知是指一个人对自己行为的观察，以及对自己的身心特征、社会特征的认识和评价，包括自我认识、自我观察、自我分析和自我评价等方面内容。[①] 其中，自我认识是指对自己的兴趣、性格、能力等方面的认识，大学生自我认识就是大学生对自己的全方位的认识；自我观察是指对自己的感知、思维和意向等方面的觉察，大学生自我观察就是大学生看待自身的想法和意向等的方式；自我分析指的是对自己为什么会有这些情绪、想法的认知，大学生自我分析就是大学生对自己出现特定的情绪状态、想法背后的原因的探索；自我评价是指对自己的想法、期望、行为及人格特征的判断与评估，大学生自我评价更多的就是指大学生对自己的一些想法，包括对未来职业生涯的规划，以及对自己的性格、能力等方面的认识。开展新时代大学生择业观教育时，就可以通过自我认知教育，让大学生对自

---

① 方志宏主编《大学生职业发展与就业指导》，高等教育出版社，2021，第 34 页。

己有一个全方位的正确认识。大学生自我认知教育涉及两个主要问题，一是大学生认知教育要让大学生认识到自我的哪些方面，二是大学生认知教育如何让大学生认识到这些方面。

首先，大学生自我认知教育主要是帮助大学生明确自己的兴趣、需要、能力、气质和性格特点等。比如，有的大学生嘴上说着自己立志成为一名人民教师，却连教师资格证都没有。这种同学就是没有正确的自我认知，没有认识到自己想要从事的职业所需要的条件和自身能力不匹配的问题。再如，有的同学受网络短视频的影响，提出自己想要成为一名主播，而且，大学生中有一部分确实是网络主播。有一些大学生是因为喜欢表达，乐于与大家分享自己的生活而选择成为一名主播，同时必然有一部分大学生是出于虚荣心走上主播之路的。出于虚荣心而选择某种职业是一种很常见的现象，因为“虚荣心能够引起对某种职业的突然的热情，而且我们也许会用自己的幻想把这种职业美化，把它美化成生活所能提供的至高无上的东西”①。对大学生进行自我认知教育就可以帮助大学生避免因为虚荣心而选择某种职业。

其次，择业观教育可以从两个方面入手帮助大学生进一步了解自己。一方面，择业观教育可以借助相关的心理测验对大学生进行评估。当前，随着我国经济的迅速发展，人们越发注重心理健康，参考借鉴国外测验设计或自主研发了很多信效度都很不错的心理测验。比如，如果大学生想知道自己的人格特质或人格特点，那么可以做 MBTI 人格量表、艾森克个性测验等；如果大学生想了解自己的需求，那么可以做大学生需求调查问卷(UNI)；如果大学生想了解自己倾向于从事何种工作，那么可以做大学生职业倾向测验、霍兰德职业倾向测验等。另一方面，大学生也可以利用寒暑假去找一些实习工作，在工作实际中去追问自身是否喜欢这样的工作环境、这样的工作任务自己是否能够完成、这样的工作能够给自己带来什么等。大学生可以在对自身的追问中不断深化对自己全方位的认识，同时通过一定次数的尝试找到真正适合自己的工作。

总之，大学生自我认知教育，就是采取各种各样的方式方法帮助大学生了解自己的能力和性格等各方面的特点，主要是让大学生明确以下三点：

---

① 《马克思恩格斯全集》第 1 卷，人民出版社，1995，第 456 页。

第一，自己有什么样的性格特点，适合从事何种职业；第二，自己目前拥有什么样的能力，可以从事何种职业；第三，自己想要从事的职业需要什么样的能力和特点，自己应该如何去达到这样的要求。

三　社会认知教育

新时代大学生择业观教育还包括社会认知教育，其内容主要包括社会职业的一般内容、社会需求以及我国大学生就业形势及现状等。“一些学生就业难源于不恰当的择业观。比如，有些毕业生只追求名校深造、考公考编等，认为只有考上研究生才有未来，只有公务员岗位才是稳定的工作。这些观念存在很大偏颇，同学们不能随波逐流。不是每个人都适合读研究生、都适合做公务员。择业观出现的偏颇，很大程度上是因为学生在择业观念形成过程中，缺乏应有的外部环境认知。”① 加强社会认知教育，让学生对择业的外部环境有一个正确的认识十分必要。

第一，社会认知教育包括关于社会职业一般内容的教育。应通过社会认知教育，让大学生明白：“职业是指人们由于社会分工所从事的具有专门业务和特定职责，并以此作为主要生活来源的社会活动。”② 大学生初步认识职业是什么还不够，还需要进一步认识职业有哪些。以往人们常说“三百六十行，行行出状元”，新时代我国职业可远远不止“三百六十行”。2022 年 9 月 28 日，人力资源社会保障部举行了《中华人民共和国职业分类大典》（2022 年版）网上新闻发布会。根据相关介绍，和 2015 年版《中华人民共和国职业分类大典》相比，在保持 8 个大类不变的情况下，2022 年版《中华人民共和国职业分类大典》净增了 158 个新的职业，使我国职业数达到了 1639 个。所以大学生们不仅要认识到职业是社会分工进一步细化的结果，能够给我们提供主要的生活来源，还要认识到职业种类越来越丰富，我们可以选择的职业很多。在对“职业”的认识的基础上，大学生还需明确：“职业活动不仅是人们谋生的手段，也是人们奉献社会、完善自身

① 陈鹏：《树立理性择业观，跑出就业加速度》，《光明日报》2023 年 7 月 25 日，第 13 版。

② 《思想道德与法治（2021 年版）》编写组编《思想道德与法治》（2021 年版），高等教育出版社，2021，第 164 页。

的必要条件。”① 因此，对大学生进行社会认知教育还需引导大学生树立崇高的职业理想。

第二，社会认知教育包括关于社会需求的教育。大学生在择业过程中，考虑个人的兴趣和意愿是必要的、可理解的，但同时也要充分考虑现实的可能性和社会的需要，将自己对职业的期望与社会的需要和国家的需要结合起来。当前我国许多地方尤其是中西部地区的基层单位，对人才需求十分强烈。不可否认大公司大城市有起步高、层次高、机会多等优势，但是基层工作能够给大学生提供施展才华的广阔空间，使大学生更大程度地发挥自己的主观能动性、让自身才能充分展现。

第三，社会认知教育还包括为大学生阐述与分析我国大学生就业现状和趋势等。比如，对大学生进行择业观教育的时候，可以借用《中国统计年鉴》的相关数据向大学毕业生阐述当前我国劳动力市场情况。例如，通过表 6-1，大学生们可以直观地看到 2016~2020 年在我国共有多少劳动力、其中的就业人员有多少。2016~2020 年这五年，每年都有 2000 余万人没能成功就业。这样，大学生可以增强竞争感和紧迫感，从而激励自己做好相关的择业准备。

表 6-1 2016~2020 年我国劳动力人数及就业人员人数

单位：万人

指标	2016 年	2017 年	2018 年	2019 年	2020 年
劳动力人数	79282	79042	78653	78985	78392
就业人员人数	76245	76058	75782	75447	75064

资料来源：《中国统计年鉴 2021》，国家统计局网站，https：//www. stats. gov. cn/sj/ndsj/2021/indexch. htm，最后访问日期：2022 年 10 月 25 日。

对大学生进行择业观教育的时候，还可以适当参考麦可思研究院发布的关于中国大学生就业的数据，截至 2022 年该机构已连续 14 年发布《中国大学生就业状况报告》。其报告基于大学毕业生跟踪数据撰写，具有一定的参考价值。《2022 年中国大学生就业报告》显示，在严峻的就业形势下，大

① 《思想道德与法治（2021 年版）》编写组编《思想道德与法治》（2021 年版），高等教育出版社，2021，第 166 页。

学毕业生的薪资增速在放缓，选择考研、考公的比例在持续上升，2021 届本科毕业生脱产备考公务员的比例比 2017 届翻了一番。[①] 这个报告就可以在对大学生进行择业观教育的时候运用起来：其一，可以参照报告调查新时代大学生期待的薪资水平、考研和考公的比例等；其二，可以帮助大学生了解社会环境、用人单位给出的薪资水平；其三，如果考研考公人数过多，还可以结合我国招聘研究生、公务员的人数等帮助大学生做出理性选择；等等。

四　职业评价决策方法教育

对大学生进行择业观教育还需加强大学生职业评价决策方法教育，其主要内容包括职业环境评估、职业信息获取及评估的方法。首先，大学生择业观教育包括职业环境评估教育，职业环境评估主要有行业分析、职业分析和地域分析三个方面。行业分析是指运用相关的经济学原理，进一步预测未来行业的发展趋势。以高校思想政治理论课教师为例。2020 年 3 月 1 日起实施的教育部令第 46 号——《新时代高等学校思想政治理论课教师队伍建设规定》（以下简称《规定》）明确表明："高等学校应当根据全日制在校生总数，严格按照师生比不低于 1∶350 的比例核定专职思政课教师岗位。公办高等学校要在编制内配足，且不得挪作他用。"《规定》实施后，高等学校思想政治理论课教师的相关专业，包括马克思主义理论、马克思主义中国化、思想政治教育等以往较为冷门的专业一时间成为大学生考研的热门专业。但是高校近一两年招了很多的思想政治理论课教师，等大学生报考、考上研究生，顺利毕业后，至少 3 年过去了。3 年后，高校对于思想政治理论课教师的需求量是怎么样的呢？这就需要对大学生进行择业观教育，让他们对所学专业的对口行业有一个大致的了解。职业分析指的是大学生对所学专业未来的就业去向在大方向上的了解和把握。例如，对于思想政治教育专业，大学毕业生可以从事相关教学工作，成为一名思想政治理论课教师，也可以进入国家各级各类政府部门，成为一名行政人员。

---

① 《〈2022 年中国大学生就业报告〉发布 大学生薪资增速在放缓 考公比例 5 年翻番》，快资讯网，https：//www.360kuai.com/pc/9139826616c690ef5? cota = 3&kuai_so = 1&sign = 360_7bc3b157，最后访问日期：2022 年 10 月 25 日。

再比如，对于金融专业，大学毕业生可以选择进入银行工作，也可以进入企业从事相关工作，还可以考公，等等。地域分析的对象则更多的是大学毕业生所学专业对应的那些行业在该地区有怎样的发展前景。比如，社会工作专业的大学生未来就业方向更多的是社区工作者、街道办事处工作人员，他们如果选择去乡镇择业、就业，就会遇到更多的瓶颈。

其次，新时代大学生择业观教育还包括职业信息获取和评估的教育。在网络上以“大学生兼职被骗”为搜索词进行搜索，会出现许许多多的关于大学生兼职或者求职被骗的新闻。这些现象表明，大学生职业信息获取方式方法有待改进。经简单访问得知，大学生倾向于通过招聘会和招聘网站获取招聘信息，招聘网站主要有 BOSS 直聘、58 同城、前程无忧招聘网、智联招聘等。但是，这些网站信息真假不一，无法保证其招聘信息的质量。对大学生进行职业信息获取和评估的教育，就可以告诉大学生招聘信息最好还是在政府相关部门的网站上去找。以四川为例，四川省人力资源和社会保障厅网站①的招聘信息就极好。它在人事考试板块②下设置了“新闻中心”、“职称资格”、“公务员”、“事业单位”和“社会化”五个小专栏，后四个小专栏为大学生择业提供了很多的招聘信息。如果有大学毕业生想要去企业工作，发现“社会化”专栏信息不够，那么可以直接登录该企业的官网查找相关招聘信息；若是从其他二手网站得到了招聘信息，那么可以先通过在网络上查找该企业的电话进行信息真假的确认。因为在市场经济条件下，就业市场在竞争较为激烈的同时也存在着较高的风险。

第三节　新时代大学生择业观教育的优化路径

大学毕业生是一个国家宝贵的人才资源，大学毕业生顺利就业对未来社会的发展至关重要。随着我国高校毕业生就业制度的改革，大学毕业生就业问题越发突出。同时，大学生择业观教育是一个系统化、整体性的大工程，需要靠国家、学校、家庭以及大学生本人各方面齐心协力，共同发力。

---

① 四川省人力资源和社会保障厅网站，http：//rst.sc.gov.cn/，最后访问日期：2023 年 3 月 6 日。

② 四川省人力资源和社会保障厅网站人事考试专栏，https：//www.scpta.com.cn，最后访问日期：2023 年 3 月 6 日。

一　做好高校毕业生就业工作

“各级党委、政府和社会各界要切实做好高校毕业生就业工作，采取有效措施，克服新冠肺炎疫情带来的不利影响，千方百计帮助高校毕业生就业，热情支持高校毕业生在各自工作岗位上为党和人民建功立业。”① 新时代大学生择业观教育离不开国家的大力支持，党和政府要制定多种相关的制度和政策，创造良好的社会环境，来帮助大学生建立起正确、科学的择业观。习近平强调：“要坚持就业优先战略，把解决人民群众就业问题放在更加突出的位置，努力创造更多就业岗位。”② 政府部门应加强制度和政策支持，帮助大学生就业。

第一，进一步健全我国的社会保障制度。2017 年 10 月 28 日，党的十九大报告明确提出，“加强社会保障体系建设。按照兜底线、织密网、建机制的要求，全面建成覆盖全民、城乡统筹、权责清晰、保障适度、可持续的多层次社会保障体系”。2022 年 10 月 26 日，党的二十大报告再次强调，“健全社会保障体系。社会保障体系是人民生活的安全网和社会运行的稳定器。健全覆盖全民、统筹城乡、公平统一、安全规范、可持续的多层次社会保障体系”。如果我们国家的社会保障制度能够更加健全，那么大学生的就业状况会得到很大程度的改善。国家的社会保障制度会覆盖到全社会全行业，这时候岗位只有分工的不同，而不会再有三六九等之分。那些倾向于选择公务员、事业单位的大学生，看重的其实更多的也是这些岗位的福利待遇。只有全行业都有同样或者类似的福利待遇，那些平日里大家“看不起”的工作，如需求很大却招不到人的家政服务员、清洁工、快递员、外卖员等才能真正地被“看到”，人们才能真正乐于，而不是因为其他原因被迫从事这些工作。尤其是一些发展缓慢，上升空间小、渠道少的基础性岗位，更需要建立和公务员待遇不相上下的保障制度，如此大学生才会主动从事这些行业。这样的制度，不仅可以解决大学生就业问题，还可以使人才结构得到完善，使人才市场运行机制得到保障，促进行业良性发展，从而使整个社会蓬勃发展。

---

① 《习近平书信选集》第 1 卷，中央文献出版社，2022，第 286~287 页。

② 《习近平谈治国理政》第 3 卷，外文出版社，2020，第 344 页。

第二，完善现有基层岗位的相关政策。我国的基层岗位人员缺口很大，尤其是农村。基层岗位晋升空间很大，相关政策很多，而且基层岗位工作具有多样性、针对性等特点，常常需要和不同的老百姓打交道，很能锻炼人际交往能力和沟通能力等。但是，基层岗位工作条件艰苦，吃住不比大城市，工作量大且复杂多变，时常需要牺牲休息日，最重要的是基层岗位工作人员找对象难。基于各方面的原因，我国基层岗位还需更多的人才到岗。大学生找工作找不到，我国基层岗位招人招不到，这就是典型的“男生女生找对象，各找各的”。基于此，国家可以通过完善相关政策吸引大学生到基层岗位就业。比如，国家可以尽可能地扩大“特岗教师”“三支一扶”的招收规模，增加就业岗位，为大学生提供更多的选择机会。同时，国家可以进一步提高现有职位待遇，比如可以提高基层岗位的生活补助，完善基层岗位的周转宿舍等设施，有条件的地区还可以先修建相关的人才公寓等。大学生下基层，既满足国家需要，又能实现自身价值，一举两得。

第三，充分运用好互联网。开展网络宣传教育和就业服务，“不能简单建个网站、做个手机应用软件就万事大吉了，关键是要真正发挥作用，把‘线上’和‘线下’、‘键对键’和‘面对面’结合起来，增强联系服务青年的时效性”①。网络宣传教育中要有大学生成功就业的典例，也要有围绕大学生择业观的专访，还要有经过专人确认真假的招聘信息、高校教师对大学生择业就业的建议、大学生没能成功就业的自我反思，等等。大学生接受网络宣传教育，看到成功就业的大学生，就会觉得“这个同学就是我们学校的，他都找到工作了那我也可以”，从而给自己更多的信心；看到没能成功就业的大学生，也可能会觉得“原来不是我一个人没有找到工作，再试试吧”，反向激励自己；看到老师给的择业建议，可能会觉得“哦，原来还可以这样”，多了一种就业的思维方式。最重要的是，配套的就业服务网站的招聘信息是由政府相关部门的工作人员筛选过的确认为真的招聘信息，可以有效地降低大学生就业被骗的概率，促进大学生正向就业。此外，国家可以充分发挥媒体的导向作用。开展新时代大学生择业观教育，还需进一步加强媒体对大学生择业观的正面影响。“人民网”微信公众号2022年10月25日推送了一篇题为《00后小伙“刮腻子”，刮成世界冠军!》的

① 习近平：《论党的青年工作》，中央文献出版社，2022，第161页。

文章，2022 年 11 月 1 日推送了一篇题为《跟妈妈在服装厂长大的她，获世界冠军!》的文章。刮腻子的马宏达也好，做衣服的董青也好，都是平凡岗位上的中国人，也正是平凡岗位上的一个个中国人代表中国拿到了世界冠军。但是，与二人相关的报道却不多。我国网民包括大学生喜爱的短视频，可以多多推送此类新闻，一来可以鼓舞我们每一位中国人，二来也可以增强人们对这些基础性岗位的尊重和认可，三来还可以增强同岗位的从业人员的职业归属感。这有助于使大学生不再将择业目光局限在所谓的社会认可的那些职业上，而是去往更多的岗位发光发热。

第四，加强大学生的职业培训教育。习近平在就加快发展职业教育做出的指示中强调："要牢牢把握服务发展、促进就业的办学方向，深化体制机制改革，创新各层次各类型职业教育模式，坚持产教融合、校企合作，坚持工学结合、知行合一，引导社会各界特别是行业企业积极支持职业教育，努力建设中国特色职业教育体系。"[①] 要加强对职业技能培训的引导和扶持。深入市场调查了解市场的需求，确保做到以需定培、以培供需。健全职业培训体系，建立完善的职业培训教学、实训和相关考核的机制，组建一支专业的、有效的，以市场需求为导向的职业培训教师队伍。做好与高校的沟通和对接。截至 2019 年底，我国有 375 所学校 1679 个本科专业通过国家认证。[②] 这么多的学校和专业确实需要相关的工作人员制订针对性的培训计划，与高校建立起良好的沟通路径，不仅要让高校了解到市场的需求，也要向高校进一步了解不同院系不同专业大学生的特点，对其进行对口的职业培训，将丰富多样的培训内容板块化、系统化，和高校一起为提高大学生的择业能力而努力。大学生可以通过职业培训了解相关职业的工作内容、工作性质，在实际工作过程中逐渐明确自己的择业倾向，为自身顺利步入社会、步入职场做好充分准备。

二 加强高校大学生择业引导

高校是大学生择业观教育的主阵地，对推动开展大学生择业观教育起

---

① 《习近平关于社会主义社会建设论述摘编》，中央文献出版社，2017，第 48 页。

② 《全国 375 所学校 1679 个本科专业通过国家认证》，中华人民共和国教育部网站，http://www.moe.gov.cn/jyb_xwfb/s5147/202007/t20200722_474259.html，最后访问日期：2022 年 11 月 1 日。

着重要作用。要进一步加强大学生择业观教育者队伍建设，发挥好辅导员、思想政治理论课教师、就业指导教师以及心理健康教师等的主体性作用，进一步调整大学生择业观教育培养方案和培养目标，进一步落实大学生社会实践相关课程。这样才能增强和提升新时代大学生择业观教育的有效性，让学生有更多的幸福感、收获感、满意度。

第一，进一步加强大学生择业观教育者队伍建设，发挥好辅导员、思想政治理论课教师、就业指导教师以及心理健康教师等的主体性作用。

首先，要发挥好辅导员的关键作用。2006 年 7 月，教育部正式颁布《普通高等学校辅导员队伍建设规定》，其明确指出辅导员“具有教师和干部的双重身份”[①]。高校辅导员既是教师，又是干部，不仅承担着对大学生进行思想教育的任务，还肩负着对大学生进行管理服务的重任。因此，高校辅导员在大学生择业观教育中起着重要作用。在大学生择业观教育中，高校辅导员具体应该如何做呢？2014 年 3 月教育部印发的《高等学校辅导员职业能力标准（暂行）》明确规定高校辅导员应“帮助学生树立正确的职业观、择业观、创业观、成才观，尽快适应社会、融入社会”。高校辅导员要做到这一点可以从以下三个方面努力。其一，部分高校辅导员可能需要转变自身观念。有一些高校辅导员对大四毕业生的择业观教育工作更为重视，在一定程度上忽略了对大一到大三年级大学生的择业观的合理引导，没有充分认识到大学生择业观教育的连续性和过程性。而且，其对大四毕业生的择业观教育的关注点也更多地集中在通过提供就业信息以达到提高就业率的目的上。因此，这部分高校辅导员需要转变择业观教育的理念，意识到大学生择业观教育的长期性、阶段性和重要性，自觉对不同年级的大学生开展相应的择业观教育。其二，高校辅导员需要自觉加强理论学习，不仅要及时学习党和国家相关的就业政策、法律法规，更要学习择业观教育的科学理论和教育方法，提高择业观教育的科学性。其三，高校辅导员还需要利用自身优势，开展更加有针对性的择业观教育。在高校，辅导员老师相较于“上完课就走”的任课教师拥有更多的时间和大学生接触，更加了解大学生的学习和生活情况。因此，辅导员可以根据自己对大学生的

---

① 教育部思想政治工作司组编《加强和改进大学生思想政治教育重要文献选编（1978—2008）》，中国人民大学出版社，2008，第 492 页。

家庭情况、性格特点、能力特点等方面的了解，对他们开展个性化的择业观教育，帮助他们顺利从校园生活过渡到社会职场生活。

其次，要发挥好思想政治理论课教师的核心作用。用人单位不仅注重大学生的专业知识和相关技能，更注重大学生的职业道德和职业态度。高校思想政治理论课教师肩负着立德树人的重任，要将大学生择业观教育纳入思想政治理论课教育教学过程中。例如，一所高校所有的思政课教师可以共同开展研究，探索出一种将思想政治教育与择业观教育相结合的教学模式，将择业观教育融入思想政治理论课教育过程中；还可以针对不同的课程，采用分板块、计学分、选老师等方式，让大学生根据自己的职业倾向，选择相应的板块或者相应的老师，这样他们既可以修得一定的学分，达到毕业应修学分要求，又可以结合自己的兴趣爱好去学习一些择业知识。此外，高校思想政治理论课教师还可以用马克思主义理论去引导大学生正确对待自己的职业选择，不断认识自己、完善自己，树立符合国家发展、社会进步要求的个人满意的择业观。

再次，要发挥好就业指导教师的重要作用。一般说来，高校都有“招生就业指导处”这一部门，但是由于种种原因，一些学校的就业指导教师没有被很好地重视。因此，高校要投入一定的时间、精力和金钱，打造一支专业知识水平高、工作经验丰富的就业指导教师队伍，分层次、分专业培养一批就业指导教师，让每一位教师都能成为帮助大学生制定自身职业生涯规划的专家。如此，就业指导教师不仅可以让大学生了解到当前的就业形势、国家相关的就业政策和措施，还能够针对不同年级不同专业的大学生开设相应的职业生涯规划课程，针对大学生的择业技巧进行相关的培训，对大学生择业就业过程中出现的问题进行针对性分析和解决，等等。

最后，要发挥好心理健康教师的辅助作用。“教育，无论学校教育还是家庭教育，都不能过于注重分数。分数是一时之得，要从一生的成长目标来看。如果最后没有形成健康成熟的人格，那是不合格的。”① 大学生在择业过程中，可能会遇到一些无法解决的心理问题。这时候就需要我们的心理健康教师发挥其重要作用，对大学生进行有效的心理疏导。但是，有的时候，大学生在择业就业过程中遇到了自身无法解决的心理问题后，可能

① 习近平：《论党的青年工作》，中央文献出版社，2022，第 234 页。

不会主动地来求助。心理健康教师需要对低年级到高年级大学生在择业方面可能出现的心理问题有大致的了解，尽可能地让更多的大学生知道如何处理这些大学生经常出现的心理问题。对那些在课堂以及相关的测评和测验中检测出来有特殊心理压力的大学生，要重点观察、教育和辅导。

第二，进一步调整大学生择业观教育培养方案和培养目标。大学的职业生涯规划课对大学生能否形成正确的择业观有着重要影响。高校在给大学生开设相关的择业观教育课程的基础上，还需完善其课程的培养方案和培养目标。这也是时代对择业观教育提出的问题：新时代，大学生择业观教育究竟该怎么做，要达到一个什么样的目标？以择业观教育中的一门核心课程“大学生职业生涯规划”为例。这门课是为帮助每一个大学生对未来职业生涯进行合理规划而设置的一门课。这门课常常被诸多高校设置为一门公共必修课程。然而，一些学校的“大学生职业生涯规划”课程内容和教学方法等不尽如人意。尤其是期末考试要求较低，学生轻易就能拿到学分，这导致许多学生反而对这门必修课的重视程度不够，不愿意积极主动学习。新时代，高校应当结合当前我国社会市场的需求及时更新“大学生职业生涯规划”的培养方案、培养目标，增设就业指导的相关教学内容；同时，教学设计和教学方法也要做到与时俱进、符合大学生的个性特点等，将职业生涯规划教育落到实处，切实提高大学生的择业、就业能力。

第三，进一步落实大学生社会实践相关课程。很多高校都会根据大学生的专业设置相应的实习类课程。一般这类实习类课程会在大学生读大三或者大四年级的时候进行。因为经过大一、大二两年系统的理论知识学习，大学生已经初步掌握了该专业的相关理论，具备一定的理论知识，大三大四的实习课程不仅可以检验大学生自身的学习情况，还是大学生将所学理论运用到现实生活的实践过程中去的一个重要环节。但是，由于实习类课程实操性更强，偏向于应用，其学生学习成果不能再简单地运用考试或者论文进行考查。于是，部分高校的实习课程陷入了形式化的弊端，出现如大学生到实习地点参观一圈就结束，或者在实习地点敷衍了事等情况。一般来说，人们完整地了解并熟悉一个工作岗位至少要一年的时间。但是，高校实习类课程设置的时间并不长，实习时间不够，大学生的实习效果也没有那么显著。实习类课程还有一个重大弊端，即我国关于大学生实习的法律法规还不那么健全，实习生的权益没有得到充分保障。例如，很多用人单位不会和实习生签订劳动合同，在实习过程中如果大学生发生意外就找不到明确的负责人。所以，高校在设置实习类课程时，可以和用人单位进行谈判，尽可能根据大学生所学专业去设置相应的实习时间，尽最大努力保障大学生的实习权益，让大学生无后顾之忧地去实习，为顺利就业做好充分准备。“围绕开展精准化就业指导和精细化就业服务，建立完善覆盖高等教育全过程的生涯规划教育体系，利用数字化和大数据手段，实施精准就业指导。同时要主动开拓就业市场，做好政策性岗位招录，挖掘市场性岗位潜力，举办各类双选活动，为毕业生争取更多就业机会。”①

三　加强高校大学生就业支持

开展新时代大学生择业观教育还需要家长的努力。新时代，我国发展迅速，就业形势与过去相比发生了天翻地覆的变化，需要父母及时更新自己的就业观念，以更好地引导大学生建立正确、科学的择业观。

第一，要转变对大学文凭的看法。在毕业生父母将要就业的年代，大学生或许是万里挑一的，是天之骄子。但是现在，随着高校扩招，大学毕业生越来越多，而且随着我国教育事业的进一步发展，硕士和博士也越来越多了。大学生的学历在市场竞争中已经不再占据突出的优势了。从我国人才队伍的状况来看，现在已经过了人才紧缺的年代。我国“人才队伍快速壮大。全国人才资源总量从 2010 年的 1.2 亿人增长到 2019 年的 2.2 亿人，其中专业技术人才从 5550.4 万人增长到 7839.8 万人。各类研发人员全时当量达到 480 万人年，居世界首位”②。如今，人才队伍规模进一步扩大，拥有博士、硕士文凭的人才越来越多，社会上就业岗位的增长赶不上人才的增长。所以，父母自身要先认清这个现实，然后才能引导子女建立正确的择业观。

第二，要做好相关心理准备。毕业生人数暴增的情况下，大学毕业生就业确实存在一定的困难，父母要做好陪伴自家孩子渡过漫长就业季的心理准备。这时候父母千万不要一味地去指责，而是要多鼓励他们。不管是大学生还是小学生，他们都是父母的孩子，都需要父母的鼓励。有条件的

① 陈鹏：《树立理性择业观，跑出就业加速度》，《光明日报》2023 年 7 月 25 日，第 13 版。
② 习近平：《论科技自立自强》，中央文献出版社，2023，第 263 页。

父母可以多多支持子女，给予一定的经济支持等。有的父母可能会觉得心里很不平衡：自己花了那么多时间、精力、金钱来培养自己的孩子，等了多年终于等到孩子毕业，以为这时候孩子就可以成家立业，成为社会上的有用之才，然而，孩子毕业后却找不到工作，或者找到的工作连自己都养不活，更别提回馈家庭了。家长对于这样的现象要正确看待，不要因此而否定大学教育，也不要因此而否定家庭在教育上的投入，更不要因此而否定子女。把读大学等同于就业的想法是片面的、有问题的，如果父母给大学生灌输这样的想法和观念，非常不利于其形成正确的择业观，会给大学生带来很大的精神压力。

第三，要转变择业观念。部分家长用自己的“铁饭碗”观念，要求子女考公务员、事业编等，选择父母自认为稳定的职业。还有部分家长并不考虑大城市就业的工作竞争压力、生活压力等现实因素，要求子女去北上广等发达城市就业，导致青年人在择业过程中屡次受挫，自信心下降。这些择业观念都是不正确的。古人云：“自古英雄多磨难，从来纨绔少伟男。”父母要引导青年在平凡的岗位上发光发热，引导青年以国家的需要为出发点去找工作，“要积极鼓励青年到艰苦的一线吃苦磨练、增长才干”①。新时代，我国的市场经营主体有国有企业，也有很多的民营企业，还有外企以及个体经营者等。经营主体的多样化意味着大学生的择业选择也呈现出多样化的特点。所以，父母不要用自己的择业观念去干涉大学生的选择，要学会引导他们遵从自己的内心来选择自己的职业，做他们真心喜欢并且有能力做好的事情。

四　提升大学生职业能力

开展新时代大学生择业观教育离不开大学生本人的努力。国家相关部门出台政策，为大学生就业保驾护航，社会为大学生顺利步入职场搭建平台，高校设置相关课程进行针对性的教学为大学生择业出谋划策，家长全力支持配合大学生择业就业，如果大学生本人不积极上进，不愿意择业就业，那上述这些仍然都是岸上捞月——白费功夫。大学生要想正确择业、顺利就业，也需要调整自己的思想观念，提升自己的职业能力和职业水平。

---

① 习近平：《论党的青年工作》，中央文献出版社，2022，第216页。

首先，要不断提升自己，不仅要提高专业知识能力，还要提高职业素养。专业知识方面，大学生要努力学习专业知识，做到系统梳理所学知识，对大学专业课知识了然于胸。大学生应当明确，自身能力是自己在职业竞争中获得胜利的法宝。即使有人凭借侥幸进入职场，如果没有过硬的专业知识，也迟早会被职场淘汰。进入职场，不努力提升自己，被职场、被时代淘汰的也大有人在。所以，不管是否就业，大学生都要增强自身就业危机意识，不断充实自身，毕竟机会向来只留给有充分准备的人。职业素养方面，大学生要明白职业素养是一种隐性的“加分项”，是自身软实力的综合表现，在日常生活学习中不断提高自己的职业素养和道德素养。比如，大学生可以通过各种各样的书籍或者网络媒体积极主动去学习中华优秀传统文化，从五千年的中华文明中汲取营养；大学生也可以自觉学习党的先进思想，做一个心系国家、热爱民族的有爱的大学生。

其次，要学习系统的职业生涯规划相关知识。在学习过程中，大学生能够充分认识自己，找准自我定位，确定自己的职业目标，做好自身职业规划。大学生对未来充满迷茫，有的时候可能是因为对就业形势或者就业政策不了解，但更多的时候是因为对自己不了解、对自身定位不准确。在大学四年的时间内，大学生要充分利用学习之外的时间，积极参加学校社团活动、社会实践活动等，增进对自己的了解，不断为步入职场做准备。大学生进行职业规划时，也要注意根据自身情况制定规划，务必充分结合自己的专业、能力、性格特点等，消除择业中的盲目跟风、人云亦云心理。尤其是即将择业时的大学生，切忌眼高手低、好高骛远，务必戒骄戒躁。大学生可以试着以低姿态进入工作，从基础做起，在工作中去认识自己、提升自己，不断调整自己的职业生涯规划。大学生应认识到，任何一名劳动者，无论从事的劳动技术含量如何，只要兢兢业业、精益求精，就一定能够造就闪光的人生。①

再次，要保持健康的择业心态。媒体大肆报道大学生毕业人数多、大学生就业难，有的大学生容易因此出现恐慌、压力过大、逃避现实等心理问题，甚至有的大学生还没有到毕业季就已经非常焦虑了。其实，大学生

① 《思想道德与法治（2021 年版）》编写组编《思想道德与法治》（2021 年版），高等教育出版社，2021，第 167 页。

要多想一想：人生哪有那么多一帆风顺，上千万人在找工作，遇到一两个困难是再正常不过的事情。此外，大学生在择业时，千万不要因为一时的困难与挫折，就妄自菲薄、怀疑人生。相反，大学生可以通过不断分析求职过程中遇到的困难与挑战，总结自身经验教训，不断提高自己的求职能力，迎接更为激烈的职场竞争。而且，大学生在择业就业过程中确实遇到了自己目前无法解决的难题时，还可以积极寻求学校、老师、父母等多方面的帮助，遇到问题就迎难而上，解决问题。“毕业生要眼光放长远，制定符合社会需求和自身条件的求职目标。在就业目标选择上切不可‘钻牛角尖’，如只找某个地区的工作，或只考虑编制内的单位等，毕业生要扩展择业范围，包括就业地区、单位性质、就业岗位等，不给自己的求职设置过多约束，要多给自己机会。毕业生要着力补短板，结合自身的实际情况，找到求职不成功的短板所在，并充分利用学校的就业中心或家乡人力社保等部门提供的有效资源，开展能力提升和有效的企业见习，逐步实现求职竞争力的增强。”①

最后，要积极主动、全面准确地了解市场，注意收集信息。尤其是已经有明确职业目标的大学生，要时常关注自己喜欢的职业的相关招聘信息。前文也强调，大学生无论是从招聘会、人才市场、招聘广告、企业官网还是从亲朋好友处得到招聘信息的，第一步一定是判断招聘信息的真实性，全方面了解单位或企业的现状和岗位相关性质、工作内容等。同时，大学生应自觉将个人利益和社会需要以及国家需要结合起来，将社会需要和国家需要作为自身选择职业的基本出发点。马克思说：“如果我们选择了最能为人类而工作的职业，那么，重担就不能把我们压倒，因为这是为大家作出的牺牲；那时我们所享受的就不是可怜的、有限的、自私的乐趣，我们的幸福将属于千百万人，我们的事业将悄然无声地存在下去，但是它会永远发挥作用，而面对我们的骨灰，高尚的人们将洒下热泪。”② 此外，大学生还要积极主动了解国家鼓励大学生自主创业的有关政策，积极关注经济社会发展趋势，为今后自主创业打下良好的基础。

---

① 陈鹏：《树立理性择业观，跑出就业加速度》，《光明日报》2023 年 7 月 25 日，第 13 版。

② 《马克思恩格斯全集》第 1 卷，人民出版社，1995，第 459~460 页。

第七章　新时代大学生生命教育

早在 1997 年，叶澜教授在《教育研究》上发表的题为《让课堂焕发出生命活力——论中小学教学改革的深化》的论文就首次提出了“生命教育”的教育理念。[①] 之后叶澜教授的这个教育理念很快引起了教育界的关注和重视，不少学者从不同角度对生命教育问题进行了相关探索和思考，取得了不少的学术成果。同时，有关生命教育的实践活动逐步开展起来，对生命教育理念在教学中的运用也取得了实际成效。总体来看，我国生命教育具备了一定的理论积累和实践基础，这对我国深入开展大学生生命教育影响重大。但是随着时代的不断进步、现代市场经济的发展以及国内外局势的变化，大学生生命教育面临新的形势。因此，探索新时代条件下大学生生命教育的重要意义、主要内容、存在的问题及其解决办法，对大学生形成积极向上的生命价值观具有重要意义。

第一节　新时代大学生生命教育的价值意蕴

大学生是祖国初升的太阳，他们充满朝气和活力、富有探索精神，是最具有积极性和创造性的群体，是中华民族伟大复兴的希望。新时代开展大学生生命教育意义深远，可以帮助大学生认识生命的真正意义和价值，走出对人生的迷惘，走出生命的困顿，促进大学生全面发展、成长成才，使其自觉担负起实现中华民族伟大复兴中国梦的使命，有利于中华民族伟大复兴。

① 叶澜：《让课堂焕发出生命活力——论中小学教学改革的深化》，《教育研究》1997 年第 9 期。

一 大学生成长成才的内在要求

开展新时代大学生生命教育是大学生成长成才的内在要求。一方面，大学生生命本身的存在是其接受教育和发展进而成长成才的最大前提。世界上所有的教育活动都是由现实存在着的人的生命活动构成的，没有人的生命的存在，教育活动就缺乏教育者和受教育者，即没有主体和客体，教育本身也就不复存在。生命教育活动也是一样，生命的存在为生命教育提供了根本的可能条件。另一方面，大学生成长成才需要正确生命价值观的指引。2014 年，习近平在北京大学师生座谈会上的讲话指出："抓好这一时期的价值观养成十分重要。这就像穿衣服扣扣子一样，如果第一粒扣子扣错了，剩余的扣子都会扣错。人生的扣子从一开始就要扣好。"① 大学生的关键一扣就是拥有健康的生命，就是建立正确、积极的生命价值观，这样日后大学生的人生路才能走得更好、走得更稳。有一句话是这样说的：健康是"1"，其余的财富、名誉、地位等这些都是"0"，"1"没有了，再多的"0"也没有用。同理，大学生身心健康是"1"，其余的学历、相貌、家境等都是"0"。大学生如果连自己的生命都不在乎了，那也就不可能会想要成长成才，更不可能为祖国和社会做贡献。如果大学生不成长为祖国的栋梁之材，那么国家花费大量的人力、物力、财力培养大学生就会失去意义，他们接受的教育就会付诸东流，这对国家、社会、家庭以及大学生个人都是极大的损失。也就是说，大学生成长成才的基本前提是生命的存在，生命是生命价值实现的基本载体，离开生命，生命价值将无从谈起。

二 中华民族伟大复兴的时代要求

开展新时代大学生生命教育也是中华民族伟大复兴的时代要求。一方面，新时代赋予大学生新的使命和责任。鲁迅先生说，青年"所多的是生力，遇见深林，可以辟成平地的，遇见旷野，可以栽种树木的，遇见沙漠，可以开掘井泉的"②。每个时代的青年有其各自的使命和责任，新时代青年

① 习近平：《青年要自觉践行社会主义核心价值观——在北京大学师生座谈会上的讲话》，人民出版社，2014，第 9 页。

② 鲁迅：《鲁迅全集》第 3 卷，人民文学出版社，2005，第 59 页。

大学生的重要使命和责任就是实现中华民族的伟大复兴，因此大学生的生命价值必然要体现在实现我国的百年奋斗目标和中华民族伟大复兴的过程中。对大学生开展生命教育，可以帮助大学生正确认识生命，培养其生命责任意识，使其自觉担当民族大任，努力成长为对国家和社会有用的人，为祖国繁荣富强贡献自己的力量。这不仅是我国高校教育的育人目标，更是实现中华民族伟大复兴的应有之义，彰显了教育的时代要求。另一方面，大学生个人梦想和中国梦是统一的整体，二者是相辅相成的关系。大学生的个人梦想是中国梦的组成部分，而中国梦的实现是个人梦想实现的根本保障。大学生要想实现个人的梦想，必须关心国家和民族的发展，将个人梦想与中国梦有机结合起来，将个人梦想融入实现民族振兴的伟业中，从而实现自身的生命价值。也就是说，中华民族伟大复兴的中国梦为大学生的生命赋予了与众不同的意义和价值。

三　大学生全面发展的客观要求

开展新时代大学生生命教育也是大学生全面发展的客观要求。大学生生命教育的总体目标之一就是将大学生培养成为各方面和谐发展的人，而不是让其成为某一种人。培养某一种人的教育是“工具人”教育，即将大学生培养成为能够应对某一种职业的人，这样的教育披上了功利主义外衣，是不可取的。马克思主义经典作家认为，人的全面发展是“人以一种全面的方式，就是说，作为一个完整的人，占有自己的全面的本质”[①]。大学生的“全面发展”不是面面俱到的发展，也不是平均发展，而是尊重大学生的个人兴趣和身心发展规律的发展。当前，由于应试教育模式尚未成功得到改革，大学生高层次的休闲活动不够多，导致最可能成为“完整的人”的大学生变成了“单向度的人”。“书呆子”更是人们对那些仅有高学历，其余什么也不会的读书人的讽刺。新时代大学生生命教育可以促进大学生的全面发展。马克思在《资本论》中就强调，“生产劳动同智育和体育相结合，它不仅是提高社会生产的一种方法，而且是造就全面发展的人的唯一方法”[②]。让大学生接受生命教育，可以使他们更加深刻地认知生命本质，

---

① 《1844 年经济学哲学手稿》，人民出版社，2018，第 81 页。

② 《马克思恩格斯文集》第 5 卷，人民出版社，2009，第 557 页。

培养其生命情感，增强其生命责任意识；也可以引导大学生从“人”的角度思考生命的意义，探索更深层次的生命价值；还可以启迪大学生寻找人生梦想，成为德才兼备、全面发展的时代新人。相反，如果大学生缺乏正确的生命价值观念，也就没有大学生自身的发展，更谈不上大学生的全面发展。

第二节　新时代大学生生命教育的内容构建

新时代大学生生命教育，不仅要让大学生能够关注自己的生命，做到珍爱自己的生命和他人的生命，而且还要引导大学生进一步探索并创造出生命的价值，使自身价值在社会中得到提升，并最终指向人类的终极关怀。故新时代大学生生命价值观教育应当包含以下几个方面的内容。

一　生命认知教育

部分大学生出现不尊重生命、漠视生命、轻言放弃生命的现象，其背后的原因就在于没有正确认识生命。可以从以下两个角度出发正确认识生命本质。

一是从生命的生物学意义上讲，“生命是蛋白体的存在方式，这种存在方式本质上就在于这些蛋白体的化学组成部分通过摄食和排泄而不断更新”[①]。在生命的生物学意义上来说，“我们应该坦率地承认，人和其他动物是来自一个共同的祖系的”[②]。人类和其他生物具有相同的或类似的生物特性，人类的生命和其他生物的生命是平等的。因此，残害动物、虐待动物的行为就是不可取的，但是现实生活中又常常出现漠视动物生命的行为。大学生是受过高等教育的人才，他们中有人出现漠视动植物生命的行为更应当引起人们的高度重视。同时，既然生命是生物学意义上的存在，那么大学生就应该认识到生命的唯一性和不可替代性。具体来说，生命的唯一性和不可替代性表现在每一个人的生命都是一种时间和空间上有限度的存在，生命对于每一个人来说都有且仅有一次。生命的丧失意味着人将不复

---

① 《马克思恩格斯文集》第 9 卷，人民出版社，2009，第 351 页。

② 〔英〕达尔文：《人类的由来》上册，潘光旦、胡寿文译，商务印书馆，1983 年，第 31 页。

存在。强调这一点可以让大学生明白生命的珍贵之处。

二是从生命的社会属性来讲，马克思认为人的生命和动物的生命又存在本质的区别：“动物和自己的生命活动是直接同一的。动物不把自己同自己的生命活动区别开来。它就是自己的生命活动。人则使自己的生命活动本身变成自己意志的和自己意识的对象。”① 人不会满足于被纯粹的本能支配而如同动物般地生存，相反，人是追求意义的生物。“人最惧怕的是自己成为‘无意义的存在’‘毫无价值的存在’。”② 人的生命活动是基于人自身对生活的理解、对生活的规划，在自身能动性的基础上通过人的意识来认识世界、改造世界。所以，人的生命又和其他生物的生命是不同的。因此，从生命的社会属性来看，部分大学生还需加强对生命意义和价值的追求与探索。总之，新时代大学生生命教育中生命认知教育主要的目的就是帮助大学生认识到生命的本质，对生命形成更加科学、系统、理性的认识。

二　生命情感教育

生命教育仅仅停留在认知层面是产生不了教育实效的，还必须对大学生进行相应的生命情感教育。生命情感教育十分重要，其重要性主要体现在情感是人存在的一个重要标志，不应当也不可能脱离人的情感去孤立地谈论人的生命及其价值上。一方面，人与人的情感密不可分，二者是紧密联系在一起的整体。心理学家诺尔曼·丹森曾说道：“人就是他们的情感。要知道人是什么，必须懂得他们的情感。反过来说也一样，要知道什么是情感，就必须理解我们称之为人的这个现象。”③ 所以，情感作为人的非理性层面，是人之所以为人的一个必要条件。一个没有情感的人，是不完整的人，更算不上是真正意义上的人。当然，完全脱离人的情感去讨论人，更谈不上有何意义。另一方面，人生命的价值和意义往往体现在情感中。马克思曾指出，“人不仅通过思维，而且以全部感觉在对象世界中肯定自己”④，“人作为对象性的、感性的存在物，是一个受动的存在物；因为它感

---

① 《1844年经济学哲学手稿》，人民出版社，2018，第53页。

② 高清海：《人就是“人”》，辽宁人民出版社，2001，第222页。

③ 〔美〕诺尔曼·丹森：《情感论》，魏中军、孙安迹译，辽宁人民出版社，1989，第7页。

④ 《1844年经济学哲学手稿》，人民出版社，2018，第83页。

到自己是受动的，所以是一个有激情的存在物”①。可见，马克思也非常肯定人内在的情感，正是激情等情感推动人进行创造性的实践活动，在实践中实现自我生命的价值，彰显自身生命的意义。此外，情感还有层次之分，从内容角度进行区分，情感包括自然情感、社会情感、民族情感以及道德情感。其中，积极向上的社会情感，往往会引导人们关注社会发展，关心国家和民族的命运，使自己的生命意义更大、更深；健康正面的民族情感，可以发挥其团结的功能，把整个民族的成员紧密地联结起来，形成强大的凝聚力，从而推动社会发展和人的发展，提升人的生命价值。

三 生命责任教育

马克思和恩格斯曾强调，“作为确定的人，现实的人，你就有规定，就有使命，就有任务”②。人内在的这种规定性、使命感和生而为人的任务感，归根结底就是人生命的责任。人生命的责任具有多重性的特点，包括对自我的生命责任，对他人的生命责任以及对社会和国家的生命责任。首先，大学生需要对自我的生命负责。新时代，对于大学生而言，承担自我生命责任的最基本要求就是珍惜自己的生命，满足其最基本的需要，维护自己的身心健康，保持健康的体魄。一个大学生如果对自己的生命都不够爱惜，对自己生命的存在与否都毫不在意，又怎么会关心自我生命的价值以及他人的生命呢？所以大学生对自我生命负责，首要的就是养成健康的生活方式，保持旺盛的精力和体力，好好学习，为生命价值的创造做好充分的身心准备。其次，大学生需要学习对除了大学生本人以外的其他的生命负责。人是社会性的生物，出生、成长、衰老、死亡时都总是直接或间接地与他人发生着关系。正如恩格斯谈到事物普遍联系时强调的，“当我们通过思维来考察自然界或人类历史或我们自己的精神活动的时候，首先呈现在我们眼前的，是一幅由种种联系和相互作用无穷无尽地交织起来的画面”③。既然人与其他生物处在万事万物的普遍联系之中，那么人自身的生命和其他生命也必然有着千丝万缕的联系。大学生应既珍爱自身的生命，也尊重其

① 《1844年经济学哲学手稿》，人民出版社，2018，第104页。

② 《马克思恩格斯全集》第3卷，人民出版社，1960，第329页。

③ 《马克思恩格斯选集》第3卷，人民出版社，2012，第790页。

他生命的存在、理解其他生命与自身生命的差异性，在对他人生命负责的过程中实现对自我生命的升华。最后，大学生承担生命责任还需要对社会和国家负责。大学生只有将社会责任、国家责任和自我生命有机统一起来，才能实现其最大的生命价值。因为大学生自我发展、自我实现的青春梦与国家富强、民族振兴、人民幸福的中国梦是统一的，其根本精神和实现的路径也是统一的。[①]

四　人生幸福教育

追求幸福是人类一切行为的终极目标，“什么是幸福”这一话题也一直是古今中外思想家们思索讨论的焦点。在这个物欲横流的时代，大学生不禁越发想要追问：什么是幸福？如何获得幸福？其一，人生幸福教育可以引导大学生追求真正的个人幸福生活。追名逐利不是追求幸福生活，相反，“世界上因为富有财资而遭受祸害以至丧生，或者因为追逐名利而不能自拔，置身虎口，甚至于身殉其愚的人，例子是很多的。世界上忍受最难堪的痛苦以图追逐浮名而保全声誉的人，例子也并不更少些。至于过分放纵肉欲而自速死亡的人更是不可胜数”[②]。其二，人生幸福教育可以引导大学生明确个人幸福和社会幸福、中国梦以及全人类幸福的辩证关系。第一，可以引导大学生追求幸福时将个人幸福和社会幸福联系起来。大学生在追求自身幸福的过程中，不仅要意识到自身的需要和幸福，还需用理智意识到他人的需要和幸福、意识到社会整体的需要和幸福，将个人幸福融入社会幸福。同时，当所有个人的幸福都得到保障的时候，作为个人幸福总和的社会幸福也就随之相应地得到实现，从而实现最大多数人的幸福。第二，可以引导大学生追求幸福时将个人幸福和中国梦联系起来。一方面，个人幸福的实现离不开中国梦的实现。中国梦是每一个单个的个人追求幸福、实现幸福的根基。一个人追求幸福的前提就在于将个人幸福的实现和国家的发展结合在一起。另一方面，中国梦的实现有赖于我们每一个单个的个人最大限度地发挥自己的聪明才智和创造力。第三，可以引导大学生追求

① 丁俊萍主编《中国梦之中国力量》，武汉大学出版社，2015，第 318 页。

② 北京大学哲学系外国哲学史教研室编译《西方哲学原著选读》上卷，商务印书馆，1981，第 404 页。

幸福时将个人幸福和全人类幸福联系起来。后疫情时代，人们越来越清楚地认识到这一事实：全世界各国人民都居住在地球上，除了这一居住地我们再无其他居所。我们和全世界各国人民都是地球上的一员。因此，我们追求个人幸福的时候还需要看到全人类的幸福，要在实现自身幸福的同时为全人类幸福做贡献。如此，我们生活的地球才会越来越美好。正如马克思所说的那样，我们应为全人类幸福而奋斗终生。

五 死亡教育

生与死二者之间是对立统一的辩证关系：没有生，谈不上死；没有死，生似乎也就毫无意义可言。正如恩格斯在《自然辩证法》中指出的那样，“生命总是和它的必然结局，即总是以萌芽状态存在于生命之中的死亡联系起来加以考虑的……生就意味着死”[①]。也就是说，生命本身就是生与死的统一体，正是死体现了生的可贵，也正是死揭露了生命的价值和意义。通过死亡教育，大学生可以认识到：虽然人的生命最终都是要走向死亡的，但是每个人死亡的价值和意义有所差异。毛泽东在《为人民服务》中指出，“人总是要死的，但死的意义有不同……为人民利益而死，就比泰山还重；替法西斯卖力，替剥削人民和压迫人民的人去死，就比鸿毛还轻”[②]。新时代亦是如此，那些为人民洒热血、为社会奋斗不息的人，实现了自身的社会价值，受到人们的赞颂；相反，那些为了一己之利危害社会和人民的人，尽管他们从自然生命上看还活着，但人们以他们为耻。所以，接受死亡教育一方面可以促进大学生借着对死亡课题的讨论和思考，变得更加珍惜生命、热爱生命，并将这种态度内化于心、外化于行，另一方面可以促使大学生思考生命意义和价值，在有限的生命里尽可能创造出更大的价值，拓展自身生命的宽度。

第三节 新时代大学生生命教育的优化路径

新时代大学生生命价值观受到学校、家庭、社会等诸多方面的影响，

---

① 《马克思恩格斯文集》第 9 卷，人民出版社，2009，第 546 页。

② 《毛泽东选集》第 3 卷，人民出版社，1991，第 104 页。

是诸要素形成的合力产生的结果。正如恩格斯所指出的那样，“最终的结果总是从许多单个的意志的相互冲突中产生出来的，而其中每一个意志，又是由于许多特殊的生活条件，才成为它所成为的那样。这样就有无数相互交错的力量，有无数个力的平行四边形，由此产生出一个合力，即历史结果”[①]。因此，要想把生命教育这个系统的大工程做好、引导大学生树立正确、健康的生命价值观，需要国家、高校、家庭以及大学生本人共同努力。

一　做好生命教育的顶层设计

第一，增加关于大学生生命教育发展的政策。《国家中长期教育改革和发展规划纲要（2010—2020 年）》在“总体战略”中提出“重视安全教育、生命教育、国防教育、可持续发展教育”。该纲要从国家层面强调了生命教育的重要性，明确了生命教育的重要地位，但是其针对的是中小学生生命教育，我国缺乏对应的大学生生命教育的纲领性文件。中小学生和大学生存在着质的区别，他们年龄差异大，学习方式、学习内容、承担的社会角色以及生理心理发展阶段都不相同。因此，党和政府也可以专门出台关于大学生生命教育的文件，促使高校、家庭以及大学生本人重视大学生生命教育。当然，各地政府教育部门也有一些针对大学生生命安全及心理健康的教育方针，对生命价值观也有一定的积极影响。但是，各部门的教育方针政策各有不同，指导性教材也良莠不齐，且由于没有硬性规定，有的高校没有给予应有的重视，落实大学生生命教育的情况也有所差异。所以，在提升大学生生命教育成效方面，可以提供更多的政策支持。

第二，筛选一批高校进行试点，防止生命教育出现“一刀切”的现象。首先大学生本身就有年级、年龄之分，而且由于生理、心理、成长环境、家庭教养方式等方面的差异，即使是处于同一年龄阶段的大学生也有所不同。这大大增加了大学生生命教育的难度。大学校园内自杀、犯罪以及其他漠视生命的现象频繁出现，很可能不是因为高校看不到这些现象或者看到这些现象而不作为，而是因为高校有诸多心有余而力不足的难处。这启发我们：大学生生命教育需要在了解不同区域、高校、年龄、年级的教育对象的基础上，因地制宜，因材施教。基于此，政府可以为解决这一难题

① 《马克思恩格斯选集》第 4 卷，人民出版社，2012，第 605 页。

提供便利。政府可以调查同一个区域的高校针对每个年龄阶段的大学生采取何种教育方法进行生命教育，以及这些方法的成效如何。如果这些高校尚未重视大学生生命教育，那么可以请该类高校进行试点，采取某种教育方式，追踪其教育效果。若效果不错，便可试着推广至其他高校，若效果不佳，也就可以淘汰此方法。如此，可以避免大多数高校采取不佳的方法，既浪费人力、物力、财力，又达不到让大学生接受生命教育的目的。

第三，成立专门的大学生生命教育指导小组。马克思指出："我们首先应当确定一切人类生存的第一个前提，也就是一切历史的第一个前提，这个前提是：人们为了能够'创造历史'，必须能够生活。"① 生命是人类一切社会实践活动的基本前提，没有生命其他一切无从谈起。大学生是祖国的未来，是民族的希望。如果大学生不爱惜自己和他人的生命，终日浑浑噩噩，建成富强民主文明和谐美丽的社会主义现代化强国的任务谁来完成呢？政府可以成立一个专门的大学生生命教育指导小组，专门负责大学生生命教育相关的问题。例如，有的小组成员可以负责搜集近五年甚至近十年的大学生自杀事件，统计大学生自杀事件出现的频率、大学生容易自杀的时间节点，分析每一位自杀大学生自杀的原因，等等。这样，指导小组人员就可以找出与大学生自杀相关的共性问题，在开展生命教育的时候多谈一谈这些共性问题，也可以在大学生容易自杀的时间节点加强校园巡逻等，降低大学生自杀的可能性。又如，指导小组人员也可以和高校进行密切合作，跟踪调查高校内采用特定方法开展生命教育的效果。具体来说，要观察采用方法 A 对大学生进行生命教育的高校五年、十年内出现的大学生漠视生命的现象与采用方法 B 的高校有无明显差异，从而筛选出适合用来开展大学生生命教育的方式方法。这些调查研究大多耗时、耗力，所以迫切需要政府提供相关的财力、物力、人力，找到对大学生进行生命教育的科学的方式方法，提高大学生生命教育实效。

二　搭建生命教育的学习平台

高校是大学生学习和生活的主要场所，是大学生接受生命教育的主阵地，是开展生命教育不可或缺的重要力量。新时代，为了切实提高大学生

---

① 《马克思恩格斯选集》第 1 卷，人民出版社，2012，第 158 页。

生命教育实效，高校要发挥思想政治理论课的主渠道作用，加强大学生生命教育课程体系建设，建立一支专业化的生命教育育人队伍，搭建大学生生命教育平台，建设实践平台，增创实践活动，让大学生在实践中领会生命的真谛。

第一，要发挥思想政治理论课的主渠道作用。“生命教育是以引导学生树立正确的生命价值观为目的的教育理念和教育形式，它应该是当前思想政治教育的重要组成部分之一。”[①] 前文已有所提及，当前我国大学生生命教育主要还是在思想政治理论课以及某些公共选修课中有所涉及，思想政治理论课发挥着生命教育主阵地作用。所以，在大学生生命教育课程体系建设尚未完成时，高校可以进一步发挥好思想政治理论课的作用，提高大学生生命教育成效。例如，可以在《马克思主义基本原理概论》《毛泽东思想和中国特色社会主义理论体系概论》《中国近现代史纲要》《思想道德与法治》《形势与政策》等思想政治理论课教材中融入生命教育的相关内容。这些教材所对应的课程都是每一个大学生的必修课，生命价值观相关内容可以由此传达给每一位同学，对大学生生命价值观产生巨大影响。当然，生命教育和思想政治理论课教育还是有所差异的，例如前文提到的死亡教育就是生命教育的特有内容。没有什么比亲眼看到自己的亲人离去更能触动人对生命的思考的，高校可以让学生直接到殡仪馆参观火葬的过程，甚至到医院重症病房去看看生命流逝的最后状态，等等。所以，高校在发挥思想政治理论课的主阵地作用时，要注意生命教育的特殊性。

第二，加强大学生生命教育课程体系建设。大学生成长成才离不开大学生生命教育，更离不开专门化的生命教育课程体系。随着时代的发展，生命教育的相关研究在我国得到了丰富和发展，但是实事求是地说，我国生命教育的弊端就在于没有建构起专门的大学生生命教育课程体系。大学生生命教育课程体系的建构有诸多好处。一方面，该体系有利于生命教育内容专业化。例如，部分高校关于大学生生命教育的内容夹杂在其他学科中，各学科中的相关内容虽各具特色，但杂乱且不全面不专业，导致大学生无法形成完善的生命价值观。专门化的生命教育体系中，教育内容不仅

① 朱萌：《思想政治教育视域中的大学生生命价值观教育：内涵、特征和功能》，《理论与改革》2015 年第 2 期。

专业而且十分全面，有利于大学生形成完善、积极、健康的生命价值观。另一方面，该体系有利于明确大学生生命价值观课程的教育目标。部分高校大学生生命教育目标不清晰，对于应当对大学生进行什么样的生命教育和该校要培养具有什么样的生命价值观的人才认识不到位，盲目地堆砌大学生生命教育课程，也不知如何去评估这些课程的教育成效。专门化的生命教育课程体系包含健全的考核制度和评估系统，能够在大学生成长成才的过程中全方位地跟进大学生的发展，有利于增强高校生命教育的实效性和完整性，强化教育效果。

第三，建立一支专业化的生命教育育人队伍。当前我国部分高校缺乏生命教育的育人队伍，没有积极构建起全员育人机制，这非常不利于保障大学生生命教育工作的实效性和完整性。提高新时代大学生生命教育成效必须要有一支能担此重任的师资队伍，部分高校生命教育成效不高最主要的原因就是师资力量不够强大。我国对思想政治理论课教师队伍的建设要求是建设一支专职为主、专兼结合、数量充足、素质优良的思政课教师队伍，大学生生命教育也应该打造这样一支专门化的育人队伍。有条件的高校可以高薪聘请高水平、高学历的专业生命教育教师，打造专业化生命教育育人队伍。尚不具备良好条件的高校可以从思想政治理论课教师队伍、心理健康教师队伍以及高校辅导员队伍中挑选优秀的教师，组成生命教育教师队伍。思想政治理论课教师可以在课堂上对大学生进行相关的生命教育，心理健康教师可以通过心理咨询和心理健康活动对大学生进行相关的生命教育，辅导员可以在实践中引导大学生思考，也可以在日常生活中为大学生解答生命价值困惑。总之，新时代大学生生命教育需要一支专业化的育人队伍来提高生命教育成效。

第四，搭建大学生生命教育平台。运用互联网等信息技术，借助微博、抖音等各种客户端搭建大学生生命教育平台。大学生生命教育成效良好与否，很大程度上取决于采取何种方式方法。新时代，大学生对于手机、平板电脑、笔记本电脑等工具的运用占据了生活、工作、学习的大部分时间。所以，在大学生生命教育中，为了更好地激发大学生的学习兴趣，提升大学生对生命价值观内容的接受程度，可以将信息技术合理运用起来。例如，有实力的高校可以打造一个专门的网页用于让大学生学习生命价值观的相关内容。如此，大学生可以随时随地在网络上进行学习，这给大学生的实际学习带来了便利。不仅如此，大学生还可以亲自参与到网站的建设中，从而促进大学生的主体作用的发挥，使生命教育活动更加丰富多彩。例如，网站中可以设置留言板，大学生可以留言自己希望获得关于哪些方面的生命价值观的内容；又如，可以请大学生就对生命教育哪些板块的内容更感兴趣进行网络投票。根据大学生的这些留言和投票，高校开展生命教育时可以结合与大学生的现实生活紧密联系的内容，并将大学生关注的热点问题融入其中，增强生命教育成效。

第五，建设实践平台，增创实践活动，让大学生在实践中领会生命的真谛。马克思曾说："全部社会生活在本质上是实践的。凡是把理论引向神秘主义的神秘东西，都能在人的实践中以及对这种实践的理解中得到合理的解决。"① 大学生需要在实践活动过程中去体会生命，去思考生命的意义。高校可以积极开展一些实践活动，例如，高校可以组织大学生参观植物园、动物园、监狱、消防站，到孤儿院、养老院去做义工，到贫困地区去支教，等等。大学生在这些实践活动中，可以看到生命的不同状态，进而促进大学生对生命的情感、责任以及价值等方面的思考。所谓看世间万象、品人生百味，就是这个道理。在此不得不提到在新冠疫情防控过程中涌现出来的大批大学生志愿者，他们用一点一滴的行动为全国人民筑起了一道道防线，为夺取疫情防控斗争胜利贡献出了自己的力量。"大学生志愿行动应该是一种自觉、自愿的行为，志愿精神应该是个人对生命、对社会、对人生的一种积极态度。"② 正是这种态度，有利于大学生在服务他人、服务社会中实现自身的价值，进而形成正确的生命价值观。

三　营造尊重生命的家庭氛围

尽管很多大学生都远离父母而生活在大学校园，但是家庭教育是每一个大学生受教育的起点，大学生的父母对大学生的生命价值观的形成有着重要的影响。父母要帮助大学生形成积极健康的生命价值观。

第一，父母要建立正确的生命价值观，用自身的一言一行引导大学生。

① 《马克思恩格斯文集》第1卷，人民出版社，2009，第501页。

② 教育部思想政治工作司组编《社会工作方法在大学生思想政治教育中的运用》，高等教育出版社，2010，第177~178页。

大学生在高校接受了生命教育后，如果回到家里发现父母的生命价值观和自己所接受到的教育不一致甚至完全相反，将非常不利于大学生生命价值观的形成。所以，父母要认同高校的生命教育，自觉调整家庭教育对大学生生命观的影响，使其和国家、高校对大学生的生命教育同向同频，提高生命教育的有效性。那么，父母如何了解国家和高校对大学生的生命教育中的生命价值观呢？首先，父母需要加强与高校的联系，积极听取学校关于生命教育的建议和指导，和学校一起努力探索大学生生命教育的方法，提高自身教育能力。其次，父母需要合理运用如短视频等新媒体媒介，利用一切可以利用的条件和机会引导大学生形成积极的生命价值观。

第二，父母要创造和谐有爱的家庭氛围，用家庭环境感染大学生。一般来说，家庭成员和家庭结构的变化都很可能直接影响大学生的身心健康。尤其是在父母早亡或离异、父母关系紧张、父母虐待过小时候的大学生本人或者父母只关注大学生的成绩等情况下，大学生很可能出现一些问题行为，甚至走上自杀的绝路。由于我国城市化进程的加快，大量农村劳动力涌入城市，小孩和老人滞留家中，导致留守儿童长期得不到父母的关爱。这些孩子长大后成为大学生，很可能对父母漠不关心，因为他们小的时候没有得到过来自父母的爱，没有习得爱他人的能力。如果大学生所处的家庭环境中，家人之间相亲相爱、相互尊重，那么这样的家庭和家庭成员就会成为大学生的避风港、情绪的最佳调节剂。在这样的家庭氛围之中，大学生可以感受到生命中的爱，从而在爱中体会生命的意义。此外，父母和其他家庭成员也可以对大学生进行生命价值观上的引导，帮助大学生逐步明确自己生命的意义和价值。

第三，父母要提高自身知识水平和文化素养，用跟上时代的方式方法教育大学生。一般来说父母的文化程度与大学生价值观的积极程度有着正相关的关系，即父母文化程度越高，大学生的价值观越积极向上，反之则恰恰相反。所以父母应当多读书、多看报、多学习，努力扩大自己的知识面，在实践中不断调整自己的育人方式方法。尤其是受我国应试教育影响，有的父母的关注重点还没有从大学生的成绩转移到大学生的身心健康上来，缺乏对大学生的人文关怀。现在父母一辈的人常常说，大学生外出求学后很少和父母联系，只有当大学生没有钱用的时候才想起给父母打电话。这个反常现象引发人们思考：大学生是受过高等教育的人才，为什么不懂得感恩父母的付出呢？其中一个很重要的原因就是有的父母的教育方式不合适。从孩子小时候开始，父母为了让孩子专心学习，家里的一切事情都不让孩子参与，而自己在背后默默付出很多，孩子却全然不知，并且会潜意识里认为父母不需要被关怀、被关心，这样的孩子长大以后就会表现得对父母漠不关心。所以，在大学生的生命价值观的形成过程中，父母需要不断地提高自身知识水平和文化素养，对其进行积极正向引导。

四 做好生命价值观的内在塑造

开展新时代大学生生命教育离不开大学生本人的努力。尽管国家相关部门出台政策、高校设置相关课程、家长积极正向引导，但是如果大学生本人结束自身生命，所有的努力皆会付诸东流。大学生要加强自我教育、自我调节、自我成长，形成正确的生命价值观。

第一，要树立远大的理想信念，在追逐理想、坚守信念中实现自身价值。理想信念是人的生命支点，是人的生命之魂，决定着一个人的人生方向，直接影响到大学生在精神上是否幸福。但是，中共中央、国务院在《关于进一步加强和改进大学生思想政治教育的意见》中明确指出，“一些大学生不同程度地存在政治信仰迷茫、理想信念模糊、价值取向扭曲、诚信意识淡薄、社会责任感缺乏、艰苦奋斗精神淡化、团队协作观念较差、心理素质欠佳等问题”。前文提到的在大学里浑浑噩噩度日的大学生就没有理想信念，因此其人生就显得毫无方向，人云亦云、随波逐流。此外，部分大学生的理想追求表现出明显的生活化、具体化以及短期化的特点，例如，当问到大学生的理想时，有的大学生会回答房子、车子、理想的工作等物质性追求。如果大学生的理想信念都呈现出低层次的特点，将非常不利于我国的发展。习近平强调：“广大青年一定要坚定理想信念。‘功崇惟志，业广惟勤。’理想指引人生方向，信念决定事业成败。没有理想信念，就会导致精神上‘缺钙’。中国梦是全国各族人民的共同理想，也是青年一代应该牢固树立的远大理想。”[①] 因此，用中国梦引领大学生生命价值的构建，使其成为大学生的行动指南，不仅可以进一步促进大学生健康成长、形成健全人格，提高大学生的生命质量，还可以帮助大学生树立正确的生

① 《习近平谈治国理政》，外文出版社，2014，第50页。

命价值观，点亮大学生的生命之灯。

第二，要转变自身价值观念，克服错误思潮的影响。大学生处于世界观、人生观、价值观形成的关键时期，有的大学生容易受到社会上拜金主义、享乐主义、极端个人主义等错误思想的影响，把人生的美好简单理解为消费和享乐，追求纯粹的物欲，从而误解生命的价值和意义。尤其是新学期开始的时候，校园周边的商铺生意异常火爆，随处可见大学生“买买买”。而且，大学生也是网络消费的主力军。在此不得不提到网络消费带来的大学生超前消费的诸多问题，在百度浏览器以“大学生网贷还不上自杀”为关键词进行搜索，出来的相关报道数不胜数。这就是大学生没有形成积极向上的生命价值观的后果。如果一个大学生秉持这样的消极价值理念，那么在个人追求上他将表现为学习不够努力，学业成绩不及格；在对待家人朋友上，他可能对家人、老师、同学等漠不关心，无法处理好自身人际关系。长此以往，“在追求世俗的享乐生活中，不再具有超越的精神，这就使得生命失去了终极价值的支撑，生命缺乏终极性的追求。这表现为生命的超越和发展在受到阻碍。生命失去终极的目的，满足于鄙俗、低级与无聊。生命价值的失落，使得我们对他人生命冷漠，对自己生命不以为然，对世间他人的痛苦无动于衷，我们的生命感觉麻木了”①。

第三，要积极调整自身认知和状态，克服其他不利因素的影响。大学期间是求学阶段，首先要打牢知识的基础，要潜心学习，把握时机，不负年华。很多大学生也能够明白这个道理，在大学期间努力学习专业知识，但是大学生在学习过程中会受到很多不利因素的干扰。例如，有的大学生告别了高中的高压环境后，极其容易被五花八门的大学活动所吸引，不再把更多的精力投入学习中。他们不知道自己要做什么，不知道自己到底想要什么。这样的状态是消极的，是亟须改变的。因为“一个人如果有正当的游戏和娱乐，对于生活兴趣一定浓厚，心境一定没有忧郁或厌倦，精神一定发扬活泼，做事一定勇往直前”②。所以，大学生出现这一状态时，可以及时地向老师和父母寻求帮助，以防负面情绪长期累积形成心理问题，影响身心健康。此外，还有一些大学生的状态引起高校、老师以及社会关

① 刘铁芳主编《现代教育的生命关怀》，华东师范大学出版社，2007，第 34 页。

② 朱光潜：《朱光潜人生感悟》，中国青年出版社，2013，第 224 页。

注。和刚刚一无所知的大学生截然相反，他们把相当多的时间和精力用来考取各种各样的证书。这类大学生一味追求考取热门证书，而对证书和自身专业有无关系毫不关心。但是，如果只有相关的职业资格证书，而没有与之相匹配的实践操作能力，也是徒劳无功。所以，大学生要常与老师、父母以及其他同辈多加交流，及时调整自身认知和状态，根据自身人生规划，活出自己的多彩生命。

第四，要把握机会多读书，在自我反省和自我激励中探寻生命的价值和意义。一方面，大学生要抓住大学期间难得的业余时间多读书、读好书，在书中品百味人生，感悟生命价值。因为眼睛是看不到生命的价值和意义本身的，人们看到的、听到的都是经过自己“加工”后的东西，“加工”过程赋予了事物和事件意义，而读书可以帮大学生感知到生命的意义所在。另一方面，自我反省和自我激励对于大学生追寻生命真正的价值和意义十分重要。苏霍姆林斯基说：“只有能够激发学生去进行自我教育的教育，才是真正的教育。”[①] 大学生读了书，如果只有眼睛看到了这些字，却没有对内容进行消化和理解，也是无用的。大学生只有持之以恒地读书，不断地对自己的人生进行反思，才能真正明确生命价值。

第五，要在劳动实践的过程中实现生命价值。劳动不仅是人最基本的实践活动方式，还是人生命的表现。习近平在同全国劳动模范代表座谈并发表重要讲话时指出：“劳动是财富的源泉，也是幸福的源泉。人世间的美好梦想，只有通过诚实劳动才能实现；发展中的各种难题，只有通过诚实劳动才能破解；生命里的一切辉煌，只有通过诚实劳动才能铸就。”[②] 即使大学生有着崇高的理想信念，自身观念也十分积极向上，常常看书反省自己，遇到困难鼓励自己，如果他不付诸行动也是徒劳。所以，大学生必须要懂得劳动的意义，要用辛勤的劳动去创造和实现生命价值。但是，大学生需要注意，“如果一个人只为自己劳动，他也许能够成为著名学者、大哲人、卓越诗人，然而他永远不能成为完美无疵的伟大人物。历史承认那些为共同目标劳动因而自己变得高尚的人是伟大人物；经验赞美那些为大多

① 〔苏〕瓦·阿·苏霍姆林斯基：《给教师的建议》，杜殿坤编译，教育科学出版社，1984，第 350 页。

② 习近平：《论坚持人民当家作主》，中央文献出版社，2021，第 28 页。

数人带来幸福的人是最幸福的人”[①]。我国是一个人口大国，我们身边有千千万万个坚守在平凡岗位上的普通人，正是他们的坚守和付出，让我们整个国家欣欣向荣、不断向前发展，因为他们是为了人民在付出，为了整个社会在坚守，为了整个国家在劳动。

---

① 《马克思恩格斯全集》第40卷，人民出版社，1982，第7页。

第八章　新时代大学生廉洁教育

廉洁教育是新时代廉洁文化建设的重要内容，是我国反腐倡廉建设的延伸，具有理论和实践的双重价值。大学生作为肩负中华民族伟大复兴重任的时代新人，是廉洁教育的重点对象，增强和提升其廉洁意识与素养对国家构建惩治和预防腐败体系具有重要作用。早在 2007 年，教育部《关于在大中小学全面开展廉洁教育的意见》就提出，“从 2007 年起，在全国大中小学全面开展廉洁教育”，并明确提出大学生廉洁教育的内容：以社会主义核心价值体系为引领和主导，加强法治和诚信教育，加强社会公德、职业道德和家庭美德教育，组织学习党和国家关于党风廉政建设和反腐败方面的方针政策、法律法规等。十余年来，我国大学生廉洁教育在理论上和实践上都取得了不错的成效。但是，随着现代信息技术的飞速发展，我国大学生廉洁教育面临着一些新的挑战和困境，需积极探索新时代大学生廉洁教育的重大意义、理论依据、存在的问题以及相应的对策，为提升新时代大学生廉洁教育实效助力。

第一节　新时代大学生廉洁教育的价值意蕴

大学生是我国社会主义事业的建设者和接班人，毕业后就会逐步走向社会、进入职场，成为各行各业的骨干力量甚至领导者。新时代加强大学生廉洁教育，增强大学生的廉洁意识，帮助他们系好从业的“第一粒扣子”具有重要意义。

一　贯彻为党育人、为国育才的战略要求

党和国家投入大量的人力、财力、物力发展教育事业，是因为大学生是国家宝贵的人才资源，其接受教育后是为党为国为民服务的。习近平在

教育文化卫生体育领域专家代表座谈会上提出，“‘十四五’时期，从党和国家事业发展全局的高度……坚守为党育人、为国育才，努力办好人民满意的教育”①。所以，大学生接受教育的目的不仅仅是学知识、学技能、学本领，更重要的是学成之后为祖国的发展添砖加瓦。而大学生廉洁教育正是为大学生将来走上工作岗位后避免腐败风险、实现廉洁从业打基础的，具有前瞻性和战略性，其根本目的就是防止腐败年轻化，将大学生培养成具有高尚思想品质、良好道德修养、丰富知识和扎实本领的人才，培养成党和国家的精英人才。基于此，大学生廉洁教育还可以在一定程度上降低人才流失率和高学历人才违法犯罪率。所以，加强新时代大学生廉洁教育，可以增强其廉洁意识，强化其廉洁行为，使大学生听党话跟党走，真正成为担当民族复兴大任的时代新人。这样，新时代大学生教育才能达到为党育人、为国育才的战略要求。

二　落实全面从严治党的现实需要

在我国经济社会飞速发展的同时，多元化的价值观和各式各样的文化潮流也不时受到腐朽文化的侵蚀。加之我国转型期各类矛盾丛生，腐败问题将在很长一段时间内持续存在，甚至影响高校的一方净土。党和国家一向高度重视腐败问题，并敏锐地觉察到了大学生廉洁教育的重要意义。因此，党和国家根据我国的实际情况制定了一系列关于廉洁教育的政策。2005年1月，党中央颁布《建立健全教育、制度、监督并重的惩治和预防腐败体系实施纲要》，明确提出要将廉洁教育作为教育行政部门、学校和共青团组织开展青少年思想道德教育的重要内容。2007年，教育部《关于在大中小学全面开展廉洁教育的意见》就提出“在全国大中小学全面开展廉洁教育”。2008年，中共中央纪委、教育部、监察部颁布了《关于加强高等学校反腐倡廉建设的意见》，指出要加强大学生廉洁教育，“建立健全领导体制和工作机制，充分发挥专业教师队伍的主导作用、思想政治工作队伍的引导作用和学生骨干队伍的示范作用，充分利用新生入学教育、毕业生教育等形式和各种校园文化活动，深入开展校园廉政文化建设”。随着我国反腐

① 习近平：《在教育文化卫生体育领域专家代表座谈会上的讲话》，人民出版社，2020，第2页。

败体系越发健全，大学生廉洁教育活动深入推进，新时代党和国家对大学生廉洁教育提出了新的要求。2022 年 1 月 18 日，习近平在十九届中央纪委六次全会上强调："领导干部特别是高级干部要带头落实关于加强新时代廉洁文化建设的意见，从思想上固本培元，提高党性觉悟，增强拒腐防变能力。"① 同年 2 月，中共中央办公厅印发的《关于加强新时代廉洁文化建设的意见》再次强调："要发挥廉洁教育基础作用，强化形势教育、纪法意识、警示震慑、示范引领。"同年 10 月召开的中国共产党第二十次全国代表大会又一次强调"加强新时代廉洁文化建设"。

三　弘扬社会主义先进文化的必然要求

新时代廉洁文化以习近平新时代中国特色社会主义思想为根本遵循，以中国特色社会主义先进文化为战略支点，反映了新时代对廉洁价值、廉洁规范、廉洁风尚的思想认同和精神追求。高校是教育培养大学生的重要阵地，也是弘扬、传播先进文化的重要基地，因而内在地具有向大学生传播和弘扬廉洁文化的使命。大学生廉洁教育不仅可以帮助大学生树立廉洁意识、自觉实践廉洁行为，而且是对大学生进行预防和惩治腐败教育的第一棒。接受了廉洁教育的大学生日后走上工作岗位后，自觉与腐败思想和腐败行为作斗争，形成良好的道德品质和职业操守。而且正直清廉的大学生走上领导干部职位，还可以以自身的廉洁清明影响其所在的职场环境，进而逐步形成更加廉洁的社会环境，在全社会形成抵制腐败之风。这是社会主义廉洁文化建设的重要目标之一，也是构建社会主义和谐社会的重要基础，更是新时代弘扬社会主义先进文化的内在要求。

四　落实立德树人根本任务的必然举措

习近平 2016 年 12 月参加全国高校思想政治工作会议时提出，"高校思想政治工作关系高校培养什么样的人、如何培养人以及为谁培养人这个根本问题。要坚持把立德树人作为中心环节"②。因为高校培养大学生不仅仅是使其具有较高知识和技能水平，也要使其具有远大理想、坚定信念以及

① 《习近平谈治国理政》第 4 卷，外文出版社，2022，第 551 页。

② 习近平：《论党的宣传思想工作》，中央文献出版社，2020，第 275 页。

正派的作风。因此，新时代必须加强大学生廉洁教育，这是高校落实立德树人根本任务的必然举措。一方面，高校高度重视大学生廉洁教育，不断创新廉洁教育载体、挖掘廉洁教育内容、创新廉洁教育方式，可以为大学生营造风清气正的校园环境，提高大学生思想情操。另一方面，高校将大学生廉洁教育贯穿到学校教育教学活动和日常人才培养过程中，有利于大学生认清腐败现象的本质、根源和危害，帮助大学生自觉抵制腐败思想和行为，树立廉洁的世界观、人生观和价值观。所以，加强对大学生的廉洁教育不仅是高校人才培养的重要内容，也是为国家培养具有高尚思想品德、良好道德修养、丰富理论知识的优秀人才的必然要求。

五　促进大学生全面发展的必要手段

2022 年 10 月 16 日，习近平在中国共产党第二十次全国代表大会上的讲话中提出："全面贯彻党的教育方针，落实立德树人根本任务，培养德智体美劳全面发展的社会主义建设者和接班人。"① 大学生要实现自身的全面发展，需要得到德育、智育、体育、美育、劳育等多个方面的全面教育。其中，廉洁教育是德育的重要组成部分，也是大学生全面发展的重要保障。从大学生廉洁教育的实施来看，新时代大学生廉洁教育可以进一步尊重大学生的个体差异，根据他们的年龄、成长环境、个体认知等方面情况，因材施教，实现大学生廉洁意识和廉洁行为的整体增强和强化，达到廉洁教育的基本目的。

第二节　新时代大学生廉洁教育的理论依据

新时代大学生廉洁教育离不开马克思主义理论的指导，离不开中国共产党人百年来廉政建设的探索实践。新时代大学生廉洁教育要以马克思主义廉洁思想和中国共产党人的廉洁思想为指导，以中华优秀传统文化中的廉洁思想为重要的理论借鉴。

---

① 习近平：《高举中国特色社会主义伟大旗帜　为全面建设社会主义现代化国家而团结奋斗——在中国共产党第二十次全国代表大会上的报告》，人民出版社，2022，第 34 页。

一　马克思主义廉洁思想

马克思主义经典作家马克思、恩格斯以及列宁等人的诸多著作中蕴含了丰富的廉洁思想，这是新时代大学生廉洁教育的重要理论依据。

首先，注重无产阶级政党的先进性和纯洁性。马克思、恩格斯强调，不能把“党内的官吏——自己的仆人”当成“完美无缺的官僚，百依百顺地服从他们”①。共产党领导的无产阶级运动的根本任务就是推翻资产阶级的腐朽统治，建立新型的无产阶级政权。如若党内成员作威作福，就和共产党人的宗旨相违背。列宁也强调“必须把欺骗分子、官僚化分子、不忠诚和不坚定的共产党员以及虽然‘改头换面’但心里依然故我的孟什维克从党内清除出去”②。根据列宁的建议，俄共八大布尔什维克党进行了一次清党和党员重新登记，进一步提升了该党的先进性和纯洁性。现在有些大学生的入党动机不纯，只希望享受党员的权利而忽视党员的义务，这样的想法是十分危险的。对于入党动机不当的大学生，就可以运用马克思、恩格斯以及列宁关于党的先进性、纯洁性的思想对其进行引导。

其次，强调无产阶级政党的组织纪律性。1859 年，马克思在给恩格斯的信中说“我们现在必须绝对保持党的纪律，否则将一事无成”③。没有纪律的党组织，就如同一盘散沙，没有战斗力。而且，缺乏组织纪律性的党内成员，很可能会滥用公职权力，养成官僚主义的不良作风。列宁指出了官僚主义的危害：“我们所有经济机构中的一切工作中最大的毛病就是官僚主义。共产党员成了官僚主义者。如果说有什么东西会把我们毁掉的话，那就是这个。”④ 其实，不管是马克思、恩格斯领导无产阶级政党进行无产阶级革命还是列宁带领俄共建立和巩固苏维埃政权，无论何时何地，共产党都必须保持党的纪律。习近平在党的二十大报告中指出：“我们党作为世界上最大的马克思主义执政党，要始终赢得人民拥护、巩固长期执政地位，

① 《马克思恩格斯全集》第 38 卷，人民出版社，1972，第 33 页。
② 《列宁选集》第 4 卷，人民出版社，1995，第 562 页。
③ 《马克思恩格斯全集》第 29 卷，人民出版社，1972，第 413 页。
④ 《列宁全集》第 52 卷，人民出版社，1988，第 300 页。

必须时刻保持解决大党独有难题的清醒和坚定。"[①] 而能否赢得人民拥护，关键在党自身。因此，不论何时何地，党都必须严守组织纪律，这是防治和铲除腐败的重要保证。

最后，强调党员的公仆意识，反对党员高薪。巴黎公社革命期间通过了《废除国家机关高薪法令》，在其影响下，"从公社委员起，自上至下一切公职人员，都只能领取相当于工人工资的报酬。从前国家的高官显宦所享有的一切特权以及公务津贴，都随着这些人物本身的消失而消失了"[②]。恩格斯高度评价这个举措，认为"这样，即使公社没有另外给代表机构的代表签发限权委托书，也能可靠地防止人们去追求升官发财了"[③]。对于党内人员高薪的弊端，列宁进一步指出高额薪金的腐化作用"影响到苏维埃政权……这是无可争辩的"[④]。事实确实是这样，如果党内工作人员——人民的公仆拿着高额薪金，那么骗子、投机分子、妄想升官发财之人就会想方设法混入党内队伍。这不仅不利于党内队伍的先进性、纯洁性建设，也不利于党和人民群众保持血肉联系。

二　中国共产党人的廉洁思想

新时代大学生廉洁教育的理论依据还包括我国优秀共产党人的廉洁思想。在党的百年奋斗历程中，中国共产党人在应对贪污腐败问题、反腐败斗争、廉政建设等方面做了不少思考和探索，形成了新时代大学生廉洁教育的重要依据和重要内容。

1. 毛泽东的廉洁思想

毛泽东在继承和发展马克思主义廉洁思想的基础上，提出了很多极具价值的廉洁文化观点。

第一，"全心全意为人民服务"的思想。毛泽东充分发展了马克思主义关于人民群众是历史创造者的观点，提出了"全心全意为人民服务"的思想。毛泽东 1945 年在《论联合政府》中明确指出："全心全意地为人民服

---

① 习近平：《高举中国特色社会主义伟大旗帜　为全面建设社会主义现代化国家而团结奋斗——在中国共产党第二十次全国代表大会上的报告》，人民出版社，2022，第 63 页。

② 《马克思恩格斯选集》第 3 卷，人民出版社，2012，第 98~99 页。

③ 《马克思恩格斯选集》第 3 卷，人民出版社，2012，第 55 页。

④ 《列宁选集》第 3 卷，人民出版社，2012，第 484 页。

务，一刻也不脱离群众；一切从人民的利益出发，而不是从个人或集团的利益出发；向人民负责和向党的领导机关负责的一致性；这些就是我们的出发点。”[①] 由此可见，“全心全意为人民服务”的思想不仅是毛泽东廉洁思想的根本出发点，而且也是检验党和政府廉洁性的根本标准。

第二，注重反腐倡廉的制度建设。新中国成立之前，党就已经开始注重反腐倡廉建设。如 1937 年抗日战争全面爆发后，8 月 22~25 日中国共产党在洛川召开中央政治局扩大会议，在会议上由毛泽东提议并通过的《抗日救国十大纲领》第四条“改革政治机构”强调“铲除贪官污吏，建立廉洁政府”。抗日战争时期，《陕甘宁边区施政纲领》明确规定“厉行廉洁政治，严惩公务人员之贪污行为”[②]。新中国成立后，中共中央在 1951 年 12 月 1 日发布《关于实行精兵简政、增产节约、反对贪污、反对浪费和反对官僚主义的决定》，开展“三反”斗争。1952 年 1 月，中央决定在私营工商界开展一场反对行贿、反对偷税漏税、反对盗骗国家财产、反对偷工减料和反对盗窃国家经济情报的“五反”运动。[③] 总之，以毛泽东同志为核心的第一代党的领导集体不断在实践中推进反腐倡廉建设。

2. 邓小平的廉洁思想

改革开放后，邓小平始终坚持实事求是的优良作风，立足我国社会主义现代化建设实际，进一步探索了反腐倡廉建设的规律。

第一，在抓经济工作的同时抓好反腐败斗争。邓小平强调，“我们要反对腐败，搞廉洁政治。不是搞一天两天、一月两月，整个改革开放过程中都要反对腐败”[④]，“开放、搞活政策延续多久，端正党风的工作就得干多久，纠正不正之风、打击犯罪活动就得干多久，这是一项长期的工作，要贯穿在整个改革过程之中，这样才能保证我们开放、搞活政策的正确执行”[⑤]。邓小平始终坚持实事求是的工作作风，反腐倡廉、预防腐败、惩治腐败是一项长期性的任务，因而加强新时代大学生廉洁教育具有重要意义。

---

① 《毛泽东选集》第 3 卷，人民出版社，1991，第 1094~1095 页。

② 《毛泽东文集》第 2 卷，人民出版社，1993，第 335 页。

③ 《中国共产党简史》编写组编著《中国共产党简史》，人民出版社、中共党史出版社，2021，第 161 页。

④ 《邓小平文选》第 3 卷，人民出版社，1993，第 327 页。

⑤ 《邓小平文选》第 3 卷，人民出版社，1993，第 164 页。

新时代，在相当长一个时期内，我国反腐败斗争仍将是成效与问题并存的。大学生自身真正意识到反腐败斗争的长期性至关重要：首先，大学生不应因为腐败问题仍然存在，而去质疑反腐败斗争取得的成效；其次，大学生知道反腐败斗争的长期性就不会觉得反腐败斗争已经结束，或者认为反腐败斗争是上一辈的事情，而是会在生活、学习中用自身行动与腐败作斗争。

第二，强调反腐倡廉建设的重要意义。邓小平把廉政建设的重要性提升到关乎党和国家生死存亡的战略高度。他强调："我们自从实行对外开放和对内搞经济活动两个方面的政策以来，不过一两年时间，就有相当多的干部被腐蚀了……要足够估计到这样的形势。这股风来得很猛。如果我们党不严重注意，不坚决刹住这股风，那末，我们的党和国家确实要发生会不会'改变面貌'的问题。这不是危言耸听。"① "经济建设这一手我们搞得相当有成绩，形势喜人，这是我们国家的成功。但风气如果坏下去，经济搞成功又有什么意义？会在另一方面变质，反过来影响整个经济变质，发展下去会形成贪污、盗窃、贿赂横行的世界。"② 也就是说，邓小平认为，我国的发展不仅要注重经济建设，也要注重反腐倡廉建设，否则腐败问题会导致经济变质，导致更多的问题。

3. 江泽民的廉洁思想

第一，把廉政建设提高到战略高度。江泽民高度重视廉政建设，将其提高到战略高度来认识。江泽民强调："党风廉政建设和反腐败斗争关系党和国家的生死存亡。我们党和政府的宗旨是全心全意为人民服务，这就决定了各级领导干部必须清正廉洁，始终同人民群众同甘共苦、息息相通。不解决好反腐倡廉的问题，改革发展稳定就没有坚强的政治保证，党和政府就会严重脱离群众，就有亡党亡国的危险。全党同志一定要从党和国家长治久安的高度，充分认识腐败现象的极端危害性和危险性，充分认识反腐倡廉工作的重大意义，坚持以马克思列宁主义、毛泽东思想、邓小平理论为指导，坚持党的基本路线，紧紧围绕经济建设这个中心，服从和服务于改革发展稳定的大局，锲而不舍地把党风廉政建设和反腐败斗争进行到

① 《邓小平文选》第2卷，人民出版社，1994，第402~403页。

② 《邓小平文选》第3卷，人民出版社，1993，第154页。

底。”[①] “腐败现象是侵入党和国家机关健康肌体的病毒。如果我们掉以轻心，任其泛滥，就会葬送我们的党，葬送我们的人民政权，葬送我们的社会主义现代化大业。”[②]

第二，充分认识廉政建设的长期性、艰巨性、复杂性。江泽民强调：“反腐倡廉工作具有长期性、艰巨性、复杂性。腐败作为一种社会历史现象，古今中外许多社会都有。从本质上说，腐败现象是剥削阶级和剥削制度的产物。社会主义制度作为区别于历史上任何剥削制度的崭新的社会制度，为从根本上消除腐败创造了条件。由于我国还处在社会主义初级阶段，又处于由计划经济体制向市场经济体制转变的时期，生产力发展水平、科技文化水平还不高，法制和各方面的具体制度还不完善，再加上我国历史上几千年封建社会的残余思想仍然存在，对外开放也容易使国外资本主义的腐朽思想文化和生活方式乘隙而入，而西方敌对势力又一直在加紧对我国实施西化、分化的政治战略，千方百计拉拢腐蚀我们内部一些意志薄弱的干部。这些因素的存在，使腐败现象还有滋生蔓延的土壤和条件，而且加大了我们反腐败斗争的难度。这些土壤和条件不是短时期就可以铲除的，因此消除腐败现象必然要经历一个很长的历史过程。我们必须坚持不懈地同腐败现象进行斗争，努力把它减少到最小程度。既要有持久作战的思想，又要有紧迫感，抓紧工作，坚决斗争。”[③]

第三，要加强廉政的思想建设。江泽民强调：“要从思想上筑牢反腐倡廉、拒腐防变的堤防。加强党的思想政治建设，是从源头上预防和治理腐败现象的一项极端重要的工作，必须贯穿改革开放和现代化建设的全过程。在长期和平建设年代，要保持广大党员、干部的革命意志、革命精神、革命气节，很不容易，必须加强教育、加强引导、加强管理。所有的党员、干部特别是领导干部都要坚持学习马克思列宁主义、毛泽东思想、邓小平理论，坚持讲学习、讲政治、讲正气，着力在解决世界观、人生观、价值观问题上下功夫，坚定理想信念，增强走建设有中国特色社会主义道路的自觉性和坚定性。要加大反腐倡廉工作的宣传教育力度，加强对党员、干

① 《江泽民文选》第3卷，人民出版社，2006，第175页。
② 《江泽民文选》第1卷，人民出版社，2006，第319页。
③ 《江泽民文选》第3卷，人民出版社，2006，第175~176页。

部的党性党风党纪教育和遵纪守法教育。教育和引导广大党员、干部自觉在改革和建设的实践中进行党性锻炼，加强思想政治修养，锻炼意志品质，提高精神境界，保持高尚的道德情操，追求积极向上的生活情趣，真正养成共产党人的高风亮节。”[①]

4. 胡锦涛的廉洁观

第一，“以人为本”的思想理念。以胡锦涛同志为总书记的党中央在新的时代条件下提出的科学发展观发展了马克思主义关于人的发展的理念，是马克思主义中国化时代化的重要理论成果之一。科学发展观的本质和核心就是“以人为本”，这里的“人”不是指某个人、某些人，而是指最广大人民群众。胡锦涛同志强调，“要以实现人的全面发展为目标，从人民群众的根本利益出发谋发展、促发展，不断满足人民群众日益增长的物质文化需要，让发展的成果惠及全体人民”[②]。这为新时期我国廉洁文化建设和反腐倡廉建设提出了鲜明的价值取向和价值目标。对于如何做到让发展的成果惠及全体人民，胡锦涛进一步指出：“我们要始终保持不骄不躁、艰苦奋斗的作风，自觉树立社会主义荣辱观，正确使用手中的权力，诚心诚意接受人民监督，严于律己、廉洁奉公、兢兢业业、干干净净为国家和人民工作。”[③]

第二，强调廉洁建设的制度建设。胡锦涛在中国共产党第十七次全国代表大会上的讲话中提出，要“贯彻为民、务实、清廉的要求”，不断“加强廉政文化建设，形成拒腐防变教育长效机制、反腐倡廉制度体系、权力运行监控机制”。[④] 如此，党内成员提高对自身的要求，并认真接受群众监督，再加上一系列的教育机制进行思想引领以及相应的规章制度进行约束，反腐倡廉建设取得了一定成效。

5. 习近平的廉洁思想

党的十八大以来，以习近平同志为核心的党中央坚持标本兼治、综合治理、惩防并举、注重预防的反腐方针，在传承中华廉洁文化基础上，提

① 《江泽民文选》第3卷，人民出版社，2006，第190~191页。

② 《十六大以来重要文献选编》中，中央文献出版社，2006，第235页。

③ 《中华人民共和国第十一届全国人民代表大会第一次会议文件汇编》，人民出版社，2008，第292页。

④ 《十七大以来重要文献选编》上，中央文献出版社，2009，第38、42页。

出了新时代下反腐倡廉的新思想、新观点和新论断，形成了独具中国特色的廉洁建设体系。

第一，对腐败和反腐败的深刻认识。习近平强调，“腐败是社会毒瘤。如果任凭腐败问题愈演愈烈，最终必然亡党亡国”[①]，认为“不反腐败确实要亡党，真反腐败不仅不会亡党，而且能增强党自我净化、自我完善、自我革新、自我提高能力”[②]，并进一步指出反腐败“是保持党同人民群众血肉联系的必然要求，也是巩固党的执政基础和执政地位的必然要求”[③]。习近平强调，必须“坚持无禁区、全覆盖、零容忍，严肃查处腐败分子，着力营造不敢腐、不能腐、不想腐的政治氛围”[④]，必须“发现一起查处一起，发现多少查处多少，不定指标、上不封顶，凡腐必反，除恶务尽”[⑤]。大学生可以看到以习近平同志为核心的党中央对反腐败的信心和决心。

第二，十分重视反腐倡廉的法律法规建设。习近平强调：“把权力关进制度的笼子里，首先要建好笼子。笼子太松了，或者笼子很好但门没关住，进出自由，那是起不了什么作用的。”[⑥] 由此，以习近平同志为核心的党中央“先后组织制定修改 90 多部党内法规，管党治党的‘螺栓’越拧越紧”[⑦]。同时，以习近平同志为核心的党中央开展了各类主题教育活动，加强廉洁教育。自党的十八大以来，党中央先后开展了党的群众路线教育实践活动、“三严三实”专题教育、“两学一做”学习教育以及“不忘初心、牢记使命”主题教育等教育活动。其中，2013 年 6 月至 2014 年 10 月，党中央自上而下深入开展了一场以“为民、务实、清廉”为主题，以“照镜子、正衣冠、洗洗澡、治治病”为总要求的群众路线教育实践活动；2015

① 《习近平关于党风廉政建设和反腐败斗争论述摘编》，中央文献出版社、中国方正出版社，2015，第 5 页。

② 《习近平关于党风廉政建设和反腐败斗争论述摘编》，中央文献出版社、中国方正出版社，2015，第 26 页。

③ 《习近平关于党风廉政建设和反腐败斗争论述摘编》，中央文献出版社、中国方正出版社，2015，第 7 页。

④ 《中国共产党第十八届中央纪律检查委员会第五次全体会议公报》，《人民日报》2015 年 1 月 15 日，第 1 版。

⑤ 《习近平关于党风廉政建设和反腐败斗争论述摘编》，中央文献出版社、中国方正出版社，2015，第 102~103 页。

⑥ 《习近平新时代中国特色社会主义思想三十讲》，学习出版社，2018，第 321 页。

⑦ 《习近平新时代中国特色社会主义思想三十讲》，学习出版社，2018，第 321 页。

年4月至2016年2月，党中央深入开展了以“严以修身、严以用权、严以律己，谋事要实、创业要实、做人要实”为主题的“三严三实”专题教育；2016年2月以来，党中央开展了“学党章党规、学系列讲话，做合格党员”学习教育并将其常态化、制度化；2019年5月31日，习近平总书记在“不忘初心、牢记使命”主题教育工作会议上的讲话中提出：“以县处级以上领导干部为重点，在全党开展‘不忘初心、牢记使命’主题教育。”[①] 各次主题教育活动各有侧重点，但是都使得党员队伍理想信念更加坚定、党性更加坚强，尤其是“不忘初心、牢记使命”主题教育活动明确将清正廉洁作为重要的学习内容和实现目标，进一步增强了广大党员的廉洁意识。

第三，强调坚决打赢反腐败斗争攻坚战持久战。习近平强调：“坚决打赢反腐败斗争攻坚战持久战。腐败是危害党的生命力和战斗力的最大毒瘤，反腐败是最彻底的自我革命。只要存在腐败问题产生的土壤和条件，反腐败斗争就一刻不能停，必须永远吹冲锋号。坚持不敢腐、不能腐、不想腐一体推进，同时发力、同向发力、综合发力。以零容忍态度反腐惩恶，更加有力遏制增量，更加有效清除存量，坚决查处政治问题和经济问题交织的腐败，坚决防止领导干部成为利益集团和权势团体的代言人、代理人，坚决治理政商勾连破坏政治生态和经济发展环境问题，决不姑息。深化整治权力集中、资金密集、资源富集领域的腐败，坚决惩治群众身边的‘蝇贪’，严肃查处领导干部配偶、子女及其配偶等亲属和身边工作人员利用影响力谋私贪腐问题，坚持受贿行贿一起查，惩治新型腐败和隐性腐败。深化反腐败国际合作，一体构建追逃防逃追赃机制。深化标本兼治，推进反腐败国家立法，加强新时代廉洁文化建设，教育引导广大党员、干部增强不想腐的自觉，清清白白做人、干干净净做事，使严厉惩治、规范权力、教育引导紧密结合、协调联动，不断取得更多制度性成果和更大治理效能。”[②]

三 中华优秀传统文化中的廉洁思想

新时代大学生廉洁教育的理论依据还包括中华优秀传统文化中的廉洁

① 习近平：《在“不忘初心、牢记使命”主题教育工作会议上的讲话》，人民出版社，2019，第1页。

② 习近平：《高举中国特色社会主义伟大旗帜 为全面建设社会主义现代化国家而团结奋斗——在中国共产党第二十次全国代表大会上的报告》，人民出版社，2022，第69~70页。

思想。2013 年 4 月 19 日，习近平在十八届中央政治局第五次集体学习时的讲话中就提到，对于我国历史上反腐倡廉的宝贵遗产，“我们要坚持古为今用、推陈出新，使之成为新形势下加强反腐倡廉教育和廉政文化建设的重要资源”①。传统廉洁思想主要包括修身齐家的俭朴思想、艰苦奋斗的勤政思想、倡导官德的廉政思想和爱国爱民的仁政思想四个方面的内容。②

首先，修身齐家的俭朴思想。中华民族传播最久的优良传统道德之一就是勤俭朴素，中华民族不仅在理论上对其做了大量的论述，而且在实践中身体力行，使这一优良传统道德代代相传。以儒家的修身自律的廉洁思想为例。《论语》中说：“见利思义，见危受命，久要不忘平生之言，亦可以为成人矣。”（《论语·宪问》）这就是说，一个人要成为一个完人、一个德才兼备的人，就要在看到财利的时候想到道义，在国家危难的时候愿意付出自己的生命，长期处于贫困的境遇中也不忘记自己平日的诺言。因此，在孔子看来，做人最基本的廉德标准是廉洁自律。《论语·八佾》中记载，孔子认为“其身正，不令则行；其身不正，虽令不从”。孔子的这段话表明领导者、管理者要修身养性、廉洁奉公、以德为政。儒家经典著作《大学》中“修身齐家治国平天下”的理念就是以修身为本，将俭朴看作“修、齐、治、平”的重要支撑点。新时代大学生廉洁教育就可以运用中国传统文化中蕴含着的修身齐家的俭朴思想，促进大学生树牢自身廉洁思想、强化自身廉洁行为。

其次，艰苦奋斗的勤政思想。孔子提出了“先之劳之”的思想，认为执政者应当“居之无倦，行之以忠”（《论语·颜渊》）。也就是说，作为执政者应该兢兢业业地干好本职工作，不能懈怠。荀子认同此观点，提出“贯日而治详，一日而曲列之，是所使夫百吏官人为也”（《荀子·王霸》）。墨子也表达了类似的观点，“蚤朝晏退，听狱治政，终朝均分而不敢怠倦”（《墨子·非命下》）。新时代，不管是逐步走上领导者、管理者岗位的大学生，还是在基层部门工作的公务员大学生，都需要中华民族传统的勤政观对其在思想上、行为上进行正确引领。尤其是大学生村官、辅警协警、高

① 《习近平关于党风廉政建设和反腐败斗争论述摘编》，中央文献出版社、中国方正出版社，2015，第 140 页。

② 邓学源：《廉洁文化价值论》，中国社会科学出版社，2019，第 62 页。

速公路收费站收费员、社区工作者等基层工作人员，他们与老百姓工作、生活在一起，是国家大政方针的直接执行者，必须加强对其的廉洁教育，使其树立艰苦奋斗的勤政思想，将工作落到实处。

再次，倡导官德的廉政思想。与艰苦奋斗的勤政思想不同，廉政思想更多地指向更高级的领导者。自秦始皇建立中国历史上第一个统一的封建王朝后，历代统治者都大力倡导清廉为政。由此，中国传统文化中关于廉政建设的理论阐述和重要经验可以用来更好地加强新时代廉洁建设。唐太宗时常对群臣强调，“今人臣受任，居高位，食厚禄，当须履忠正，蹈公清，则无灾害，长守富贵矣”，相反，“妄受财物，脏贿既露，其身亦殒”(《贞观政要·贪鄙第二十六》)。唐太宗的这个说法，虽然强调为官者做到清正廉洁可以避免灾难、享受更多的荣华富贵，但是在一定程度上也反映了他对群臣为人的要求。此外，明朝开国皇帝朱元璋也十分重视官吏的廉洁从政，强调“君子立身行己，莫先于辨义利。夫义者，保身之本；利者，败名之源。常人则惟利是趋，而不知有义。君子则惟义是守，而竟忘乎利，此所以异于常人者也”(《明太祖实录》)。由此可见，廉洁是保身之本，而贪污腐败是身败名裂的源头。

最后，爱国爱民的仁政思想。我国传统民本思想源远流长，蕴含着很多思想家和统治者倡导廉洁风尚、开展廉洁建设的思想光辉。早在四千多年前，大禹就将老百姓看作国家的根本，强调“民可近，不可下，民惟邦本，本固邦宁”(《尚书·五子之歌》)。春秋时期，管子发展了大禹的思想，提出“夫霸王之所始也，以人为本。本理则国固，本乱则国危”(《管子·霸言》)。孟子进一步提出了“民为贵，社稷次之，君为轻”(《孟子·尽心下》)的思想，点明了民众、国家和君王三者之间的重要关系。魏徵依据荀子的思想，将君民关系比作舟与水的关系：“水可载舟，亦可覆舟。”只有认识到民众对一个国家的重要性才能真正做到敬民、爱民。对于如何做到敬民、爱民，孟子指出，“乐民之乐者，民亦乐其乐，忧民之忧者，民亦忧其忧。乐以天下，忧以天下，然而不王者，未之有也”(《孟子·梁惠王下》)。新时代加强大学生廉洁教育，可以引导大学生从中国传统民本思想中吸取精华，从内心深处真正意识到人民的重要性，在行动中切实践行全心全意为人民服务的宗旨。

第三节　新时代大学生廉洁教育的优化路径

“办好教育事业，家庭、学校、政府、社会都有责任，谁都不是旁观者，谁都不能置身事外。”① 新时代大学生廉洁教育是一项系统工程，需要国家、高校、家庭、社会共同探索、共同发力。唯有形成廉洁教育的强大合力，才能取得更好的教育效果，让廉洁思想在每一个大学生头脑里牢牢扎根。

一　全面贯彻新时代党的廉洁教育方针

第一，坚持党对大学生廉洁教育的全面领导，这是提高其成效的首要前提。党政军民学，东西南北中，党是领导一切的。② 因此，新时代做好大学生廉洁教育的首要准则就是加强党的领导。一方面，坚持党对大学生廉洁教育的全面领导，就是要坚持马克思主义在意识形态领域的指导地位。应毫不动摇地坚持马克思主义在大学生廉洁教育中的指导地位，如此，大学生才能成长为拥护中国共产党的领导、关心国家前途命运、立志为中华民族伟大复兴奋斗终生的时代新人。另一方面，坚持党对大学生廉洁教育的全面领导，就是要将党的教育方针全面贯彻到大学生廉洁教育的开展中。“高校要强化组织领导，完善顶层设计，把廉洁教育融入管党治党、办学治校、立德树人全方面、全过程。”③ 大学生廉洁教育是高校预防腐败的重要途径之一，也是在大学生进入职场前对其开展预防腐败教育的重要方式方法。党和国家首先关注和重视大学生廉洁教育，高校、社会、家庭以及大学生本人才会更加用心将廉洁教育落到实处，培养出事事廉洁、时时廉洁、处处廉洁的大学生。

第二，出台相关政策文件及相应的保障制度。国家相关部门出台了《关于在大中小学开展廉洁教育试点工作的意见》《关于加强高等学校反腐倡廉建设的意见》等文件。这些政策性文件对大学生廉洁教育有着一定的引导作用，但是从目前来看国家层面尚未出台专门针对大学生廉洁教育的

---

① 《习近平关于注重家庭家教家风建设论述摘编》，中央文献出版社，2021，第 69 页。

② 《习近平谈治国理政》第 3 卷，外文出版社，2020，第 16 页。

③ 汪春阳：《廉洁教育融入新时代高校思想政治工作体系的现实路径》，《人民论坛 · 学术前沿》2022 年第 15 期。

方针政策，也缺乏相应的切实可行的制度来保障大学生廉洁教育工作顺利开展。多数文件存在此类情况：文件中部分条款对大学生廉洁教育做出了一定的规定和引导，但是没有对其开展形式和频率等做出强制性的要求。例如，2007 年出台的《关于在大中小学全面开展廉洁教育的意见》提出"营造校园廉洁氛围"，在一定程度上促进了大学生廉洁教育的发展，但是这个说法过于宏观，没有对大学生廉洁教育活动的开展情况提出硬性的考核评价标准，相关政策还需进一步深入、细化。要进一步出台针对大学生廉洁教育的政策文件，发挥好其在大学生廉洁教育中的指导作用。

第三，增加对大学生廉洁教育的资金投入。马克思主义认为，经济基础决定上层建筑。当前，大部分高校都缺乏足够的资金来进一步开展大学生廉洁教育。如果有了充足的资金，高校就可以开发出专门针对大学生廉洁教育的相关教材；建设起廉洁课程体系；运用资金对进行廉洁教育理论研究的教师进行奖励，促进大学生廉洁教育的理论研究发展；打造一个廉洁教育专职教师团队；搭建更多贴近大学生生活、学习的廉洁教育的实践平台；等等。大学生廉洁教育教材、课程体系、理论研究、教师团队以及实践平台都是切实提高大学生廉洁教育实效所必不可少的。所以，国家可以增加对大学生廉洁教育的资金投入，促进廉洁教育的蓬勃发展。

二　不断完善高校廉洁教育的体制机制

高校居于大学生廉洁教育的中心位置，是大学生廉洁教育体系的关键环节。新时代，为了切实提高大学生廉洁教育实效，高校要建立健全完整的大学生廉洁教育制度体系，培育高素质、高水平的大学生廉洁教育教师队伍，打造廉洁教育社会实践平台，净化校园环境，将廉洁教育融入校园文化中。

第一，建立健全完整的大学生廉洁教育制度体系，具体包括廉洁教育管理制度、廉洁教育考评制度和廉洁教育监督制度。首先，建立有效的大学生廉洁教育管理制度。明确大学生廉洁教育计划的制订者和实施者，确保廉洁教育的方针政策得到有效落实。"高校要将廉洁文化融入大学章程和各项管理制度中，尤其是与大学生日常教育相关的《大学生学籍管理规定》《奖助学金暨荣誉称号评定办法》《大学生免试攻读硕士（博士）学位研究生管理规定》《毕业论文（毕业设计）管理办法》等文件制度中必须强化学生的廉洁意识、责任意识、法纪意识、担当意识。”[①] 其次，建立科学合理的大学生廉洁教育考评制度。评估大学生廉洁教育的实施是否恰当、其实施过程中是否存在不足，并针对这些不足做出调整和修改，可以更好地提高廉洁教育的实效。最后，建立大学生廉洁教育监督制度。大学生廉洁教育监督制度包括完善的奖惩措施，即对那些做得好的老师和大学生进行奖励，相反则进行惩罚。如此，教师和学生都不会再认为廉洁教育形同虚设、可有可无，相反，大家会更加积极主动地接受廉洁教育。

第二，培育高素质、高水平的大学生廉洁教育教师队伍。教师能力的高低直接关系到廉洁教育的成效。师德师风建设应该是每一所学校常抓不懈的工作，既要有严格制度规定，也要有日常教育督导。一方面，要积极聘请德才兼备的专家学者，或者在各教学单位、科研机构、企事业单位中聘请学者加入大学生廉洁教育教师队伍中，让大学生深入接触不同单位、不同性格特点的教师，推动廉洁教育的深入和扩展。另一方面，要让教师打开格局和视野，提高知识水平、文化素养等。如此，教师才能游刃有余地将廉洁教育贯穿于学校各项教育活动和日常人才培养的全过程，提高廉洁教育的教学质量，帮助大学生树立正确的价值观和形成高尚的道德情操，促进大学生廉洁自律。

第三，打造廉洁教育社会实践平台。廉洁教育社会实践平台有利于大学生将学习到的廉洁教育的理论知识和日常生活学习联系起来，提高廉洁教育质量和效果。比如，高校可以邀请老师们和同学们公认的廉洁模范，让其作为榜样用自身亲身经验对大学生进行生动的现场教学。社会学习理论的代表人物班杜拉曾经强调，人可从环境中直接学习，榜样示范是道德教育的主要手段。又如，高校可以组织大学生参观警示教育基地，让大学生直接看到、直接听到关于廉洁的人和事，更加感性直观地理解廉洁品质的价值，树立起廉洁光荣、腐败可耻的价值观念。再如，高校还可以充分运用学生社团的组织优势，举办廉洁教育主题的知识竞赛、演讲比赛、辩论赛、书法展、征文、校园情景剧演出等，使大学生在活动中潜移默化地受到廉洁教育，不断增强廉洁意识。

---

① 汪春阳：《廉洁教育融入新时代高校思想政治工作体系的现实路径》，《人民论坛 · 学术前沿》2022 年第 15 期。

第四，净化校园环境，将廉洁教育融入校园文化中。IBM 第二任总裁小托马斯·沃森曾经说过："屹立数年的大组织，并非得益于组织形态及行政技巧，而在于'信念'的力量，以及信念对组织成员的吸引力。"[①] 校园环境主要包括校园自然环境、校园社会环境和校园网络舆论环境三个方面。校园自然环境对大学生廉洁观的形成具有潜移默化的熏陶、感染作用。校园社会环境则更多的是指校园内部成员，即教师、学生以及其他工作人员营造的风清气正的廉洁氛围。所以高校开展大学生廉洁教育，可以适当地与本校、本地的历史文化相结合，加强对高校以及高校所在地域历史悠久的文化的宣传，积极挖掘人文积淀，营造廉洁氛围，开展有特色的廉洁教育活动，增强廉洁教育的吸引力和感染力。[②] 随着网络技术的飞速发展，新时代校园网络舆论环境也越来越显著地影响着大学生的廉洁教育成效，影响大学生廉洁观的形成。所以，高校可以聘请专人运用 QQ、微信公众号、微博、校园贴吧等校园媒体在网络阵地主动发声，通过占领网络信息传播制高点，引导大学生关注正面的廉洁信息，同时及时纠正错误的、腐败的观点和说法，为大学生廉洁教育提供良好的校园网络舆论环境。

三　巩固发展家庭廉洁教育的积极功能

习近平指出："中华民族历来重视家庭。正所谓'天下之本在家'。尊老爱幼、妻贤夫安，母慈子孝、兄友弟恭，耕读传家、勤俭持家，知书达礼、遵纪守法，家和万事兴等中华民族传统家庭美德，铭记在中国人的心灵中，融入中国人的血脉中，是支撑中华民族生生不息、薪火相传的重要精神力量，是家庭文明建设的宝贵精神财富。"[③] 为了切实提高大学生廉洁教育实效，要充分发挥家庭教育的重要作用。

第一，注重培养大学生的道德品德。受应试教育影响，部分父母过分关注大学生的学习成绩而忽略对其道德品质的培养。有这样想法的父母的思想观念还未能跟上时代的发展脚步。还有部分父母欠缺教导能力而无法正确引导大学生加强品德修养。这类父母需要加强自身学习，提高自身文

① 转引自〔美〕托马斯·彼得斯、罗伯特·沃特曼《追求卓越——美国杰出企业成功的秘诀》，天下译，光明日报出版社，1986，第 129 页。

② 丁振国、王渊、高星：《加强大学生廉洁教育略论》，《学校党建与思想教育》2012 年第 32 期。

③ 《习近平关于注重家庭家教家风建设论述摘编》，中央文献出版社，2021，第 10 页。

化素养和道德修养，充分发挥家庭廉洁教育的引导熏陶作用。有的父母认为孩子进入大学后，其教育与自己关系就不大了。持有这类想法的父母没有认识到社会、高校、家庭的教育合力的重要性。所以，父母要继续发挥家庭教育的作用，使其成为学校教育和社会教育的基础和延伸，提高大学生廉洁教育实效。此外，甚至有部分家长是廉洁教育的反面例子，“走关系”给大学生铺出一条所谓的“康庄大道”。这样的做法不利于廉洁家风的形成和廉洁家庭的建设。

第二，重视家风建设，构建廉洁家庭。领导干部要把家风建设摆在重要位置，廉洁修身、廉洁齐家。习近平强调：“广大家庭都要弘扬优良家风，以千千万万家庭的好家风支撑起全社会的好风气。特别是各级领导干部要带头抓好家风。《礼记·大学》中说：‘所谓治国必先齐其家者，其家不可教而能教人者，无之。’领导干部的家风，不仅关系自己的家庭，而且关系党风政风。各级领导干部特别是高级干部要继承和弘扬中华优秀传统文化，继承和弘扬革命前辈的红色家风，向焦裕禄、谷文昌、杨善洲等同志学习，做家风建设的表率，把修身、齐家落到实处。”[①] 首先，如果大学生长期处在常有权钱交易、贪污腐败、奢侈浪费等现象的家庭环境中，会间接地受到其不良影响，对一些不正之风“行为脱敏”。将来，这样的大学生进入职场、官场，很可能成为廉洁教育的反面例子。其次，很多领导干部被不法分子“围猎”、违纪违法，都是从其家庭成员入手的。家风建设可以很好地引导家庭成员廉洁自律，降低此类事件发生的概率。所以，家庭成员尤其是父母，一定要以身作则，成为大学生廉洁自律的好榜样。为了防止大学生走向社会后滥用职权牟取非法利益，家庭还需对大学生进行正确引领，将对党忠诚、尊法守德纳入家庭教育中，引导大学生从身边小事做起，守廉、倡廉、践廉，做到处处廉洁。

第三，家庭成员要认真努力学习《中华人民共和国家庭教育促进法》。2022 年 1 月 1 日，《中华人民共和国家庭教育促进法》正式实施。这部法律是为了发扬中华民族重视家庭教育的优良传统，引导全社会注重家庭、家教和家风，增进家庭幸福与社会和谐，培养德智体美劳全面发展的社会主义建设者和接班人而制定的。因此，所有的家庭成员都应该认真学习这部

---

① 《习近平关于注重家庭家教家风建设论述摘编》，中央文献出版社，2021，第 24~25 页。

法律，大学生不仅可以从法律的高度意识到家庭教育对于每一个家庭成员的重要意义，也能够从中得到一些启发，增强自身廉洁意识。

四 充分发挥自我廉洁教育的主体作用

习近平指出："一个人能否廉洁自律，最大的诱惑是自己，最难战胜的敌人也是自己。一个人战胜不了自己，制度设计得再缜密，也会'法令滋彰，盗贼多有'。"[①] 提高大学生廉洁教育实效关键在于大学生的自律，要让大学生通过自我教育，构建廉洁教育"知情意行"体系、树立崇高理想信念等，积极发挥大学生自身的主体作用，提高大学生参与廉洁教育的积极性、主动性。

第一，积极构建廉洁教育"知情意行"体系。首先，构建自身廉洁教育"知"体系。大学生廉洁教育"知"体系可以帮助大学生树立正确的廉洁认知观念，达到增强廉洁认知的目的。如此，大学生在廉洁教育的课堂上就会积极主动地学习廉洁知识，同时大学生也会积极运用自媒体中丰富的廉洁教育资源，主动学习线上的廉洁教育知识，加强对廉洁的正确认知。总的来说，大学生廉洁教育"知"体系的建立有两大优势，一是大学生可以认识到腐败不是我国独有的问题，而是任何一个国家都不可回避的问题，但是我国反腐的坚定决心和信心是独有的；二是大学生正确的廉洁认知可以支配其自觉抵制腐败，在行动中进一步强化廉洁认知。其次，构建自身廉洁教育"情"体系。大学生廉洁教育"情"体系可以帮助大学生增强廉洁情感认同。情感认同指的是"人对待失误的肯定与否定，满意与不满意，享受与厌恶等态度的心理体验"[②]。再次，要构建自身廉洁教育"意"体系。大学生廉洁教育"意"体系可以帮助大学生磨砺廉洁意志品质。大学生坚定的廉洁意志就可以帮助大学生自觉抵制社会生活中、网络媒体中充斥着的各种腐朽思想的诱惑，筑牢拒腐防变的铁墙。最后，要构建自身廉洁教育"行"体系。大学生廉洁教育"行"体系可以帮助大学生自觉做出廉洁行为。大学生在日常生活学习中，就会严格自律，将廉洁落实到具体行动中，真正将廉洁意识内化于心、外化于行。对于大学生而言，自觉做出廉

---

① 《习近平关于全面从严治党论述摘编》（2021 年版），中央文献出版社，2021，第 364 页。

② 叶奕乾等主编《普通心理学》（修订二版），华东师范大学出版社，2004，第 241 页。

洁行为应当包括两个大的方面：一方面，大学生在求学期间能够在生活、学习以及社会实践中坚持廉洁，杜绝学习生活中的“微型”腐败行为，这样的廉洁行为具体涉及前文提到的考试诚信，学术诚信，在入党、评选评优、保研等方面不“走关系”等；另一方面，大学生在毕业后，走上工作岗位仍然要以廉洁要求自己的言行，不以权谋私、不弄虚作假、不搞“钱权交易”等，始终坚持廉洁从业、清白做人。

第二，树立远大的理想、坚定崇高信念。2020 年 10 月，中央纪委国家监委网站发布的报道《透视违纪违法党员干部忏悔录》① 提到：在公开曝光的忏悔录中“理想信念出了问题”是出现频率最高的关键词，“理想信念缺失”“理想信念完全丧失”“彻底违背了党的理想信念宗旨”等表述几乎出现在每一篇忏悔录中。人生没有重来的机会，这些因丧失理想信念而走上迷途的落马官员就是大学生廉洁教育最好的警示教育案例。大学生要格外注意忏悔录中提到的所谓“信念太虚、理想太远”的问题，要认识到理想信念的形成是一个循序渐进、动态发展的过程。大学生自身要注意把握时代特点和个人身心特点，坚持个人理想与社会理想有机结合，分层次、分时段设定理想信念教育目标，把远大目标细化为与学习和生活紧密相连的阶段性目标，在一步步实现个人阶段性目标的过程中，坚定理想信念。

第三，自觉学习廉洁知识、积极参加廉洁教育。新时代的大学生自主性强、自我意识强，而且网络使用熟练。因此，可以充分利用新时代大学生的这些特点，促使他们自主开展对自身的网络廉洁教育。例如，大学生可以通过正规的网站观看廉洁教育的视频、图片、案例等；大学生也可以通过翻转课堂、慕课、短视频等渠道，积极发挥自己的能动性，变被动学习为主动学习，提高廉洁教育成效；大学生还可以自行组织社团成员、班级同学去参观廉洁教育基地、红色基地、政府单位等，自觉主动地到廉洁环境中去观察、体会何谓廉洁，提升对廉洁的关注和了解；等等。当然，铺天盖地的新媒体网络信息中不仅包含着廉洁教育的正面案例，也有贪污腐败的反面案例。大学生要自觉以反面案例警醒自身，达到自省、自警、自励的目的。总之，现在大学生获取廉洁知识的途径多种多样，大学生要

---

① 左翰嫡：《透视违纪违法党员干部忏悔录》，中央纪委国家监委网站，https://www.ccdi.gov.cn/toutiaon/202010/t20201025_98303.html，最后访问日期：2023 年 4 月 16 日。

积极主动地学习更多的廉洁知识，强化自身廉洁言行。

第四，主动加强自身廉洁法治教育，提高廉洁自律意识和法治意识。反腐败斗争长期性、复杂性、艰巨性等特点，决定了必须深入推进不敢腐、不能腐、不想腐机制建设。而加强廉洁法治教育既是大学生廉洁教育的重要发展方向，也是大学生形成不敢腐、不能腐、不想腐思想的重要方法。大学生在日常生活学习中，要注意加强自身廉洁法治教育，进一步明确哪些行为是法律法规所允许的，哪些行为是不可为的。在这个基础上，大学生能够明确认识到有一个外在的强制约束，从源头上筑牢拒腐防变的决心，不仅使自身做到廉洁自律，还可以监督他人做到廉洁。所以，大学生务必要积极学习相关的法律知识，从自身做起，争做文明合法公民。习近平强调："年轻干部必须牢记清廉是福、贪欲是祸的道理，经常对照党的理论和路线方针政策、对照党章党规党纪、对照初心使命，看清一些事情该不该做、能不能干，守住拒腐防变的防线。希望大家谨记在心，时刻自重自省，严守纪法规矩。"① 这是说给年轻干部的，同样也适用于高校学生。

党的二十大报告指出："青年强，则国家强。当代中国青年生逢其时，施展才干的舞台无比广阔，实现梦想的前景无比光明。全党要把青年工作作为战略性工作来抓，用党的科学理论武装青年，用党的初心使命感召青年，做青年朋友的知心人、青年工作的热心人、青年群众的引路人。广大青年要坚定不移听党话、跟党走，怀抱梦想又脚踏实地，敢想敢为又善作善成，立志做有理想、敢担当、能吃苦、肯奋斗的新时代好青年，让青春在全面建设社会主义现代化国家的火热实践中绽放绚丽之花。"

---

① 习近平：《努力成长为对党和人民忠诚可靠、堪当时代重任的栋梁之才》，《求是》2023 年第 13 期。

参考文献

一 重要文献

《邓小平文选》第3卷，人民出版社，1993。

《胡锦涛文选》第1~3卷，人民出版社，2016。

《江泽民文选》第1~3卷，人民出版社，2006。

《列宁专题文集》，人民出版社，2009。

《马克思恩格斯文集》，人民出版社，2009。

《马克思恩格斯选集》，人民出版社，2012。

《毛泽东选集》，人民出版社，1991。

《习近平关于党风廉政建设和反腐败斗争论述摘编》，中央文献出版社，2017。

《习近平关于妇女儿童和妇联工作论述摘编》，中央文献出版社，2023。

《习近平关于社会主义经济建设论述摘编》，中央文献出版社，2017。

《习近平关于社会主义精神文明建设论述摘编》，中央文献出版社，2022。

《习近平关于社会主义生态文明建设论述摘编》，中央文献出版社，2017。

《习近平关于社会主义文化建设论述摘编》，中央文献出版社，2017。

《习近平关于社会主义政治建设论述摘编》，中央文献出版社，2017。

《习近平关于网络强国论述摘编》，中央文献出版社，2021。

《习近平关于注重家庭家教家风建设论述摘编》，中央文献出版社，2021。

《习近平书信选集》第1卷，中央文献出版社，2022。

《习近平谈治国理政》，外文出版社，2014。

《习近平谈治国理政》第2卷，外文出版社，2017。

《习近平谈治国理政》第3卷，外文出版社，2020。

《习近平谈治国理政》第4卷，外文出版社，2022。

《习近平外交演讲集》第1~2卷，中央文献出版社，2022。

《习近平著作选读》第1~2卷，人民出版社，2023。

二 中文著作

艾楚君:《大学生社会责任感培育机制研究》，中国社会科学出版社，2022。

柴文华、康宇、王春辉:《中华传统文化的“两创”历程》，光明日报出版社，2023。

陈方刘:《新时代传统文化观与马克思主义中国化研究》，人民出版社，2022。

陈谷嘉、邓洪波主编《中国书院史资料》，浙江教育出版社，1998。

陈其泰:《中华优秀传统文化何以通向马克思主义》，研究出版社，2023。

戴素芳:《传统家训的伦理之维》，湖南人民出版社，2008。

邓洪波:《湖南书院史稿》，湖南教育出版社，2013。

邓洪波:《千年弦歌：书院简史》，海天出版社，2021。

邓洪波:《中国书院史》，武汉大学出版社，2012。

董静:《美育的思想政治教育价值研究》，人民出版社，2023。

杜纯梓主编《湖湘文化要略》，北京大学出版社，2011。

冯刚、林东伟:《新时代高校全面从严治党研究》，北京师范大学出版社，2023。

冯刚、王振:《高校思想政治教育治理引论》，团结出版社，2022。

冯刚、吴成国、李海峰:《新时代高校思想政治教育前沿研究》，人民出版社，2022。

冯刚主编《改革开放以来高校思想政治教育编年史（1978—2022）》，北京师范大学出版社，2023。

冯刚主编《思想政治教育研究热点年度发布2022》，团结出版社，2023。

冯天瑜等:《中华文化史》（第2版），上海人民出版社，2005。

冯友兰:《冯友兰文集》第1~12卷，长春出版社，2017。

高清海:《哲学在走向未来》，吉林人民出版社，1997。

龚丽红:《大学生思想政治教育话语转换研究》，人民出版社，2023。

顾友仁:《我国思想政治教育文化生态的历史变迁及当代建构研究》，人民出版社，2021。

韩振锋:《"四史"融入新时代大学生思想政治教育研究》,社会科学文献出版社,2023。

何毅:《多视角下的现代大学书院发展研究》,中国社会科学出版社,2022。

黄传新:《社会主义意识形态的吸引力和凝聚力研究》,学习出版社,2012。

兰军、邓洪波:《教学相长:书院教育概要》,海天出版社,2021。

李基礼:《思想政治教育基本理论的当代重构》,社会科学文献出版社,2022。

李清薇:《大学生思想政治教育对生活世界的回归》,中国社会科学出版社,2023。

梁漱溟:《梁漱溟作品集》,上海人民出版社,2011。

廖志诚:《困境与超越:当代大学生精神需求研究》,社会科学文献出版社,2014。

刘建军:《刘建军自选集》,河北人民出版社,2023。

刘建军:《马克思主义信仰研究》,中国人民大学出版社,2021。

刘建军、张智:《马克思主义经典作家论思想政治教育》,人民出版社,2023。

刘铁芳:《以教学打开生命:个体成人的教学哲学阐释》,教育科学出版社,2019。

柳肃、柳思勉:《礼乐相成:书院建筑述略》,海天出版社,2021。

卢德生:《地方文化资源教育转化:现实与超越》,社会科学文献出版社,2021。

卢岚:《思想政治教育的空间转向研究》,学习出版社,2022。

鲁力:《中国传统文化的思想政治教育研究》,中国社会科学出版社,2017。

鲁力、刘洋:《现代思想政治教育的多维探索》,天津人民出版社,2023。

鲁力、徐荧松:《中国精神的理论阐释》,社会科学文献出版社,2022。

鲁力、朱冬香、李敏:《新时代思想政治教育:理论与实践探索》,湖北人民出版社,2018。

罗佳:《思想政治教育中的心理疏导》,社会科学文献出版社,2021。

罗仲尤:《思想政治教育属性研究》,知识产权出版社,2017。

钱穆:《晚学盲言》,生活·读书·新知三联书店,2014。

钱穆:《文化学大义》,九州出版社,2012。

钱穆：《文化与教育》，生活·读书·新知三联书店，2021。

钱穆：《现代中国学术论衡》，生活·读书·新知三联书店，2016。

钱穆：《学籥》，九州出版社，2011。

钱穆：《中国历史精神》，九州出版社，2012。

钱穆：《中国历史研究法》，九州出版社，2012。

钱穆：《中国文化精神》，九州出版社，2012。

钱穆：《中华文化十二讲》，贵州人民出版社，2019。

邱仁富：《新时代思想政治教育引论》，中国社会科学出版社，2022。

权麟春：《思想政治教育的伦理精神研究》，人民出版社，2021。

商志晓等：《中华传统文化弘扬与现代化发展研究》，中国社会科学出版社，2021。

沈壮海：《思想政治教育有效性研究》，武汉大学出版社，2016。

沈壮海：《文化强国的关键要素及其建设研究》，人民出版社，2023。

石书臣：《中华优秀传统文化中的德育资源及其当代价值研究》，学习出版社，2022。

孙其昂：《思想政治教育社会学概论》，科学出版社，2023。

孙正聿：《哲学导论》，中国人民大学出版社，2000。

唐亚阳、吴增礼：《中国书院德育研究》，人民出版社，2014

王海滨：《人的精神结构及其现代批判》，新华出版社，2015。

王丽：《大学生思想政治教育个体价值研究》，学习出版社，2023。

王敏：《新时代大学生美好精神家园建构研究》，人民出版社，2023。

王伟光：《百年中国共产党与马克思主义中国化时代化》，商务印书馆，2023。

王学俭：《新时代思想政治教育基本问题研究》，人民出版社，2021。

王易：《社会主义现代化新征程中的意识形态安全》，中国人民大学出版社，2022。

王易：《守正创新》，商务印书馆，2023。

王振：《思想政治教育视域下以文化人研究》，社会科学文献出版社，2021。

文建龙：《中国贫困治理的宏观结构与历史演进》，社会科学文献出版社，2023。

吴潜涛：《当代中国公民道德状况跟踪调查研究》，人民出版社，2022。

吴志远：《书院文化的传承与创新》，大象出版社，2021。

肖永明：《儒学·书院·社会——社会文化史视野中的书院》（修订版），商务印书馆，2018。

徐复观：《徐复观全集》第1~15卷，九州出版社，2014。

徐海娇：《危机与重构：劳动教育价值研究》，中国社会科学出版社，2020。

徐少锦、陈延斌：《中国家训史》，人民出版社、陕西人民出版社，2011。

严耕望：《治史三书》，上海人民出版社，2016。

严帅：《高校日常思想政治教育工作质量评价研究》，社会科学文献出版社，2023。

颜叶甜：《思想政治教育学科发展规律研究》，中国社会科学出版社，2023。

杨德霞：《马克思视域中的意识形态性质研究》，学习出版社，2017。

杨海军：《思想政治教育情感载体研究》，人民出版社，2019。

杨威：《思想政治教育根源论》，社会科学文献出版社，2022。

余英时：《文史传统与文化重建》，生活·读书·新知三联书店，2005。

宇文利：《中国人的理想与信仰》，中国人民大学出版社，2018。

袁行霈等主编《中华文明史》，北京大学出版社，2006。

曾欢欢：《价值追求：书院精神初探》，海天出版社，2021。

曾兰：《当代大学生精神生活现状及其优化研究》，人民出版社，2021。

张宝强、吴春阳、王云涛：《黄河文化融入高校思想政治教育研究》，中国社会科学出版社，2023。

张波：《中国共产党的文化使命研究》，人民出版社，2022。

张岱年：《张岱年全集》第1~8卷，河北人民出版社，1996。

张岱年、程宜山：《中国文化精神》，北京大学出版社，2015。

张珊：《思想政治教育红色文化资源研究》，社会科学文献出版社，2022。

张泰城：《红色资源教育教学的理论建构研究》，社会科学文献出版社，2022。

张新吾：《大学生主体性精神培养研究》，中国社会科学出版社，2021。

张智：《马克思恩格斯列宁思想政治教育思想考论》，中国人民大学出版社，2023。

赵洁：《基于“精神生产”视角的马克思思想政治教育理论研究》，中央编译出版社，2023。

赵子林：《大学生马克思主义宗教观教育研究：以文化安全为视角》，社会科学文献出版社，2018。

郑大华、邵华：《近代湖湘文化精神及其当代价值》，岳麓书社，2017。

朱汉民：《书院精神与儒家教育》，华东师范大学出版社，2013。

朱汉民：《中国书院文化简史》，中华书局、上海古籍出版社，2010。

朱汉民总主编《湖湘文化通史》，岳麓书社，2015。

朱明勋：《中国家训史论稿》，巴蜀书社，2008。

邹绍清、郭东方：《大数据与青年核心价值观培育》，人民出版社，2023。

三 期刊论文

白婧：《马克思主义基本原理同中华优秀传统文化相结合的新空间》，《理论视野》2022 年第 9 期。

鲍金：《论阅读马克思主义经典著作的意义》，《思想理论教育》2022 年第 7 期。

鲍金：《论阅读马克思主义经典著作的有效方法》，《思想理论教育》2021 年第 12 期。

柴宝勇、黎田：《伟大建党精神政治功能研究——基于政党理论视角的分析》，《政治学研究》2022 年第 3 期。

陈金龙：《中国式现代化理论的四维审视》，《马克思主义研究》2023 年第 5 期。

陈始发：《党创造百年奋斗重大成就的深厚历史逻辑探析》，《马克思主义研究》2023 年第 1 期。

陈曙光：《人类命运共同体何以改变世界》，《马克思主义研究》2023 年第 2 期。

陈乙华、曹劲松：《优秀传统文化时代创生的机理与路径》，《南京社会科学》2021 年第 10 期。

邓纯东：《巩固和提升中华民族伟大复兴的精神力量》，《山东社会科学》2021 年第 12 期。

董学文：《马克思主义基本原理同中华优秀传统文化相结合的重大意义》，《中国高校社会科学》2022 年第 6 期。

董雅华、舒练：《建构中国特色思想政治教育学科自主知识体系论析》，《思想理论教育》2023 年第 2 期。

段妍、刘冲：《精神生活共同富裕：生成逻辑、时代内涵与现实进路》，《教学与研究》2023 年第 3 期。

方闻昊：《新时代思想政治教育基本方法的新特点新要求》，《马克思主义与现实》2021 年第 3 期。

封世蓝、姜晓琨：《新中国成立初期扫盲运动中的思想政治教育及其启示》，《思想教育研究》2023 年第 1 期。

冯刚：《论新时代高校思想政治工作守正创新》，《上海交通大学学报》（哲学社会科学版）2021 年第 5 期。

冯刚：《新时代高校“三全育人”的理论蕴含与深化路径》，《厦门大学学报》（哲学社会科学版）2023 年第 1 期。

冯刚：《以百年党史丰厚底蕴引领思想政治教育学科高质量发展》，《思想理论教育导刊》2021 年第 10 期。

冯刚、鲁力：《习近平关于中华优秀传统文化重要论述的理论蕴涵》，《湖南大学学报》（社会科学版）2022 年第 1 期。

冯刚、史宏月：《新时代高等学校思想政治教育质量评价科学化》，《教育研究》2021 年第 10 期。

高德胜、张耀灿：《整体性视角下思想政治教育构成要件研究》，《马克思主义与现实》2020 年第 2 期。

高飞：《论思想政治教育议题设置的价值》，《马克思主义与现实》2020 年第 5 期。

顾明远：《习近平总书记关于教育的重要论述的方法论》，《教育研究》2022 年第 9 期。

顾小清、郝祥军：《从人工智能重塑的知识观看未来教育》，《教育研究》2022 年第 9 期。

韩庆祥：《21 世纪马克思主义的基础性问题》，《中国社会科学》2022 年第 4 期。

韩震：《论新时代的中国时代精神》，《中国社会科学》2023 年第 1 期。

何中华：《文明的历史含义及其当代启示》，《中国社会科学》2023 年第 6 期。

洪向华:《新时代中国共产党意识形态工作的战略部署及其实践路径》,《马克思主义研究》2023 年第 3 期。

侯惠勤:《习近平新时代中国特色社会主义思想的世界观方法论创新逻辑》,《马克思主义研究》2023 年第 2 期。

胡钰、朱戈奇:《网络游戏与中华优秀传统文化的当代传播》,《南京社会科学》2022 年第 7 期。

黄梓根、李亚芹:《理路与实践:马克思主义大众化传播的高校担当》,《湖南大学学报》(社会科学版)2022 年第 6 期。

靳凤林:《新时代家庭家教家风建设的高质量发展》,《马克思主义研究》2022 年第 11 期。

康晓强:《论中华优秀传统文化同科学社会主义价值观主张的高度契合性》,《马克思主义研究》2023 年第 5 期。

李东坡、李欣明:《马克思“人的解放学说”的思想政治教育意蕴及启示》,《教学与研究》2022 年第 9 期。

李宏伟:《论“两个结合”对推动马克思主义中国化时代化的方法论创新》,《马克思主义研究》2022 年第 12 期。

李楠:《以丰富人民精神世界推进中国式现代化探赜》,《马克思主义研究》2023 年第 1 期。

李新潮:《中华优秀传统文化创造性转化创新性发展的运行机理》,《理论学刊》2022 年第 2 期。

李意:《中国共产党人精神谱系融入高校思政课教学研究》,《思想理论教育导刊》2023 年第 6 期。

李毅:《从“一个结合”到“两个结合”不断开辟马克思主义中国化时代化新境界》,《马克思主义研究》2022 年第 12 期。

李正图:《科学揭示和掌握社会主要矛盾转换规律——“开辟马克思主义中国化时代化新境界”的根本途径》,《马克思主义研究》2022 年第 12 期。

李忠军:《论思想政治理论课的铸魂逻辑》,《马克思主义理论学科研究》2022 年第 3 期。

刘海燕、刘怡泠、胡智强等:《“学生能动性”培养:大学书院育人的重要着力点》,《江苏高教》2022 年第 11 期。

刘宏达:《中国式现代化进程中完善思想政治教育现代化体系》,《思想理论教育》2023 年第 2 期。

刘建军：《论中国特色社会主义创造了人类文明新形态》，《中国社会科学》2023 年第 3 期。

刘建军：《思想政治教育学科独立性探源》，《教学与研究》2022 年第 12 期。

刘庆柱：《中华文明认定标准与发展道路的考古学阐释》，《中国社会科学》2023 年第 6 期。

刘世强：《中国共产党百年奋斗影响世界历史进程的缘起背景、主要路径和重大意义》，《马克思主义研究》2023 年第 1 期。

刘伟兵：《马克思主义基本原理同中华优秀传统文化相结合的价值观维度》，《青海社会科学》2022 年第 5 期。

刘兴盛：《人的现代化的跃迁：中国式现代化的主体之维》，《哲学研究》2023 年第 4 期。

刘余莉：《中华优秀传统文化：建成社会主义现代化强国的历史根基与文化底蕴》，《甘肃社会科学》2023 年第 1 期。

刘志刚：《中西方现代化的不同逻辑起点、模式选择与价值追求》，《马克思主义研究》2023 年第 1 期。

陆卫明、曹芳：《论马克思主义和中华优秀传统文化的契合性——以五四时期先进知识分子接受马克思主义为例》，《理论学刊》2022 年第 1 期。

吕文明：《文化传承与文艺创新中的中国精神和中国气派》，《山东社会科学》2020 年第 10 期。

骆郁廷：《中国式现代化：共同特征与中国特色》，《马克思主义研究》2023 年第 1 期。

马华华：《“大思政课”视域下岳麓书院文化育人资源的时代价值与实践进路》，《湖南大学学报》（社会科学版）2022 年第 5 期。

孟宪平、巫祖钰：《马克思主义与中华优秀传统文化相结合的维度分析》，《中州学刊》2022 年第 8 期。

欧阳军喜：《马克思主义同中华优秀传统文化相结合的百年实践》，《历史研究》2021 年第 6 期。

欧阳康：《中国式现代化视域中的国家制度和国家治理现代化》，《中国社会科学》2023 年第 4 期。

庞立生：《中国式现代化的文明观》，《思想理论教育导刊》2023 年第 6 期。

秦书生、何彦彦：《习近平关于坚定共产主义理想重要论述的逻辑理路》，《湖南大学学报》（社会科学版）2023 年第 1 期。

邱昆树：《新异化的隐忧——对现代教育速度逻辑的反思》，《教育研究》2022 年第 9 期。

曲建武、黄磊：《新时代大学生劳动精神培育的着力点》，《思想理论教育导刊》2023 年第 6 期。

尚庆飞：《“第二个结合”深层逻辑的三维分析》，《马克思主义研究》2023 年第 2 期。

沈湘平：《中国式现代化道路的传统文化根基》，《中国社会科学》2022 年第 8 期。

宋友文：《思想政治教育发展的历史逻辑、理论逻辑和实践逻辑》，《教学与研究》2021 年第 10 期。

孙利天：《多元哲学与生活世界的互变——基于文明的视角》，《中国社会科学》2023 年第 5 期。

孙其昂：《论思想政治教育基础理论的“体系”研究》，《马克思主义与现实》2021 年第 5 期。

孙熙国、陈绍辉：《人类文明新形态的创造与世界意义》，《中国社会科学》2022 年第 12 期。

孙正聿：《当代中国哲学的主体性与原创性》，《中国社会科学》2022 年第 3 期。

檀传宝：《深度与复杂性的引入——高等学校应有的劳动哲学教育》，《教育研究》2023 年第 1 期。

汤志华、陈红惠：《习近平关于人民精神生活共同富裕重要论述的丰富内涵、理论特质与重大意义》，《思想理论教育导刊》2023 年第 6 期。

田鹏颖：《在伟大历史主动中丰富和发展人类文明新形态》，《马克思主义研究》2022 年第 12 期。

汪四红：《论传统文化的“经世致用”和马克思“实践观”的互融相通》，《浙江学刊》2022 年第 3 期。

王斌、王秀芝：《传统文化对官员精神内核形成的影响——基于经济学方法的检验》，《北京社会科学》2022 年第 8 期。

王嘉、张维佳：《论沉浸传播时代下的思想政治教育》，《教学与研究》2020 年第 1 期。

王净华、吴光辉：《书院文化的现代意义与当代书院教育的构建》，《东南学术》2018 年第 5 期。

王灵桂：《全面建成小康社会与中国式现代化新道路》，《中国社会科学》2022 年第 3 期。

王树荫：《中国共产党百年思想政治教育基本经验》，《教学与研究》2021 年第 5 期。

王威：《习近平关于“激活中华文明”重要论述的理论内涵和重大意义》，《马克思主义研究》2023 年第 3 期。

王卫华：《现象学视野中的学习兴趣与教育》，《教育研究》2022 年第 10 期。

王岩、高惠珠：《我国优秀传统文化创造性转化的实践路径探析》，《内蒙古社会科学》2022 年第 5 期。

王易：《马克思主义基本原理同中华优秀传统文化相结合的历史考察与时代要求》，《马克思主义研究》2022 年第 3 期。

王易、秦玉娟：《习近平关于中华优秀传统文化的重要论述及其创新贡献》，《教学与研究》2023 年第 2 期。

吴潜涛、沈茹毅：《伟大建党精神的实质及其时代弘扬》，《政治学研究》2022 年第 3 期。

吴文珑：《“两个结合”的理论逻辑、历史逻辑和实践逻辑》，《马克思主义研究》2023 年第 5 期。

吴忠民：《论中国共产党的现代化观》，《中国社会科学》2022 年第 7 期。

吴忠民：《论中国式现代化对“现代化陷阱”的成功规避》，《马克思主义研究》2023 年第 3 期。

肖群忠：《优秀传统文化的核心价值与当代中国社会文化发展》，《中国特色社会主义研究》2021 年第 5 期。

肖群忠、霍艳云：《中华民族爱国主义精神基本特征论》，《中国特色社会主义研究》2018 年第 6 期。

辛鸣：《论 21 世纪马克思主义》，《中国社会科学》2022 年第 12 期。

徐蓉、陈振媚：《论高校思想政治理论课教学的三重境界》，《教学与研究》2023 年第 4 期。

严挺：《中国式现代化中的传统文化要素辨析》，《理论学刊》2023 年第 1 期。

燕继荣、王江成：《中国共产党领导的现代国家建构逻辑》，《政治学研究》2022 年第 3 期。

杨玢：《中国共产党传承和弘扬中华优秀传统文化百年实践的演绎向度》，《青海社会科学》2022 年第 2 期。

杨凤城、叶子豪：《中国式现代化蕴含的历史观探析》，《思想理论教育导刊》2023 年第 6 期。

杨耕：《关于马克思主义哲学体系的历史沉思》，《中国社会科学》2023 年第 4 期。

杨威、上官望：《马克思主义基本原理同中华优秀传统文化相结合的逻辑证成与发展路向》，《齐鲁学刊》2022 年第 4 期。

杨威、田祥茂：《思想政治教育的“术”“道”“学”》，《教学与研究》2023 年第 3 期。

杨希：《新时代国家文化公园建设的思想政治教育价值》，《教学与研究》2023 年第 3 期。

杨晓慧：《当前国外价值观教育的现状、特征及其对我国的启示——基于全球 10 国价值观教育调查》，《社会科学战线》2021 年第 12 期。

叶方兴：《论思想政治教育学科交叉研究的四重使命》，《思想教育研究》2023 年第 1 期。

尹凯丰：《在思政课中渗透融入“书院文化”》，《中国教育学刊》2019 年第 11 期。

于化民：《中国共产党根本宗旨的科学内涵与时代意义》，《中国社会科学》2021 年第 7 期。

于沛：《历史大变局中的人类文明新形态》，《历史研究》2021 年第 6 期。

于祥成、陈梦妮：《习近平青年奋斗观的理论旨趣和实践指向》，《湖南大学学报》（社会科学版）2022 年第 5 期。

臧峰宇：《马克思的现代性思想与中国式现代化的实践逻辑》，《中国社会科学》2022 年第 7 期。

曾欢欢、王欣：《书院精神内蕴与历史流变研究》，《湖南大学学报》（社会科学版）2023 年第 3 期。

曾誉铭：《中华优秀传统文化融入高校思政课的理论思考与实践探索》，《思想战线》2022年第5期。

张福贵：《人类命运共同体与中国文学文化自信》，《中国社会科学》2022年第5期。

张国祚：《中国文化软实力理论创新——兼析约瑟夫·奈的“软实力”思想》，《中国社会科学》2023年第5期。

张宏、梁函：《视域融合理论对中华优秀传统文化教育的启示》，《青海社会科学》2022年第1期。

张晋藩：《中国古代乐在综合治国中的作用》，《中国高校社会科学》2022年第6期。

张晓婧：《中国传统书院文化对现代高等教育的启示》，《江苏高教》2016年第1期。

张瑜：《论思想政治教育网络观的演进与理论创新》，《马克思主义与现实》2020年第5期。

张羽、刘惠琴、石中英：《教育投入产出的人文属性》，《教育研究》2022年第8期。

张振：《中国共产党历史自信的生成、价值与提升路径》，《马克思主义研究》2022年第12期。

张志勇、袁语聪：《中国式教育现代化道路刍议》，《教育研究》2022年第10期。

赵义良：《中国式现代化与中国道路的现代性特征》，《中国社会科学》2023年第3期。

郑飞：《马克思主义基本原理同中华优秀传统文化相结合的历史与逻辑》，《哲学研究》2021年第12期。

郑佳明：《湖湘文化的三重属性》，《新湘评论》2023年第14期。

钟佩君：《新时代爱国主义与大学生的责任担当》，《思想理论教育导刊》2023年第6期。

钟启东：《思想政治教育的意识形态逻辑》，《思想教育研究》2023年第1期。

朱汉民：《湖湘文化在中华文化中的地位》，《新湘评论》2023年第14期。

朱媛媛、黄海涛:《我国古代书院精神的现代价值》,《教育学术月刊》2022年第10期。

左康华:《乡村振兴视域下中华优秀传统文化的创造性转化与创新性发展》,《学术研究》2022年第8期。

后　记

2023年，习近平在中共中央政治局第五次集体学习时强调："培养什么人、怎样培养人、为谁培养人是教育的根本问题，也是建设教育强国的核心课题。我们建设教育强国的目的，就是培养一代又一代德智体美劳全面发展的社会主义建设者和接班人，培养一代又一代在社会主义现代化建设中可堪大用、能担重任的栋梁之才，确保党的事业和社会主义现代化强国建设后继有人。要坚持不懈用新时代中国特色社会主义思想铸魂育人，着力加强社会主义核心价值观教育，引导学生树立坚定的理想信念，永远听党话、跟党走，矢志奉献国家和人民。坚持改革创新，推进大中小学思想政治教育一体化建设，提高思政课的针对性和吸引力。提高网络育人能力，扎实做好互联网时代的学校思想政治工作和意识形态工作。"为了学习贯彻党的二十大精神和习近平总书记重要讲话精神，我们对新时代思想政治教育的若干理论问题展开研究，从而形成了本书这一成果。

本书由湖南大学马克思主义学院鲁力负责全书策划和框架设计，主要参与撰写者有陈艳、王桂娟、徐荧松、罗冰玉。全书具体分工如下：第一章由鲁力、罗冰玉撰写，第二章由鲁力、徐荧松撰写，第三章由鲁力、王桂娟撰写，第四至八章由陈艳撰写。本书中有部分成果已在期刊或其他论著中公开发表，特此说明。感谢社会科学文献出版社曹义恒、吕霞云等对本书出版的大力支持和热情帮助！由于时间有限、涉及面广，难免存在不足之处，敬请专家、读者批评指正。

笔　者

2024年7月

图书在版编目(CIP)数据

新时代思想政治教育前沿问题研究 ：以多元文化为视域 / 鲁力，陈艳著. -- 北京：社会科学文献出版社，2024.11

ISBN 978-7-5228-3735-2

Ⅰ.①新… Ⅱ.①鲁… ②陈… Ⅲ.①思想政治教育-研究-中国 Ⅳ.①D64

中国国家版本馆 CIP 数据核字(2024)第 110867 号

新时代思想政治教育前沿问题研究
——以多元文化为视域

著　　者 / 鲁　力　陈　艳

出 版 人 / 冀祥德
组稿编辑 / 曹义恒
责任编辑 / 吕霞云
文稿编辑 / 陈彩伊
责任印制 / 王京美

出　　版 / 社会科学文献出版社 · 马克思主义分社（010）59367126
　　　　　地址：北京市北三环中路甲 29 号院华龙大厦　邮编：100029
　　　　　网址：www.ssap.com.cn
发　　行 / 社会科学文献出版社（010）59367028
印　　装 / 三河市尚艺印装有限公司

规　　格 / 开 本：787mm × 1092mm　1/16
　　　　　印 张：14.25　字 数：232 千字
版　　次 / 2024 年 11 月第 1 版　2024 年 11 月第 1 次印刷
书　　号 / ISBN 978-7-5228-3735-2
定　　价 / 98.00 元

读者服务电话：4008918866